Mi Gato tiene Papeles, yo tengo Miedo

Autora

Aly Valdés

© **2025 Aly Valdés**
Edición: Alina Rubi

Contacto editorial: rubiediciones29@gmail.com

Prólogo

El mar no se olvida

Yo fui balsera.

En el verano del 94, cuando Cuba se partía entre la resignación y la desesperanza, me lancé al mar con más fe que equipaje. No teníamos brújula ni mapa, pero llevábamos una convicción que pesaba más que el miedo: cualquier destino era mejor que el silencio.

Recuerdo el sol rajando la piel, la madera astillada del bote, el olor a gasolina y sal. Recuerdo las olas golpeando como si quisieran probar si de verdad queríamos vivir. Y recuerdo, sobre todo, el momento en que la costa desapareció detrás de mí. No miré atrás. Porque atrás ya no había país, solo una isla vacía de futuro.

Llegué viva, no sé si por suerte, milagro o terquedad, a la Base Naval de Guantánamo. Era un campo cercado por alambre y esperanza. Allí dormíamos bajo carpas, con la piel quemada y los sueños en suspenso. El mar seguía rugiendo al otro lado, recordándonos que aún no estábamos a salvo. Pero incluso en ese purgatorio, la gente se reía. Sí, se reía. De los guardias, del hambre, de las reglas absurdas. Una carcajada allí valía más que una visa. Fue entonces cuando entendí algo que me acompañaría toda la vida: el humor es una balsa también; no te salva del naufragio, pero te mantiene a flote.

Han pasado muchos años desde entonces. Vivo en tierra firme, pero el mar sigue adentro, moviéndose despacio, recordándome quién soy y de dónde vengo. Y cada vez que conozco a alguien que también ha tenido que huir, reconozco la misma mirada: mezcla de cansancio, miedo y obstinación. A veces pienso que quienes hemos cruzado esa línea invisible entre "irse" y "sobrevivir" llevamos un pequeño océano dentro. No importa cuántos años pasen, ni cuántas ciudades adoptemos como hogar provisional: hay un vaivén silencioso que recuerda, que duele y que sostiene. Quizás por eso conectamos tan rápido entre nosotros, los desterrados voluntarios o forzosos. Porque reconocemos el sonido.

Hay un rumor que solo entiende quien ha sentido que la vida depende de seguir adelante, aunque el horizonte no se vea. Ese murmullo es nuestra brújula. La misma que seguimos usando para elegir amistades, caminos, risas, amores y razones para quedarnos.

Por eso, cuando escuché la historia de Alejandro, el venezolano protagonista de este libro, sentí que la marea me hablaba otra vez. Él no cruzó olas, pero cruzó fronteras invisibles. No escapó de una isla, sino de un país que se volvió un laberinto sin salida. Dejó a su madre, su negocio, su universidad. Traía una carpeta llena de documentos, un corazón lleno de miedo y un gato llamado Mike, nacido en Estados Unidos, ciudadano americano por accidente y símbolo viviente de la ironía latinoamericana.

Me reí cuando me contó que el gato tenía papeles y él no. Pero detrás de la risa, sentí la herida. Porque en el exilio uno aprende que todo lo trágico tiene algo de cómico, y todo lo cómico esconde una tragedia. Alejandro fue perseguido en su país por un mal chiste, como tantos, y tuvo que reinventarse en un lugar donde la libertad tiene otro acento. Nos hicimos amigos. Yo, la cubana que cruzó el mar. Él, el venezolano que cruzó un continente. Y entre los dos comprendimos algo que los mapas no explican: el exilio es el mismo mar con distintos nombres.

Cuba, Venezuela, Nicaragua, Haití... Distintos uniformes, mismas promesas rotas. Nos educaron con consignas, nos domesticaron con miedo, y cuando ya no quedaba pan, nos dieron discursos. Pero la gente siguió riendo. Riendo bajito, para no despertar la censura. Riendo como se reza: por instinto, por fe, por necesidad.

Eso es exactamente lo que hace este libro. No llora el exilio; lo cuenta con humor, lo desnuda con ternura y lo ilumina con dignidad. Porque reírse en medio de la tragedia no es frivolidad: es resistencia.

Recuerdo que en Guantánamo había un viejo pescador que, cada noche, nos decía mientras miraba el horizonte: "El mar no se olvida. Puede dormirse, puede calmarse, pero no olvida a los que se fueron". Y tenía razón. El mar no olvida. Ni a los que se lanzaron con balsas, ni a los que se fueron con pasaportes prestados, ni a los que se ahogaron sin moverse de su tierra. El mar guarda nuestras voces, nuestros nombres, nuestras risas rotas.

Este libro, el de Alejandro, el de Mike, el del venezolano que aprendió a sobrevivir entre papeles y sarcasmos, es parte de esa memoria colectiva. Cuando él me habla de su país, yo escucho el mío. Cuando me cuenta sus miedos, reconozco los míos. Y cuando dice que el humor es su manera de no rendirse, me veo flotando otra vez sobre el mar, sosteniendo mi vida con los dientes y una sonrisa que no sabía si era de esperanza o locura.

Por eso escribo estas líneas. Porque su historia no es solo suya. Es la historia de miles: de los que huyeron, de los que esperan, de los que aún no se atreven. Es la historia de un continente que aprendió a sobrevivir riendo. Yo fui balsera. Él fue exiliado. Y ambos seguimos navegando. Ya no sobre olas, sino sobre recuerdos. Sobre la nostalgia, que es el mar más profundo de todos. Y cada vez que cierro este libro y veo a Mike, ese gato americano, libre sin culpa, sonrío y pienso: quizás la libertad se parece a eso: a dormir sin miedo, sin fronteras, sin dueño.

Una balsera del 94, que todavía escucha las olas cuando se queda en silencio.

Nota de la autora

Escribo este prólogo como cubana y como sobreviviente. Pertenezco a una generación que cruzó el mar buscando futuro y encontró su reflejo en otros exiliados. Entre ellos, Alejandro —un venezolano que, con humor, ternura y coraje, me recordó que la patria no siempre es un lugar, sino la gente con la que compartimos la esperanza. Este libro nació de la admiración y la solidaridad. De la certeza de que, aunque vengamos de países distintos, el exilio nos hermana. Y de la fe, inquebrantable, terca y luminosa, en que contar estas historias es una forma de seguir flotando.

Pero también lo escribo como alguien que ha visto de cerca lo que se quiebra y lo que resiste. Conozco el silencio de las madrugadas donde uno se pregunta si tomó la decisión correcta. Conozco la nostalgia que cae sobre el pecho como un techo bajo. Conozco la fuerza que florece cuando descubres que no estás solo, que otro también lucha por respirar, por pertenecer, por no desaparecer en un país que te recibe a medias. Alejandro me mostró, sin proponérselo, que la dignidad no tiene acento, que el humor puede proteger más que un muro y que la ternura también es un acto político: el más silencioso y, quizás, el más poderoso.

Cada página de este libro es un puente entre islas distintas pero heridas parecidas. Aquí se encuentran Cuba y Venezuela, pero también Honduras, Nicaragua, Haití, México y cualquier lugar donde alguien haya tenido que irse para poder vivir. Aquí caben todas las versiones del exilio: el que llega con visa, el que llega en balsa, el que llega corriendo, el que llega roto y sigue, el que no llega, pero sueña. No escribo para explicar, sino para acompañar. No para denunciar, sino para recordar que lo humano —cuando se comparte— arde más fuerte que cualquier frontera.

Ojalá este libro sea un abrazo, un salvavidas, un testimonio. Ojalá quien lo lea encuentre en estas historias un espejo donde no duela mirarse. Y ojalá, sobre todo, que nunca olvidemos que sobrevivir no es suficiente: también hay que contarlo. Porque cada vez que una voz exiliada se escucha, el mar se hace un poco menos profundo.

Capítulo 1: El Ciudadano de Cuatro Patas

Mike no paga impuestos, no estudia, no trabaja y duerme quince horas al día como si la eternidad le perteneciera por derecho constitucional. Y, aun así, tiene más derechos que yo. Lo digo sin rencor, o con ese rencor moderado que se necesita para no hundirse.

Mike nació en Estados Unidos, con su certificado veterinario y su sello de "propiedad responsable". Su certificado tiene calcomanías de banderas, huellitas y una firma que parece sonrisa. El mío, si es que cuenta, es un papel arrugado en un cajón del consulado, con manchas de humedad y tinta corrida. La vida es así de poética: a Mike lo trajo al mundo una clínica con pecera y golosinas; a mí, una maternidad con apagones.

Mike me mira desde el sofá con esa sabiduría prepotente de los que nunca han hecho fila en migración. Es dueño del sofá, del rayo de sol de las tres y media y de mi autoestima los lunes. Es, además, ciudadano. Y todavía se atreve a bostezar cuando le cuento mis problemas con el TPS. Si la indiferencia pagara renta, Mike tendría propiedades en todo el condado.

En la mesa, la carta del gobierno brilla como un diente recién blanqueado. "Se informa que el TPS ha sido suspendido…". Tres palabras que suenan a trámite, pero duelen como sentencia. Pienso que TPS puede significar también "Todo Puede Salirse" o "Tómese Pa' Su casa". Me río para no llorar; Mike ronronea como si hubiera contado un chiste económico sobre desigualdad estructural.

—No es personal, humano —parece decirme con los ojos entrecerrados—. Es la ley.

Hago café. El vapor me recuerda los días en que el miedo era un hábito nuevo. Repaso mentalmente mi "currículum moral": estudio enfermería, tengo un salón de belleza llamado "Belleza sin Fronteras", pago impuestos, dono sangre y sonrío más de lo recomendable. ¿Qué más se supone que debo hacer para ser merecedor de existir sin miedo?

Mike me observa desde el alféizar, con su ciudadanía colgando del cuello. Ese pequeño disco dorado que suena cada vez que camina es como un recordatorio cruel: en esta casa, el único con papeles ronronea.

Intento convencerme de que es un mal día, nada más. Pero los malos días, en este país, suelen tener sello oficial. Camino al trabajo con la resignación entrenada. El barrio huele a pan dulce, a grasa, a sobrevivencia.

En cada esquina hay una historia truncada: la señora que cerró su tienda porque su marido fue deportado; el joven que vende flores y dice que estudia "mientras tanto"; la niña que juega a "ser ciudadana" en el parque y pide su número de seguro social como si fuera una muñeca nueva. Paso frente a un mural recién pintado: una bandera enorme, un águila y, debajo, la frase "Freedom is earned". Pienso que, si la libertad se gana, alguien debería decir dónde se rinde el examen. Yo lo estudiaría de memoria.

En la estética, Belleza sin Fronteras, el día comienza con tijeras, música vieja y esperanza diluida en café. Doña Maritza entra con su bandera pintada en las uñas.

—¿Hoy sí me dejas quince años menos?

—Le dejo dieciséis, pero no le diga a la competencia.

Reímos. La risa, en este barrio, es la versión más barata del oxígeno. Entre mascarillas de pepino y pestañas postizas, me pregunta por "los papeles". Aquí, "papeles" significa lo mismo que "vida". Miento lo justo, sonrío lo justo.

—Ahí vamos, paso a paso.

Ella asiente. Todos en este barrio entendemos ese idioma de sobrevivientes: frases cortas, miradas largas.

A media mañana, mientras retoco un tinte, pienso en cómo sería auto deportarse. Imagino el tutorial: "Hola, humanos, hoy les enseño a irse sin ruido.

Paso uno: venda sus sueños al mejor postor. Paso dos: convierta sus recuerdos en equipaje de mano. Paso tres: no mire atrás, excepto para asegurarse de que su gato ciudadano no se metió en la maleta. Me río sola. A veces la risa es lo único que me separa del llanto, un hilo delgadísimo que mantiene a raya todo lo que no me atrevo a decir en voz alta.

Repito esas instrucciones como si fueran un manual de supervivencia para los que aprendimos a irnos sin irnos del todo. "Venda sus sueños", dicen. Como si uno pudiera ponerle precio a lo que alguna vez sostuvo el alma. Como si los sueños fueran baratijas de aeropuerto que se dejan caer cuando ya no caben en la valija.

"Convierta sus recuerdos en equipaje de mano." Claro. Qué fácil suena. Como si los recuerdos no fueran cajas que pesan más que cualquier maleta, llenas de voces, olores, calles, nombres, abrazos pendientes, lugares que ya no existen. Pero ahí voy, doblándolos como quien intenta que entre todo en un bolso que nunca cierra.

Y luego el paso final: "No mire atrás." Esa es la mentira más grande. Todos miramos atrás, aunque sea de reojo, aunque sea desde el reflejo de un escaparate o en la curvatura de una esquina. Miramos para confirmar que lo que amamos sigue ahí, aunque ya no podamos tocarlo. Miramos por pura terquedad, como si existiera la posibilidad absurda de que el pasado nos haga señas.

17

Pero es cierto que lo único que me atrevo a buscar es a Mike, por si decidió colarse entre mis cosas, como si pudiera viajar conmigo a donde yo vaya, como si su ronroneo fuera un pasaporte universal. Ese gato tiene mejor sentido del humor que muchos humanos. Quizás por eso me río. Porque si no me riera, todo este peso se convertiría en un derrumbe.

La risa, al final, es mi respiración de emergencia. Mi paraguas en un aguacero emocional. Mi manera de decirme que todavía estoy de pie, aunque a veces parezca que camino descalza sobre cristales.

Me río sola, sí. Porque a veces esa risa es la única frontera que me queda entre la nostalgia que arrastra y el llanto que amenaza con inundarlo todo.

Al mediodía, Mike llega al salón. Camina como político en campaña: lento, seguro, consciente de su público. Las clientas lo adoran.

—Ese gato es una bendición, Ale.

—Sí, una bendición con seguro médico y derechos civiles.

Mike se instala en la silla del secador y me mira con aire de inspector gubernamental. Si pudiera hablar, pediría auditoría. Las clientas ríen. La risa es contagiosa y, por un momento, todo parece estar bien. Pero luego, el silencio regresa con su aroma a tinte barato y ansiedad.

Por la tarde, camino a casa con Mike en el transportín. En el metro, los acentos se mezclan como una canción improvisada: mexicanos que discuten recetas, dominicanos que comparten chistes, gringos que pronuncian "arepa" como si invocaran un espíritu. Una niña señala a Mike.

—Mira, mami, un ciudadano.

Todos reímos. Y pienso: quizás eso somos, una colección de ciudadanos en jaulas distintas.

En casa, la noche cae temprano. Abro la carta del TPS una vez más, como quien revisa una herida para ver si ya cerró. No ha cerrado. La tapo con un plato. Es infantil, pero efectivo: las malas noticias pesan menos si las tapas. Mike se sienta junto a mí, con la serenidad de los que no conocen fronteras.

—Mira, Mike —le digo—, yo no quiero ser héroe. Solo quiero graduarme, trabajar y dormir una siesta sin sobresaltos.

Él mastica su croqueta con la solemnidad de un juez. Y entonces lo entiendo: para él, la patria es un sonido. El hogar, una vibración que dice "aquí". Quizá la mía pueda ser eso también: un lugar donde mi nombre suene sin miedo.

Antes de dormir, anoto mi "Plan de supervivencia felino-humano":

Graduarme.

No vender el secador favorito (salvo emergencia).

Llamar a la abogada que respira esperanza.

Enseñarle a Mike a posar serio para la foto.

Recordar que el miedo paga renta, pero no hipoteca.

Apago la luz y Mike se acomoda en el hueco de mis rodillas, como si ese pequeño espacio fuera un país propio donde nada malo puede entrar. Su ronroneo es mi canción nacional, un himno doméstico que marca el final del día mejor que cualquier reloj. A las cinco y media me despierta el miedo, puntual como siempre. El miedo tiene mejor reloj que la esperanza y una manera particular de abrir los ojos antes que yo. Me levanto por inercia, preparo café y miro por la ventana. El amanecer parece clínico, como si alguien hubiera decidido esterilizar la luz para que no duela. Hay una frialdad que no asusta, pero tampoco consuela.

Mientras el café se asienta, Mike se estira, abre la boca en un bostezo exagerado y hace sonar su placa. Ese pequeño tintineo funciona como un recordatorio de que, pase lo que pase, al menos alguien en esta casa sabe exactamente qué hacer: existir sin culpas. Él camina por la cocina como si patrullara un territorio que conoce de memoria, pero cada tanto me mira de reojo, evaluando si hoy también necesito que se quede cerca. Yo finjo que no, pero él nunca se lo cree. Afuera, el barrio todavía está dormido, pero adentro empieza el día, con Mike marcando el ritmo y yo intentando que el miedo no me gane la primera ronda.

—Buenos días, ciudadano.

Me responde con un maullido corto: "Levántate, plebeyo, el sol no espera".

Desayunamos juntos. Él, croquetas. Yo, pan con mantequilla y ansiedad. A veces creo que el amor se parece a eso: compartir silencio con alguien que no te entiende, pero no se va. Camino a clase. En la portada de mi cuaderno, escribí con marcador: "Si no puedo curar mi estatus, al menos puedo curar heridas". La profesora de enfermería habla sobre empatía con voz de receta.

—La empatía —dice— es ponerse en el lugar del paciente.

Yo pienso que llevo años haciéndolo, pero con países. Ser migrante es ponerse en el lugar del otro… pero al revés.

Nelson, mi amigo, revisa su celular.

—¿Noticias?

—Peores. Nos quedamos fuera.

Silencio. Intento romperlo:

—Quizás Mike nos adopte.

—Si fuera perro, tal vez. Los gatos son conservadores.

Nos reímos. El humor es la prótesis del alma.

De regreso al salón, el día sigue. Cejas, tintes, promesas pequeñas. Pero cada vez que me miro al espejo, me veo un poco más transparente, como si el país me estuviera borrando con un borrador legal. A veces pienso que este país es como Mike: te da techo, te alimenta, te deja dormir… pero nunca te reconoce como suyo. Y, aun así, mañana volveré a abrir el local a las ocho. Porque la libertad, como las cejas, requiere mantenimiento.

Capítulo 2: Belleza sin Fronteras

El barrio despierta con el mismo sonido de todos los días: una mezcla de motores viejos, reguetón sin vergüenza y olor a pan caliente que se cuela por las rendijas de las persianas. A veces creo que el aire aquí no se respira, se mastica. Tiene gusto a café recalentado y a supervivencia. Camino con el morral en la espalda y Mike dentro de su transportín, asomando el hocico con ese aire de diplomático que inspecciona fronteras invisibles. Los vecinos ya me reconocen de lejos; algunos saludan, otros fingen no ver, porque en estos tiempos mirar demasiado puede parecer sospechoso.

La acera está todavía húmeda por el rocío, y cada paso suena a historia vieja. Los carros pasan sin prisa, como si también estuvieran despertando a medias. Una señora empuja un carrito con frutas que parecen haber tenido mejor vida que nosotros, y me sonríe con esa mezcla de complicidad y cansancio que solo tienen los que se levantan antes del sol. Del otro lado de la calle, un grupo de muchachos discute sobre béisbol como si del resultado dependiera el destino del país. Son voces que forman parte del paisaje, igual que las palmeras torcidas, los postes llenos de anuncios mal pegados y los perros callejeros que saben exactamente dónde encontrar sombra a esta hora.

Mike observa todo desde su transportín como si fuera un embajador en misión especial. Parpadea lento, se acomoda, vuelve a mirar. Él percibe cosas que yo ignoro: las tensiones que la gente esconde en los hombros, los rumores que se arrastran por las esquinas, la forma en que algunos pasos suenan más pesados que otros. A veces pienso que, si pudiera hablar, me contaría secretos del barrio que nadie se atreve a decir en voz alta. Pero se limita a ronronear con un sonido suave, como una especie de permiso silencioso para seguir caminando.

Mientras avanzamos, siento que cada cuadra tiene su propio carácter. Hay una que huele a fritura desde las siete de la mañana, otra que siempre está llena de niños corriendo, aunque nadie sabe de dónde salen, y otra donde vivo con la sensación de que las cortinas se mueven demasiado para estar cerradas. Aquí todo late. Nada es realmente quieto. Ni siquiera el miedo. Y, aun así, en medio de tanta desconfianza y ruido, hay un extraño sentido de pertenencia. Como si el barrio, con todas sus grietas, todavía tuviera la decencia de decirnos buenos días a su manera.

La estética está igual que siempre, aunque cada día la miro como si fuera un milagro recién horneado. El cartel de "Belleza sin Fronteras" aún cuelga torcido, con las letras medio desteñidas por el sol y la humedad. Lo pinté hace tres años con una brocha prestada por Nelson y pintura sobrante de un mural escolar. Prometimos retocarlo juntos, pero la vida se fue metiendo entre los planes como ese polvo fino que nunca se barre del todo. Saco las llaves y hago el mismo ritual que repito cada mañana: tocar madera, mirar hacia ambos lados, abrir rápido y cerrar de nuevo. Es una coreografía del miedo aprendida sin ensayos.

Enciendo las luces y el salón cobra vida: los espejos devuelven mi reflejo multiplicado, las tijeras relucen como si esperaran aplausos y la cafetera gime un saludo metálico. Mike salta de su jaula y da un paseo de inspección. Revisa las esquinas, olfatea los sillones, se estira frente al secador principal y se sienta con solemnidad. Ya sé lo que significa: ha aprobado la inspección del territorio.

—Buenos días, señor supervisor —le digo.

Me responde con un parpadeo lento, ese gesto que en idioma felino traduce "procede, humana".

Empiezo a organizar las toallas, a llenar los frascos de alcohol y a repasar mentalmente la agenda del día. Los martes suelen ser intensos: cejas, retoques, tintes y alguna terapia improvisada. Aquí las clientas pagan por verse mejor, pero muchas vienen a hablar, a vaciar el alma entre una mecha y otra. Lo entendí el primer día que abrí el local y una señora, en lugar de pedirme un corte, me pidió un consejo sobre el divorcio. Desde entonces supe que este no era solo un negocio: era una especie de confesionario con música de fondo.

Afuera, el barrio ya hierve. Un camión reparte frutas, un niño corre con la mochila más grande que él y una patrulla pasa despacio, como si olfateara el aire. Cada vez que veo una, el corazón me late más rápido, aunque no haya hecho nada. El miedo no necesita motivos; se alimenta de costumbre. Mike me observa desde la ventana con ese aire de juez paciente. A veces pienso que es mi conciencia con bigotes. Me encantaría tener su tranquilidad, su certeza de que el mundo le pertenece. Pero yo tengo documentos pendientes, citas migratorias que se mueven más que una cita romántica y un futuro en lista de espera. Él solo tiene que ronronear y alguien lo alimenta.

—Tú sí sabes vivir, ciudadano —le digo.

Él bosteza. Su manera elegante de decir: "así es, plebeyo".

Cuando el reloj marca las ocho, llegan las primeras clientas. El timbre de la puerta suena como una nota musical: empieza la sinfonía del día. Doña Maritza entra con su energía habitual, perfume de gardenias y noticias frescas.

—¡Ale, hija! Dime que hoy sí me quitas diez años.

—Le quito quince, pero me firma una cláusula de silencio —le respondo, y ella suelta una carcajada que llena el salón.

Mientras la acomodo frente al espejo, enciendo la radio. Entre bachatas viejas y anuncios de abogados que "hablan tu idioma", se cuela un noticiero: "Las redadas continúan en varios estados... decenas de detenidos...". Subo el volumen de la música. No quiero empezar el día con miedo, aunque el miedo siempre encuentre la forma de colarse como el polvo. Doña Maritza lo nota.

—Tranquila, Ale. Si vienen, les digo que estamos haciendo un tratamiento capilar contra la ansiedad.

—Que nos lo aprueben como proyecto de salud mental —respondo.

Ambas reímos, y esa risa tiene el valor de un documento sellado.

Mike, mientras tanto, se ha subido al mostrador. Observa con atención cada movimiento, como si evaluara nuestras técnicas de resistencia. De pronto, estornuda.

—¿Viste? Hasta él se estresa —dice Maritza.

—No, él protesta por los precios de la croqueta —respondo, y seguimos riendo.

Entre cliente y cliente, miro por la ventana y pienso en lo irónico que es este país. Aquí, hasta el sol parece tener papeles. Sale y se pone sin permiso de nadie, pero a mí me piden comprobantes hasta para respirar. Vuelvo a mirar el cartel de la puerta. "Belleza sin Fronteras". Qué optimismo el mío al elegir ese nombre. Lo puse porque me parecía que la belleza, al menos, debía ser libre. Que nadie debería necesitar un permiso para sentirse bien frente al espejo. Pero ahora, cada vez que lo leo, me suena a burla: las fronteras están en todas partes, incluso dentro de la piel.

Recuerdo el día que lo pintamos. Nelson sostenía la escalera mientras yo dibujaba las letras torcidas. Un grupo de niños nos miraba desde la acera. Uno de ellos preguntó:

—¿Y qué es una frontera?

Yo no supe qué decir. Nelson respondió:

—Es una línea que inventan los adultos cuando se les acaba la imaginación.

El niño se quedó pensativo. Creo que todavía lo está.

Son las nueve y media. Llega Carmen, la hondureña que trabaja limpiando oficinas. Siempre trae el cabello recogido y la voz cansada.

—Ale, córtame poquito. Que, si me ven cambiada mucho, piensan que ando de fiesta.

Le sonrío. Esa frase la he escuchado en mil versiones: mujeres que se esconden detrás de la discreción para no despertar sospechas. Aquí la elegancia se mide por la invisibilidad. Mientras le corto el cabello, Carmen me cuenta que anoche hubo otra redada, que un primo suyo no volvió a casa. Dice "lo agarraron", como si se tratara de una pelota perdida. Yo asiento y sigo cortando, como si cada mechón fuera una oración que nadie escucha. Mike, desde el secador, la mira con empatía felina. Ella se ríe.

—Ese gato parece psicólogo.

—Lo es. Pero cobra en croquetas.

Cuando el reloj marca las diez, el salón ya es un pequeño universo en movimiento. Las conversaciones se cruzan, los secadores suenan como turbinas y, en el fondo, huele a esperanza tostada. Pienso que en otro país esto sería solo un trabajo. Aquí, es una forma de resistencia. Cada corte, cada esmalte, cada risa que se atreve a salir entre el ruido es un acto político sin pancarta. Y aunque nadie lo diga, todas lo sabemos: lo que pasa afuera da miedo, pero aquí dentro todavía hay aire suficiente para respirar sin papeles.

Mike se estira, se acomoda y me lanza esa mirada que dice: "este pequeño país llamado salón todavía tiene frontera abierta".

El reloj marca las once y el barrio ya hierve. Afuera pasa un carrito de empanadas que anuncia su menú con una bocina que suena como si tuviera catarro, pero igual logra que medio mundo se asome. Al lado, un hombre vende relojes falsos y promesas verdaderas, con una seguridad que casi convence. Desde la ventana los veo a todos y pienso que la economía informal debería tener himno nacional, bandera propia y hasta día feriado. El aire vibra con voces que regatean, motores que tosen y el olor a fritura que se pega a la ropa como si también pagara alquiler. Dentro del salón, el ambiente es otro universo: tibio, perfumado de laca y complicidad. Aquí el tiempo se dilata, se acurruca, se esconde entre los secadores y los murmullos. Doña Maritza hojea una revista vieja donde las modelos sonríen como si supieran algo que el resto del mundo ignora, y Carmen revisa el teléfono una y otra vez esperando noticias del primo perdido. Yo intento mantener el ritmo de trabajo, pero las tijeras se me vuelven pesadas, como si también sintieran el cansancio del barrio.

El secador zumba con una constancia casi maternal, pero aun así no logra tapar las historias que flotan en el aire. Cada clienta llega cargando una pequeña tragedia envuelta en bolsas del supermercado. Algunas la dejan caer sin querer mientras se sientan; otras la esconden mejor entre los chismes suaves y las risas que usan para despistar. Maritza suspira cada vez que pasa página, como si buscara una señal escondida entre los anuncios de perfumes. Carmen digita con la ansiedad temblorosa de quien espera un mensaje que quizá no llegará hoy. Yo sigo cortando mechones, oyendo a medias sus relatos, deseando que mis manos no traicionen lo que siento. Es extraño cómo el salón parece un refugio improvisado donde la gente viene a peinarse y, sin querer, termina confesando pedazos de alma. Hay días en que siento que corto más tristezas que puntas abiertas.

En la calle, el calor aprieta, y los sonidos del mediodía se intensifican como una orquesta sin director. Un taxi amarillo frena de golpe, generando una discusión que dura lo que dura la luz roja. Los vendedores ambulantes se reorganizan para sobrevivir las próximas dos horas, que son las más lucrativas y las más peligrosas. Desde mi ventana, la escena parece una danza rara, una coreografía de supervivencia cotidiana donde cada quien improvisa para no quedarse atrás. Aquí nadie descansa, ni siquiera el viento, que trae rumores de lo que pasó en la madrugada, lo que pasará al caer la tarde y lo que todos preferirían olvidar. A veces pienso que el barrio tiene su propio pulso, uno irregular pero tenaz, que late, aunque nadie lo escuche. Mientras tanto, Mike duerme en su rincón como si la vida fuera simple, como si no supiera que el mundo allá afuera siempre está a punto de desbordarse.

Dentro del salón, la conversación sube y baja como una marea emocional. Una señora cuenta que soñó con su difunto esposo y Maritza afirma que eso significa visita. Carmen no la contradice; bastante tiene con mantener la mirada fija en la pantalla, esperando un milagro digital. Yo trato de sonreír en los lugares correctos, responder con frases que suenen sabias y apagar mis propios temblores internos. Es curioso cómo todos ven el salón como un lugar seguro, como si aquí la realidad se filtrara un poquito antes de entrar. Pero en días como este, siento que la realidad no pide permiso, se mete por los huecos de la puerta, se sienta en la silla de lavado y me mira directo mientras trabajo. El barrio golpea las paredes con sus sonidos y sus historias, aunque intentemos negarlo entre tintes y rulos.

A las once y media, la luz del mediodía cae de lleno sobre el salón, y parece que todo se vuelve más nítido, incluso lo que preferiría no ver. El carrito de empanadas se aleja dejando un rastro de música ronca, y el vendedor de relojes falsos sigue ofreciendo eternidad por diez dólares. Adentro, el aire se espesa con el aroma mezclado de café frío, laca y un cansancio silencioso que todas compartimos sin mencionarlo. Carmen por fin recibe un mensaje, pero su expresión no cambia, lo que siempre es mala señal. Maritza cierra la revista con un gesto lento, como si aceptara que ningún consejo impreso va a salvarla del día de hoy. Yo respiro hondo, acomodo mis tijeras y sigo trabajando, porque en este barrio el tiempo no espera y la vida, aun cuando se siente pesada, sigue entrando por la puerta con la misma perseverancia de siempre.

Entra una nueva clienta, empujando un cochecito con una niña de dos años que agita un chupete como si fuera bandera.

—¿Puedo dejarla aquí mientras me lavo el pelo? — pregunta la madre, con acento dominicano y cansancio universal.

—Claro, déjala, aquí cuidamos de todo lo que respire — respondo.

Mike se acerca curioso. La niña lo mira fascinada y suelta una carcajada limpia, de esas que borran por un segundo la palabra redada. Él se deja acariciar, como si entendiera que a veces la ternura también es una forma de ciudadanía. La madre se llama Dalia. Trabaja en una lavandería industrial donde el vapor le arruga los sueños. Dice que su jefa le prometió un aumento, pero que luego descubrió que su salario era tan invisible como su estatus.

—Me canso, Ale. Me levanto a las cinco, llego a casa a las nueve y todavía me da miedo dormir —me dice mientras el agua le corre por el cabello.

—¿Por miedo a qué?

—A que me despierten los golpes en la puerta.

No sé qué responder. Le enjuago el pelo en silencio. A veces, lo único que puedo ofrecer es un minuto de cuidado sin preguntas. La niña sigue jugando con Mike, que ahora se ha adueñado de una toalla y parece posar para un anuncio de suavizante. Todas ríen. Hasta Carmen, que había estado en silencio.

—Ese gato debería tener un canal de YouTube —dice.

—Con tantos seguidores, seguro consigue papeles antes que nosotras —agrega Dalia.

Las risas llenan el local y, por un momento, la tristeza se despeina.

A mediodía, llega una de mis favoritas: la señora Luz. Tiene setenta años, tres nietos y la memoria dividida entre dos países. Trae un bolso grande lleno de medicinas y una bolsa más pequeña con galletas que reparte como bendiciones.

—Te traje para el café, hija —dice, y coloca el paquete sobre la mesa como si ofreciera oro.

—Ay, doña Luz, usted es un ángel —respondo.

—Ángel no, mujer. Soy mexicana y persistente. Lo segundo pesa más.

Mientras la tiño, hablamos de todo: del clima, de las recetas que hacía su madre, del vecindario que antes era tranquilo. Me cuenta que uno de sus nietos, nacido aquí, ahora la corrige cuando dice mal una palabra en inglés.

—Me da ternura, pero también coraje —confiesa—. Yo le enseñé a hablar, y ahora él me enseña a callar.

Guardo silencio. Hay frases que deberían enmarcarse.

De pronto, el teléfono vibra en la mesa. Es un mensaje de voz que alguien ha puesto en altavoz: "Tengan cuidado, dicen que ICE está por la zona". El salón se queda mudo. Hasta el secador parece contener el aire. Miro por la ventana. Nada fuera de lo normal. Solo autos, peatones, rutina. Pero en nuestros cuerpos se enciende el mismo reflejo: esa rigidez instintiva de quien ha aprendido a vivir a medio pulmón.

—No va a pasar nada —digo, intentando convencer a todas y a mí misma.

Doña Luz asiente, pero sus manos tiemblan. Mike se acerca a ella y se acuesta en su regazo. La vieja sonríe.

—Mira este minino. Tan tranquilo. No sabe lo que es el miedo.

—Por eso duerme tanto —respondo.

La tarde avanza con el ritmo incierto de los días buenos que no se atreven a serlo. Llega Marta, una salvadoreña que vende tamales los fines de semana y que siempre entra como un vendaval.

—¡Ale! ¡Dime que hoy me puedes atender rápido, que tengo una entrega a las tres!

—Siéntate, mujer, que los tamales aguantan, pero las canas no.

—Eso sí, mi'ja —dice riendo, y se sienta.

Marta es una de esas personas que cuentan la vida en voz alta. No sabe hablar bajito. Mientras le aplico el tinte, repasa su jornada: los clientes, los pagos, las noticias.

—Tú sabes, dicen que van a cerrar el gobierno otra vez. Que no hay acuerdo.

—¿Y eso qué significa para ti?

—Que los de allá pelean, y los de acá perdemos. Siempre es así.

Todas asienten. Nadie menciona nombres ni partidos. No hace falta. Aquí la política se mide en turnos de trabajo, en llamadas que no contestan, en cartas que no llegan.

Cuando el reloj marca las tres, el olor a almuerzo invade el salón. Abro la puerta trasera para ventilar, y por un instante entra la ciudad entera: el ruido, el humo, las voces. Un vendedor ambulante ofrece flores. Le compro una, una sola, y la pongo en un vaso de agua.

—¿Para quién es? —pregunta Marta.

—Para quien necesite recordar que todavía crecen cosas —respondo.

Mike olfatea la flor, la aprueba y se instala junto a ella. Mientras las clientas charlan, saco mi cuaderno de notas y apunto ideas para un anuncio nuevo: "Belleza sin Fronteras: donde el miedo se peina y la esperanza se seca con aire tibio". Río sola. Tal vez debería registrar el eslogan.

Más tarde entra una adolescente. Se llama Julia y tiene dieciséis años. Nació aquí, pero sus padres no. Trae el cabello teñido de azul y una rabia que no necesita traducción.

—¿Qué te hacemos hoy? —le pregunto.

—Nada. Solo quiero que me lo corten. Todo.

—¿Todo? ¿Segura?

—Sí. Quiero empezar de cero.

Mientras la atiendo, me cuenta que ayer su padre no regresó del trabajo. Que su madre no para de llorar. Que en la escuela la miran con lástima.

—Me dijeron que no me preocupe, que seguro lo deportan nomás por unos meses. Como si eso fuera un viaje.

No sé qué decir. Las palabras se me quedan atrapadas entre los dientes. Le corto el cabello con cuidado, mechón por mechón. Cuando termino, su rostro aparece distinto: más liviano, más fuerte.

—Te ves hermosa —le digo.

—No vine por eso —responde—, pero gracias.

Mike se acerca, olfatea el cabello recién cortado y se sienta a su lado. Julia lo acaricia y sonríe por primera vez.

—Al menos alguien se queda —dice.

El resto de la tarde transcurre entre secadores, historias y silencios. A veces el miedo se disfraza de rutina: una clienta que no llega, un ruido en la puerta, una llamada que nadie responde. Pero seguimos. Porque si algo hemos aprendido las mujeres de este barrio es a sobrevivir con esmalte y dignidad.

A las seis cierro la caja. Las propinas son pocas, pero el salón huele a algo parecido a esperanza. Limpio los espejos, recojo las toallas y me quedo mirando el reflejo del cartel a través del vidrio. "Belleza sin Fronteras". Y pienso que, tal vez, esa frase no es una broma del destino. Tal vez es una promesa que seguimos cumpliendo en silencio, una trinchera con tijeras, un refugio con secador.

Mike se acomoda en la silla del rincón. Ronronea. Yo lo miro y pienso que, mientras él exista, este pequeño país de espejos y rulos seguirá siendo libre.

A veces pienso que el miedo también tiene horario. Llega justo cuando el sol se va escondiendo detrás de los edificios y el calor deja paso a ese silencio raro que antecede a las malas noticias. El timbre del teléfono suena y el corazón me da un salto. Es Nelson.

—¿Supiste lo de anoche? —dice sin saludar.

—¿Qué cosa?

—La redada, Ale. En el mercado de la 12. Dicen que se llevaron como a veinte.

El silencio se hace largo.

—¿Y tú cómo sabes?

—Porque mi primo trabaja ahí. Alcanzó a esconderse en el cuarto frío, con las cajas de plátanos. Todavía está temblando.

Respiro hondo.

—Gracias por avisar.

—Ciérrate temprano hoy, ¿sí?

Asiento, aunque él no pueda verme. Cuelgo. Miro alrededor del salón. Todo parece igual, pero de pronto noto los detalles que antes no veía: la puerta sin doble cerradura, las ventanas demasiado limpias, el cartel que dice "abierto" como si fuera una provocación. Mike levanta la cabeza desde su rincón, me observa con esos ojos que parecen entenderlo todo.

—Tranquilo —le digo—, nadie va a venir por ti. Eres un gato con papeles.

Ronronea, pero hay algo distinto en su mirada, como si también sintiera la electricidad del aire. Apago una de las luces, bajo el volumen de la música y corro la cortina de la puerta. El salón se siente más pequeño, más íntimo, como una burbuja donde solo caben los que todavía tienen fe.

Las clientas siguen llegando. No hay nada más difícil de suspender que la rutina, sobre todo cuando es lo único que sostiene la cordura. Entra una señora con el cabello cubierto por un pañuelo. Es nueva. Habla bajito, con el acento mezclado de quien ha pasado por demasiados sitios.

—¿Cortas también a domicilio? —pregunta.

—A veces. Pero ahora prefiero que vengan aquí.

—Es que tengo miedo —dice—. La vecina de mi prima la denunció.

—¿Por qué?

—Por nada. Por existir.

El silencio que sigue es denso. Hasta el aire parece detenerse.

—Mire —le digo suavemente—, aquí nadie pregunta de dónde viene. Solo cómo quiere el corte.

Ella sonríe, y en su sonrisa cabe todo lo que no se atreve a decir.

A las siete, el cielo se ha vuelto un lienzo violeta. Afuera, las luces de los autos dibujan líneas nerviosas en el asfalto. Dentro del salón, suena el zumbido constante de los secadores: es nuestro coro de fondo, la música que esconde las conversaciones que no deben oírse. Carmen vuelve, esta vez solo para avisar.

—Están por la gasolinera. Una amiga me mandó mensaje.

—¿Quiénes?

—Ellos. Los de los chalecos.

Todas la miran. La palabra "ellos" ya no necesita apellido. Mi pecho se aprieta. Miro a mi alrededor: seis mujeres, dos adolescentes, un gato y un miedo compartido. Si el mundo fuera justo, esta sería una escena de una película cómica. Pero no hay cámara, ni director, ni final garantizado.

—Tranquilas —digo—, tenemos plan.

47

—¿Plan? —pregunta Dalia, con la niña dormida en brazos.

—Sí. En caso de emergencia, apagamos las luces, cerramos la puerta de atrás y Mike se hace el enfermo.

Las risas salen atropelladas, nerviosas, pero alivian.

—¿Y tú qué harías? —pregunta Marta.

—Yo… yo me hago la muerta —respondo.

—¿Y si no te creen?

—Entonces me levanto y les ofrezco una mascarilla capilar. Nadie se resiste al aloe vera.

La risa crece y, por unos segundos, el miedo se disuelve como azúcar en café caliente. Pero no dura. Nunca dura.

Un ruido afuera, fuerte, metálico. Todas nos quedamos quietas. Se escucha una sirena lejana. Doña Luz murmura una oración. Yo camino hasta la puerta con las piernas temblando. Corro la cortina apenas lo suficiente para mirar. No es una redada. Es un camión de basura. Respiro. El alivio llega en forma de carcajada. Ríen todas. Ríen con esa fuerza que solo tiene quien se salva por un instante. Mike, ofendido por el escándalo, se esconde dentro de una caja de toallas.

—Ya, ciudadano, sal de ahí —le digo—, fue una falsa alarma.

Asoma la cabeza con cara de "no me pagan lo suficiente para estos sustos". Cierro temprano, por primera vez en meses. Apago los secadores, las luces, los espejos. El silencio me pesa más que el cansancio. Reviso el dinero de la caja: justo para pagar el alquiler del local y las croquetas de Mike. No me quejo. En tiempos como estos, la estabilidad se mide en días sin sobresaltos.

Antes de irme, dejo una nota pegada en el espejo principal: "Si vienen por mí, díganles que solo sé de tintes y esperanzas". La pego con cinta transparente. Mike la mira, luego me mira a mí.

—Sí, lo sé —le digo—. Dramática como siempre.

Ronronea. Esa es su forma de decir: "al menos eres constante".

Salgo a la calle. El aire huele a lluvia, a pan caliente y a nervios. En la esquina, un grupo de hombres conversa en voz baja, como si las palabras tuvieran miedo de hacerse sonido. Más allá, una patrulla pasa sin prisa, pero con intención, como esos animales que fingen indiferencia mientras huelen el peligro. Acelero el paso. No quiero mirar demasiado, no quiero llamar la atención. Camino con la sensación de que cada sombra podría preguntarme por mi número de seguro social, como si incluso los postes y las ventanas tuvieran la autoridad de detenerme. Mis pasos suenan más fuertes de lo normal, o quizá es mi corazón el que está haciendo eco en el pavimento. Me digo que todo está bien, que solo estoy yendo de un lugar a otro, pero en este país incluso mover el aire puede sentirse sospechoso.

Un camión frena de golpe en la avenida y el ruido me corta la respiración. Una mujer cruza corriendo con una bolsa de supermercado que parece a punto de romperse, y por un instante siento que compartimos la misma prisa, la misma urgencia por llegar a algún sitio donde nadie pregunte quiénes somos ni de dónde salimos. El cielo amenaza con soltar un aguacero y, aun así, la gente camina como si cada segundo fuera prestado. Nadie se detiene demasiado tiempo en un mismo lugar, nadie observa más de lo estrictamente necesario. Hay una especie de coreografía silenciosa hecha de precaución y costumbre, una manera de moverse que solo entienden quienes han aprendido a vivir atentos a cualquier sombra.

Mientras avanzo, noto que algunos locales han bajado las cortinas a medias, como si dudaran abrir o protegerse. Las luces de neón parpadean en los negocios que permanecen vivos, tratando de ofrecer normalidad en un ambiente que ya perdió la inocencia. Una bicicleta pasa a mi lado y casi me roza; el ciclista ni siquiera se disculpa. Va demasiado concentrado en evitar miradas, igual que yo. Me doy cuenta de que todos aquí caminamos como si cargáramos un secreto que no sabemos si revelar o esconder. Un secreto que pesa en la espalda, pero se calla para sobrevivir.

La lluvia finalmente empieza con gotas gruesas, pesadas, que suenan como monedas cayendo contra el asfalto. Siento que cada una marca el tiempo que llevo en este país, el tiempo que llevo huyendo del miedo mientras intento construir algo parecido a una vida. Levanto el cuello de la chaqueta, aunque sé que no sirve de mucho, y me obligo a seguir. La calle brilla con el reflejo de los semáforos, y por un momento el barrio parece una fotografía movida, una mezcla de colores y sombras que nadie alcanza a descifrar del todo. Respiro hondo, aunque el aire esté cargado, y me repito que avanzar es lo único que sé hacer.

A medida que me acerco a la siguiente cuadra, siento que el ritmo del barrio cambia. Es un pulso distinto, más rápido, más alerta. Las personas que esperan en la parada del bus miran sus teléfonos sin realmente leer nada; es solo un gesto para no encontrarse con los ojos de nadie. Un niño pequeño se suelta de la mano de su madre y corre detrás de una paloma, ajeno a todo, ajeno al miedo que a los adultos nos habita como un huésped permanente. Me quedo observándolo por un instante, quizá porque me recuerda lo que era caminar sin sospecha. Un lujo que ya no conozco.

Y aun así camino, respirando hondo, como si cada inhalación fuera una prueba de ciudadanía que nadie me pidió, pero que igual tengo que presentar.

Al llegar al apartamento, cierro tres veces la puerta. Mike da un salto al sofá, sacude el polvo imaginario de su pelaje y se acomoda como un rey cansado. Yo me dejo caer junto a él.

—¿Sabes qué es lo peor, Mike? —le digo—, que ya ni siquiera necesitamos que nos persigan. El miedo hace el trabajo por ellos.

Él abre un ojo, como si entendiera. La televisión suena de fondo: más noticias, más declaraciones vacías, más promesas de seguridad. Apago. Prefiero escuchar el ronroneo.

Cierro los ojos y pienso que mañana todo volverá a empezar. Las tijeras, las clientas, el café. La vida con olor a laca y a sobresalto. Y mientras me quedo dormida, siento que el miedo también ronca bajito, acostado a mis pies.

Josefina llega al día siguiente antes de que abra. Está parada frente a la puerta, con los ojos rojos y el cabello suelto, algo que en ella es señal de desastre. Siempre llega puntual, pero hoy llegó con tristeza en vez de maquillaje.

—Ale, ¿puedo entrar? —pregunta, aunque sabe que nunca le diría que no.

Asiento y abro. Trae en las manos una bolsa de supermercado. Dentro hay una camisa de hombre doblada, todavía con olor a jabón barato y desvelo.

—Es de él —dice—. No sé dónde ponerla. En la casa no puedo verla sin llorar.

La invito a sentarse. Mike se acerca enseguida, se sienta a su lado, le olfatea la rodilla y ronronea. Ella lo acaricia con ternura, como si ese gesto fuera una oración.

—Siempre le gustaban los gatos —susurra—. Decía que no obedecían a nadie, que por eso eran libres.

El salón huele a café recién hecho y a silencio. A veces el dolor no necesita palabras, solo compañía.

—¿Quieres que te prepare un lavado, un corte, algo? —pregunto.

—No, hoy no quiero que me cambies nada —dice—. Hoy quiero que todo se quede quieto, aunque sea una hora.

Le dejo estar. Me siento enfrente, fingiendo revisar productos, pero en realidad solo la observo. Tiene los ojos fijos en el espejo, pero no se mira. Es como si buscara a alguien detrás de su reflejo. Mike se acomoda en su regazo. Ella le habla bajito, en un idioma que no necesita traducción. Le cuenta que su marido fue detenido cuando salía del trabajo, que ni siquiera tuvo tiempo de avisar, que lo llevaron a un centro donde nadie responde el teléfono.

—Le dijeron que si quería verlo tenía que pagar un abogado. Pero yo apenas tengo para el bus.

—Hay organizaciones —digo—. Te paso los números, conozco a una abogada.

—¿De verdad?

—Sí, Nelson la contactó. Respira esperanza, pero cobra caro.

Josefina sonríe un poco. Es la primera vez en días.

—Pues habrá que vender algo. Ya vendí el televisor, me falta vender el miedo.

—Si supieras cuánto vale ese último —le digo—, te harías millonaria.

Las horas pasan lentas. Josefina no se mueve. Las demás clientas llegan y la saludan con respeto, como se saluda a alguien que ha pasado por una guerra. Nadie pregunta demasiado; en este barrio, preguntar puede ser una forma de crueldad. Entre cortes y tintes, Josefina se levanta y me ayuda a doblar toallas. Lo hace sin que se lo pida, como si necesitara ocuparse para no pensar.

—¿Te acuerdas cuando vine por primera vez? —dice—. Me cortaste el pelo y me dijiste que me veía más joven.

—Y era verdad.

—Mentiste un poquito, pero se sintió bien.

Reímos despacio. Mientras acomoda las toallas, noto que una lágrima cae sobre una blanca. Se borra al instante, como si el algodón también supiera guardar secretos.

—No puedo llorar en casa —dice—. Mi hija me mira y se asusta. No entiende por qué su papá no volvió. Dice que seguro está trabajando lejos.

—¿Y tú qué le dices?

—Le digo que sí. Que su papá está arreglando el cielo.

Guardo silencio. Esa frase se me queda clavada, redonda, perfecta, brutal. Mike bosteza, cambia de posición y apoya la cabeza sobre la camisa doblada. Josefina lo mira y dice:

—Mira tú, ni papeles tiene y nadie puede llevárselo.

—Eso digo yo todos los días. Si el mundo tuviera su lógica, él sería ministro de migración.

A la hora del almuerzo, saco dos empanadas y se las ofrezco.

—No tengo hambre —dice.

—Entonces cómete una por compromiso. No me gusta comer sola.

Ella acepta. La masa está fría, pero el gesto calienta el aire. Mientras comemos, hablamos del trabajo, del barrio, de lo que duele y no se dice. Me cuenta que algunos vecinos están ganando dinero denunciando a otros.

—Les pagan por llamada —dice—. Cien dólares si dan una dirección.

—¿Y cómo lo sabes?

—Porque la vecina de mi primo lo hizo. Y ahora todos le tienen miedo.

—Eso es lo peor —respondo—. Que el miedo también paga.

Se hace un silencio largo. El sonido del secador de fondo parece una oración mecánica.

—¿Sabes qué? —dice de pronto—. No quiero irme. Ni, aunque pudiera. Ya enterré demasiado aquí.

—Entonces no te vayas.

—No depende de mí, Ale.

Sus palabras me golpean. En este país, la vida parece un juego de azar donde el premio es quedarse.

Por la tarde, llegan las estudiantes y el salón recupera su ruido habitual. Josefina ayuda a barrer los mechones, a buscar tintes, a traducir el inglés de las etiquetas. De pronto parece otra: más ligera, más presente. Una de las chicas, Julia, le pregunta:

—¿Y usted cómo se mantiene tan fuerte?

—No soy fuerte, mi amor. Estoy cansada, que no es lo mismo.

Todas se quedan calladas. La sabiduría a veces tiene forma de cansancio. Mike se trepa al mostrador y se sienta como un juez satisfecho. Lo miro y pienso que, de alguna manera, este gato entiende mejor la compasión que muchos humanos. No pregunta, no aconseja, solo se queda. Y a veces, eso basta.

Cuando cae la tarde, Josefina recoge su bolso y la camisa de su marido.

—¿Te sientes un poquito mejor? —pregunto.

—Sí. Aquí el dolor se siente menos pegajoso.

—Eso debe ser por el acondicionador —le digo, y ambas reímos.

Antes de salir, deja un billete sobre el mostrador.

—No, Josefina. Hoy no.

—Es por el café —dice—. Y por dejarme llorar sin miedo.

La acompaño a la puerta. El sol se está escondiendo. Su figura se aleja despacio, con el bolso en un hombro y la dignidad en el otro. Cierro el local. Mike me mira, como preguntando si todo estará bien.

—No lo sé —le respondo—. Pero mientras haya mujeres como ella, todavía hay belleza.

Apago las luces y me quedo un momento en penumbra, escuchando el eco de las risas, los suspiros, las historias. El salón huele a champú, a humanidad y a resistencia. Me siento en el sillón de Josefina, miro el espejo vacío y me veo reflejada entre sombras. Pienso que quizá eso somos todos aquí: reflejos que resisten, imágenes que aún no se borran del todo. Mike salta al mostrador, se estira y maúlla.

—Ya sé, ciudadano —le digo—, mañana hay que volver a abrir.

Y mientras cierro la puerta, siento que el corazón me late al ritmo de las tijeras: corto, peino, respiro, sigo.

Esa tarde, cuando el sol empieza a dorar los tejados, llegan las chicas del barrio: el grupo de adolescentes que usan la estética como si fuera terapia gratuita y centro cultural. Vienen después de la escuela, a veces con uniforme, otras con ropa de segunda mano llenan de parches y energía. Julia, la del cabello azul, vuelve con una sonrisa tímida. Trae a dos amigas: Nati y Cielo. Entran riendo, con ese desparpajo que solo tienen los que todavía creen que todo se puede arreglar con música y delineador.

—¡Ale! —grita Nati—, ¿nos enseñas cómo hacer el delineado de gata?

—Depende —respondo—, ¿quieren parecer felinas o sospechosas?

—Felinas, pero legales —dice Cielo, y todas estallan en carcajadas.

Mike las observa desde su esquina, con cara de funcionario aburrido. Ellas le sacan fotos, le ponen filtros, le dicen "influencer". Él bosteza, indiferente a su fama. Les sirvo refrescos y dejo que ocupen el salón. Me gusta cuando están aquí: el ruido de su risa cubre los pensamientos oscuros. Cada una tiene su historia y todas, de algún modo, están atadas al mismo miedo.

Julia, por ejemplo, no habla mucho desde lo de su padre, pero hoy se la nota distinta. Se ha hecho un pequeño tatuaje con marcador: un corazón en la muñeca.

—¿Y eso? —le pregunto.

—Es temporal. Pero si mi mamá no se da cuenta, me lo hago de verdad.

—¿Y qué significa?

—Que sigo aquí.

La miro y pienso que la adolescencia en este barrio es una forma de resistencia: son niñas aprendiendo a no temblar cuando escuchan sirenas, a pintarse los labios para no parecer tristes, a reírse cuando todo se tambalea. Son expertas en fingir calma, en esconder el miedo detrás de un brillo barato y en caminar como si el suelo no estuviera siempre a punto de abrirse. Crecen rápido, demasiado rápido, como si la infancia fuera un lujo que aquí nadie puede pagar. Y, aun así, en medio de todo, se permiten un gesto tierno, una broma, una carcajada que irrumpe como un pequeño acto de rebelión. Pienso que eso es lo que mantiene vivo este lugar: la forma en que estas muchachas convierten la fragilidad en fuerza, el cansancio en ritmo, el peligro en coreografía. Porque en cada paso que dan, en cada máscara que se quitan o se ponen, se nota algo que el barrio no ha logrado perder: la capacidad de seguir soñando incluso cuando el sueño parece un delito.

Cielo cuenta que su madre trabaja limpiando casas y que últimamente las dueñas la revisan más que antes.

—Le piden identificación cada semana —dice—, como si se les olvidara que la conocen hace años.

—Eso no es olvido, es poder —respondo—. Lo recuerdan cuando conviene.

Se quedan calladas. A veces no sé si debería hablar tanto, pero alguien tiene que decirlo.

Enciendo la radio. Suena una canción vieja de Marc Anthony. Las chicas empiezan a cantar y a improvisar pasos de baile entre las sillas. El secador se convierte en micrófono. Mike se refugia debajo de una toalla.

—¡Vamos, Ale, ¡baila! —grita Nati.

—No, que me demandan por daños visuales.

—¡Prometemos no subirlo a TikTok!

—Eso dijeron la última vez.

Ríen. La alegría es un acto de desobediencia en estos tiempos. Entre canción y canción, Julia mira su reflejo y dice:

—Cuando venga mi papá, quiero que me vea bonita. No quiero que piense que lloré todos los días.

—Tu papá te verá fuerte —le digo—. La belleza no está en la cara, sino en la terquedad.

Ella sonríe, y esa sonrisa vale más que cualquier pasaporte.

A las seis cae una lluvia fina, de esas que parecen suspiros. Cierro la ventana, pero dejo que el olor a tierra mojada entre al salón. Afuera, las luces se difuminan y el mundo parece menos hostil. De pronto se va la luz. Un apagón de esos que vienen sin aviso y sin disculpas. Las chicas gritan, pero luego se ríen.

—¡Mike, enciende la ciudadanía! —dice Nati entre risas.

El gato maúlla, como si entendiera la broma. Enciendo una linterna de emergencia. La luz blanca ilumina los rostros de las tres: jóvenes, vulnerables, valientes.

—¿Y ahora qué hacemos? —pregunta Cielo.

—Contar historias —digo—. Siempre que se va la luz, alguien tiene que encender la memoria.

Nos sentamos en círculo, en el suelo. El salón huele a perfume barato y a futuro incierto. Empiezo yo:

—Cuando llegué a este país, creía que lo más difícil sería el idioma. Pero no. Lo más difícil fue aprender a vivir sin ser vista.

Julia asiente.

—Yo también me siento invisible a veces —dice—. En la escuela nadie pregunta, pero todos saben.

—¿Saben qué? —pregunta Nati.

—Que mi papá no está.

El silencio se acomoda entre nosotras, pesado, pero sincero. Entonces Cielo rompe la tensión:

—Mi mamá dice que somos como plantas sin maceta. Que crecemos igual, aunque nos cambien de tierra.

—Tu mamá es poeta —respondo.

—No, es jardinera —dice ella, y reímos todas.

La luz vuelve con un parpadeo. Los secadores reviven, los espejos brillan y el salón recupera su respiración artificial. Julia se levanta, se mira en el espejo y dice:

—¿Sabes, Ale? Cuando sea grande quiero tener un lugar como este.

—¿Una estética?

—No. Un lugar donde la gente entre triste y salga con ganas de seguir.

No respondo. Solo la abrazo. Mike salta al mostrador, como siempre hace al final de cada día, y maúlla fuerte. Las chicas le aplauden, como si entendieran que ese sonido también es esperanza.

Cierro la puerta cuando se van. El eco de sus risas se queda flotando, como una burbuja tibia en el aire cansado del salón. Me apoyo en el mostrador, agotada y agradecida. Pienso en todas ellas, en Josefina, en Dalia, en doña Luz, en las que vinieron con miedo, en las que vinieron con sueños, y en las que ya no pueden venir. Cada una dejó un pedacito de su historia aquí, entre peines y secadores, como si este lugar fuera un cofre donde guardar lo que afuera pesa demasiado.

Me quedo un momento en silencio, escuchando el zumbido suave del último secador apagándose solo, como si también necesitara un respiro. Hay algo casi sagrado en esta pausa. Es el instante en que el salón deja de ser negocio y vuelve a ser refugio, donde las palabras dichas durante el día se asientan en los rincones igual que el polvo fino del talco. Miro las sillas vacías y pienso en las conversaciones que quedaron suspendidas, en los secretos que se quedaron adheridos al aire como perfume persistente. Aquí la gente se desnuda sin quitarse la ropa, y yo intento sostener cada historia sin que se me rompa en las manos.

Camino hacia el área de lavado y recojo las toallas húmedas que todavía guardan el calor de quienes estuvieron aquí hace apenas unos minutos. A veces siento que esas toallas cargan más que agua; guardan lágrimas disimuladas, risas repentinas y silencios que dijeron más que cualquier palabra. Las doblo con cuidado, como si doblara memorias ajenas, y las deposito en la cesta grande que siempre parece tener hambre. El aroma a champú barato se mezcla con el olor a humanidad, un olor que solo existe en lugares donde la gente viene a arreglarse el cabello y termina arreglando, sin darse cuenta, un pedacito del alma.

Mike aparece desde su rincón, estirándose como un rey que acaba de despertar de una siesta diplomática. Camina despacio, inspeccionando el salón como si estuviera haciendo un inventario emocional. Se frota contra mi pierna, y por un segundo siento que me devuelve toda la energía que gasté durante el día. En su mirada hay una calma que no entiendo, pero agradezco. Es como si me dijera sin hablar que hice lo mejor que pude, que hoy fueron escuchadas, atendidas, contenidas. Que, de alguna forma, sobrevivimos juntas otro día más.

Me asomo por la ventana antes de apagar las luces. Afuera la noche ya se acomodó en las calles, envolviendo los postes, los autos, las casas con ese manto oscuro que convierte todo en confidencia. Pienso en las historias que mañana llegarán, en las manos que tendré que sostener, en los miedos que se colarán entre los turnos y en los sueños que vendrán a pedir forma. Cierro los ojos un momento y dejo que el silencio me abrace. Este pequeño salón, con su olor a laca y esperanza, no es solo mi trabajo. Es mi país prestado, mi trinchera, mi altar. Y cada día, cuando la puerta se cierra, me recuerdo que aquí también se cura, aunque nadie lo anuncie con letrero.

Mientras apago las luces, me doy cuenta de que "Belleza sin Fronteras" no es un negocio: es una barricada suave contra la tristeza, una trincherita de colores, risas y olor a shampoo donde la vida encuentra un respiro. Aquí las mujeres no solo se arreglan el cabello; se recomponen el ánimo, se alisan el miedo, se recortan la culpa. Aquí las lágrimas se esconden entre tintes, y las esperanzas se secan al calor del secador.

70

Cuando el silencio finalmente lo llena todo, entiendo que este pequeño salón no existe para embellecer cabezas, sino para sostener corazones. Porque en un mundo que insiste en poner fronteras, ellas vienen a recordarme, día tras día, que la belleza también puede ser un acto de resistencia.

Mike se acurruca en su sillón, satisfecho. Yo le acaricio la cabeza.

—¿Sabes, ciudadano? —le digo—. Tal vez la belleza no salve al mundo, pero al menos nos distrae mientras lo intentamos.

Él ronronea. Y esa es mi señal para cerrar el día.

La noche llega con un silencio raro, como si la ciudad también tuviera miedo de hacer ruido. Desde la ventana, las luces parpadean entre los edificios como pestañeos nerviosos. Mike está echado sobre la mesa, su barriga sube y baja con ritmo de metrónomo. Es el único que parece no preocuparse por nada. Yo, en cambio, tengo la mente llena de listas invisibles: cosas que debo hacer, cosas que no puedo hacer, cosas que ya no tiene sentido intentar.

El ruido del refrigerador se mezcla con el tic-tac del reloj, y pienso que la vida se reduce, a veces, a esperar algo que no llega. Tomo el celular. Hay mensajes en el grupo del barrio:

"Tengan cuidado, andan en la 8 otra vez."

"Detuvieron al hermano de Yani."

"No abran si tocan la puerta sin avisar."

Lo leo en silencio, con una calma que no siento. Pienso en Josefina, en su hija, en Julia y las demás. Todas intentando ser invisibles, mientras el país las mira sin verlas.

Mike se levanta, camina hasta mis piernas y se acomoda. Ronronea fuerte, como si intentara recordarme que el mundo sigue teniendo sonidos amables.

—No sé cómo lo haces —le digo—. Vives sin miedo.

Abre un ojo y me mira con suficiencia felina.

—Claro, tienes papeles —añado.

Me levanto, preparo té. El vapor empaña el vidrio y, por un segundo, imagino que afuera no hay redadas ni patrullas ni listas de nombres. Solo gente bailando en la calle, niños persiguiendo pompas de jabón, mujeres riendo sin mirar por encima del hombro. Pero el vapor se disipa, y vuelvo a la realidad.

Cierro los ojos un momento y escucho los ruidos del edificio: el televisor del vecino, una cuna rechinando, el ladrido de un perro. Cada sonido es una prueba de vida. Pienso en la abogada que respira esperanza. Le he escrito un mensaje y no ha respondido. Quizá esté ocupada, quizá esté durmiendo, o quizá ya haya aprendido que la esperanza también se cansa.

Abro el cuaderno donde escribo mis planes. Agrego un punto nuevo a la lista:

6. No perder la fe, aunque se esconda.

Vuelvo a leer los anteriores: graduarme, no vender el secador, llamar a la abogada, enseñar a Mike a posar serio, recordar que el miedo es un huésped. Me río sola. Mi vida cabe en una lista de supermercado.

A medianoche, escucho un golpe en la puerta del pasillo. Me congelo. No tocan la mía, pero el sonido basta para que la sangre me suba a la garganta. Mike eriza el lomo. Se queda mirando la puerta, inmóvil, con ese instinto antiguo que tienen los animales para reconocer el peligro antes que uno. El pasillo está en silencio, pero se oyen pasos, una voz que pregunta en inglés algo que no entiendo del todo, y luego otra voz responde, temblando. Una puerta se abre. Un murmullo. Un "sí, señor". Un "no, señor". Un sollozo ahogado. Después, el golpe seco de la puerta al cerrarse otra vez.

Yo apago la luz. Me quedo quieta, abrazando a Mike, con el corazón retumbando como si quisiera escapar por la boca. Él respira rápido, su lomo rígido contra mi pecho. Afuera el silencio es un animal enorme que se arrastra lento por el edificio, olfateando vida. Me digo que no es a mí, que no es esta vez, que la noche pasará y mañana todo volverá a parecer normal. Pero sé, muy dentro, que no hay nada normal en vivir con el miedo acostado a los pies de tu cama, esperando que no te nombren.

Mike al fin baja el lomo, pero sigue mirando la puerta. Yo cierro los ojos, intentando que el temblor se disuelva. En la oscuridad, solo escucho mi respiración y el ronroneo débil que él empieza a hacer, como si quisiera calmarme, como si supiera que, en ese instante, somos dos criaturas pequeñas tratando de sobrevivir a un mundo demasiado grande.

Cinco minutos después, se van. Las pisadas se alejan. No sé si bajaron o subieron. Solo sé que el miedo no se fue. Me levanto, miro por la mirilla. Nada. Regreso al sofá. Mike me observa con la serenidad de los que no necesitan entender para acompañar.

—¿Sabes qué, ciudadano? —susurro—. No es justo que tenga que esconderme en el país que limpio, cuido y sirvo.

Ronronea. No me contradice.

Al amanecer, el cielo está del color de una herida que empieza a sanar. Salgo a caminar. No hay nadie en la calle, solo los repartidores y las sombras. Llevo la carta del TPS en el bolso, como quien lleva una piedra en el zapato.

En la panadería, la señora coreana de siempre me saluda con una sonrisa cansada.

—¿Lo de siempre?

—Sí. Y un pan dulce extra, para el ciudadano —digo señalando a Mike, que me acompaña en su transportín.

Ella ríe.

—Ese gato come mejor que yo.

—Tiene papeles, doña. Se lo puede permitir.

La broma flota entre nosotras como una tregua. En un país dividido, el humor es el idioma común de los sobrevivientes.

Regreso al salón temprano. Me gusta llegar antes que el ruido. Enciendo las luces, huelo el café, acomodo las sillas. Cada movimiento es una declaración de permanencia. "Estoy aquí. Todavía". En la radio hablan del cierre del gobierno, de los miles de empleados sin sueldo, del caos en los aeropuertos, del debate que nadie entiende.

—El país más poderoso del mundo sin poder abrir su puerta —murmuro.

Mike bosteza desde su silla.

—Tranquilo, no te afecta. Tus croquetas siguen llegando.

Pienso en las ironías: los agentes que buscan "ilegales" no están cobrando salario, las familias deportadas dejan trabajos que ahora nadie quiere hacer, los niños se quedan sin maestros porque los suyos fueron expulsados. Todo se sostiene por hilos invisibles que alguien tensa sin mirar a quién se lleva por delante.

Llega la primera clienta del día: doña Luz.

—Ay, Ale, anoche soñé que me llevaban —dice sin saludar.

—¿Y qué hiciste?

—Les pedí que al menos me dejaran las mechas bien hechas.

Reímos. El humor es su forma de exorcismo. Mientras la tiño, me cuenta que su hijo, ciudadano, está por enlistarse en el ejército.

—Dice que quiere servir al país —explica—. Y yo solo pienso: ¿a cuál?

—Tal vez al que todavía cree que vale la pena.

—Ese ya no sale en las noticias —responde.

Su mirada se cruza con la mía en el espejo. Ninguna dice lo que piensa: que amar un país que no te ama de vuelta es la forma más dolorosa de patriotismo.

A media mañana, entra un hombre que nunca había visto. Trae un uniforme de trabajo y cara de desvelo.

—¿Aquí cortan también a hombres? —pregunta.

—Claro. Aquí no discriminamos por especie ni género. Hasta mi gato tiene cita.

Sonríe, incómodo. Mientras le corto el cabello, noto que mira hacia la puerta cada vez que suena algo afuera.

—¿Primera vez? —le pregunto.

—Sí. Mi esposa venía antes. Se la llevaron el mes pasado.

El silencio cae como una toalla mojada.

—Lo siento —digo.

—Yo también —responde.

Termino el corte sin hablar. Le cobro la mitad. Cuando se va, deja un billete doblado de más. "Por si algún día necesito volver a sentirme persona", dice antes de salir. Mike se estira, salta al mostrador y lo mira irse.

—¿Ves, ciudadano? —le digo—. La belleza no da papeles, pero alivia un poco la vergüenza.

A la hora del almuerzo, me siento frente al espejo, con la comida fría y el pensamiento caliente. El reflejo me devuelve una versión cansada, pero viva. Miro a Mike y le digo:

—Tú no sabes lo que es tener miedo de que toquen la puerta.

Se lame la pata, indiferente.

—Ni de que alguien te borre con un sello.

Ronronea, como si dijera "eso no me pasa a mí". Abro el bolso y saco la carta del TPS. La leo otra vez, con la esperanza tonta de que las palabras cambien solas durante la noche. No cambian. Las letras siguen firmes, como si disfrutaran de su poder. Entonces me pregunto si la ciudadanía no será eso: una palabra que decide quién tiene derecho a respirar tranquilo.

Por la tarde, llegan las chicas otra vez. Traen dulces, música y chismes. Julia trae un cuaderno nuevo:

—Voy a escribir todo lo que pase aquí —dice—. Para que cuando me pregunten cómo fue, tenga pruebas de que sobrevivimos con estilo.

—Ponle de título "Manual de Resistencia Capilar" — digo.

Ríen. Cielo graba un video en el que Mike aparece sobre el mostrador. Le pone subtítulos: "El único inmigrante legal en el barrio". Lo sube a TikTok. En minutos tiene likes. Las chicas gritan de emoción.

—¡Nos hicimos virales! —dice Julia.

—Ojalá no de la forma equivocada —respondo, medio en broma, medio en serio.

Pero las dejo celebrar. Si el mundo las quiere mirar, que sea por algo que brilla y no por lo que duele.

Cuando cae la noche, cierro la puerta del salón. Estoy agotada, pero satisfecha. Reviso la caja: justa, pero suficiente. Subo a casa con Mike en brazos. Afuera huele a humedad y a pan tostado. La ciudad, pese a todo, sigue viva. Pongo música suave. Me siento en el suelo. Mike se acomoda en mi regazo, su ronroneo vibra contra mi pecho como una máquina de fe.

—¿Sabes, Mike? —le susurro—. A veces pienso que este país está hecho de jaulas doradas. Brillan, sí, pero siguen siendo jaulas.

Él parpadea.

—Tú tienes papeles. Yo tengo paciencia. Tal vez eso nos iguala.

Apoyo la cabeza contra la pared. Siento el frío del cemento filtrarse por mi piel, como si quisiera recordarme que sigo aquí, que sigo en este cuerpo que a veces pesa más que mis propias preocupaciones. Cierro los ojos y dejo que la oscuridad me envuelva un instante, buscando en ella un descanso que no siempre encuentro cuando estoy despierta. Pienso en las manos que tiño cada día, manos que llegan cansadas, agrietadas, con el olor del trabajo pegado a la piel. Manos que se aferran a una taza de café, a un teléfono donde esperan noticias, a un mechón de cabello que se transforma bajo mi tinte como si el cambio de color pudiera traer también un poco de alivio.

Pienso en las historias que escucho mientras las raíces se aclaran y las puntas reviven: mujeres que dejaron países enteros detrás, hombres que trabajan jornadas imposibles para enviar dinero a un hogar que ya no es el suyo, jóvenes que aprendieron demasiado rápido que aquí los sueños cuestan más caros que el alquiler. Historias que me atraviesan como agujas invisibles y que, aun así, me sostienen. Porque en cada voz encuentro un pedazo de vida que insiste en seguir adelante, incluso cuando la noche parece tragárselo todo.

Pienso también en los miedos que compartimos sin decirlos. Ese lenguaje silencioso que vibra entre nosotras cuando el vecindario se queda demasiado quieto, cuando un carro desconocido se estaciona frente al edificio, cuando una noticia se corre de boca en boca antes de confirmarse. Hay miradas que lo dicen todo sin pronunciar una palabra: la ansiedad contenida, la pregunta sin respuesta, la respiración que se detiene apenas un segundo ante de volver a hacerse humana. Ese miedo no nos paraliza; nos acompaña. Es como una sombra que aprendió a caminar a nuestro ritmo.

Y pienso que, aunque nadie lo crea, aquí también hay héroes. No llevan capas, no marchan en desfiles, no escriben discursos. Son los que abren el salón todos los días, aunque duerman poco y se les encoja el corazón al escuchar un golpe en la puerta. Son los que siguen riendo, aunque la risa les tiemble un poco. Los que no se rinden, aunque los borren del sistema, aunque un número no los reconozca, aunque sus nombres no existan en ningún registro oficial. Héroes que luchan sin armas, que resisten con paciencia, con ternura, con la simple decisión de no desaparecer.

El sueño me gana poco a poco. Mi cuerpo se rinde antes que mi mente, que aún insiste en repasar todo lo vivido como si quisiera guardarlo bien para mañana. Mike ronronea a mis pies, un vibrar constante y suave que convierte el silencio en una especie de canción, una melodía pequeña que me recuerda que no estoy sola. Su ronroneo es como una linterna en la oscuridad, una prueba mínima pero suficiente de que aún hay calma en algún rincón del mundo.

Antes de dormirme del todo, me repito en voz baja, casi sin sonido, como un mantra que solo yo necesito escuchar: "Mientras haya alguien que me espere, mientras haya una puerta que abrir, mientras mi gato tenga papeles y yo tenga esperanza, todavía no me han vencido". Y al decirlo, siento que algo en mi pecho se acomoda, como si esa frase fuera una llave que mantiene cerrada la puerta del miedo. Entonces, por primera vez en toda la noche, me permito descansar sin sentir que estoy huyendo. Porque, aunque el mundo siga lleno de sombras, yo aún tengo algo que perder y algo que cuidar. Y mientras eso exista, sigo viva.

Y con eso basta. Por hoy.

Capítulo 3: Belleza sin Fronteras

La estética "Belleza sin Fronteras" no tiene fronteras, pero sí una puerta que se tranca cuando quiere.

Es un local pequeño, con paredes color durazno, tres espejos grandes y una cafetera que ha sobrevivido más apagones que el sistema eléctrico venezolano. En la entrada, un cartel que pinté a mano dice:

"Se habla inglés con acento y español con orgullo."

A veces los clientes se ríen; otras veces asienten como si hubieran encontrado consuelo en esa frase. Yo también.

El lugar huele a una mezcla inexacta de champú, café y esperanza reciclada.

Abro el negocio cada mañana con la misma ceremonia: limpio los espejos, prendo el difusor de eucalipto, pongo música de fondo (a veces salsa, a veces baladas tristes que me hacen parecer productivo) y dejo que Mike se suba a la caja registradora, su trono natural.

Mike es la mascota y el gerente. Supervisa en silencio, cobra en croquetas imaginarias y atiende con la serenidad de quien no debe reportarse a Migración.

A las nueve, llega Nelson, mi amigo y socio parcial en este caos estético. Es de Maracay, habla rápido y cree que cada problema tiene solución si se peina bien.

—Buenos días, ciudadano sin papeles —saluda, dejándose caer en la silla de barbero.

—Buenos días, futuro prófugo con gel fijador — respondo.

Mike, desde su caja, hace un ruido que suena a aprobación.

Nelson le guiña el ojo.

—Mira ese gato. Tiene más actitud que Maduro en cadena nacional.

—Y menos discursos —le digo.

La primera clienta llega con el mismo dramatismo de siempre: doña Maritza, la reina de las uñas acrílicas y los rumores precisos.

—¡Ay, Ale! —grita desde la puerta—, dime que hoy me vas a dejar como Jennifer López versión jubilada.

—Más bien versión diplomática: bella, pero con experiencia —le contesto.

—¡Tú sí sabes! —ríe—. Oye, ¿y cómo va lo tuyo con los papeles?

—Igual, esperando la cita, orando a todos los santos y al gato, que es ciudadano.

Maritza suelta una carcajada.

—Pídele a San Mike, patrón de los inmigrantes con suerte.

Mientras la atiendo, Nelson prende el secador, y el local se llena de viento caliente y risas. Las clientas charlan sobre novios, series, política y chismes de TikTok. En un momento, alguien dice:

—Yo digo que los gobiernos deberían hacer rifas de papeles.

—Sí —responde otra—, como una lotería migrante: "Felicidades, señora, ganó residencia y un microondas".

Ríen todas. Yo también. Pero detrás de la broma hay un temblor que conozco bien: la risa como defensa, la comedia como escudo.

Y a veces, en medio de esas risas que tapan temores, me descubro mirando el salón como quien examina un refugio temporal, una especie de campamento improvisado en mitad de una tormenta que nunca avisa cuándo vuelve. Pienso en cuántas vidas caben entre estas paredes color durazno, en cuántos secretos flotan todavía en el aire mezclados con el olor a tinte, en cuántas historias quedan atrapadas en los mechones de cabello que barrimos sin pensar, como si el dolor, la esperanza y las despedidas pudieran barrerse también.

Aquí he visto a mujeres llegar llorando y salir fuertes, como si el espejo les devolviera una versión de sí mismas que creían perdida. He visto a hombres con la dignidad rota enderezar los hombros después de un corte sencillo, como si cada hebra que cae al suelo fuera un pedazo del miedo que los asfixiaba. Y he visto a jóvenes que creen que el futuro está cuesta arriba encontrar en un reflejo, en una frase al pasar o en un gesto mínimo, un motivo para seguir buscando un lugar donde respirar sin pedir permiso.

Yo mismo me sostengo entre tijeras, frases hechas y el ronroneo de Mike, que pasea entre las sillas como si fuera el verdadero dueño del local. A veces pienso que él entiende más que cualquiera, que sabe cuándo acercarse, cuándo saltar al regazo de alguien o cuándo quedarse quieto mirando la puerta, como si pudiera oír peligros que mi corazón prefiere ignorar. Su presencia es un recordatorio silencioso de que a veces basta con seguir respirando, con mantener el pulso firme, aunque el alma tiemble.

Tal vez eso sea este lugar: una patria pequeña y portátil, armada con secadores, bromas mal contadas y la terquedad de seguir vivos. Un pedazo de suelo neutral donde nadie pregunta papeles, donde las historias rotas encuentran un descanso temporal y donde la gente vuelve a sentirse persona, aunque sea solo por el tiempo que tarda un tinte en fijarse.

Cada día que abro la puerta, siento que también abro una ventana donde el miedo no entra de inmediato, donde la mañana parece menos oscura y donde la vida, aun con todas sus grietas, se acomoda por un momento en una silla de plástico para tomar aliento. Y por un instante, ese pequeño respiro, ese retazo de paz improvisada, alcanza para llamar hogar a este rincón prestado del mundo, el único lugar donde el ruido del secador suena más fuerte que el eco de la incertidumbre. Y mientras eso exista, mientras la risa siga venciendo al silencio, este salón seguirá siendo mi trinchera luminosa contra la tristeza.

Al mediodía, entre tinte y manicure, el tema deriva en la situación del país.

—Mi hermana todavía allá —dice Maritza—. Sin luz tres veces al día, y el gobierno diciendo que es sabotaje solar.

—Allá todo lo sabotea el sol, el pueblo o el sentido común —respondo.

Nelson, con una brocha en la mano, agrega:

—Ojalá al sol lo deporten también.

—¿Y quién nos calienta aquí entonces? —pregunta Maritza.

—El miedo, mi amor —respondo—. Ese nunca falta.

Todas se ríen, pero con esa risa que suena a resignación compartida.

Mike, ajeno a los dramas, se limpia la pata con elegancia y se acuesta sobre el mostrador como un político en campaña.

Después del almuerzo, llega una nueva clienta, joven, estadounidense, curiosa. Se llama Madison y estudia fotografía. Me dice que le encanta el nombre del salón.

—Beauty Without Borders, that's poetic —dice con su acento perfecto.

—Sí, pero depende del día. A veces es Beauty Without Clients.

Ella ríe, y me pide un corte sencillo.

Mientras trabajo, me pregunta por mi acento, mi país, mi historia.

Le cuento lo justo: que soy venezolano, que estudio enfermería, que tengo un gato patriota y que sueño con quedarme aquí.

—You must really love this place, dice ella.

Pienso antes de responder.

—No lo sé —le digo—. Creo que amo lo que me deja hacer. Aquí puedo trabajar, estudiar, ser útil. Eso ya es mucho.

Ella asiente y toma una foto del espejo donde se reflejan los tres: ella, yo y Mike al fondo, posando como si entendiera el concepto de composición visual.

—He's part of the story, right? —pregunta.

—Always —respondo—. Él es el único legal en esta historia.

Por la tarde, llega un mensaje en el grupo de WhatsApp de los estudiantes de enfermería:

"Recordatorio: próxima semana empieza el módulo de salud pública. Documentos al día, por favor."

Leo esa última frase como quien ve un diagnóstico terminal.

Cierro el teléfono y respiro hondo.

Nelson me ve desde la otra silla.

—¿Otra vez Migración?

—No. La universidad. Pero a veces se parecen.

—No te preocupes —dice—. Los que curan no se rinden.

Asiento, pero me quedo callado. Porque curar es fácil. Lo difícil es sentirse vivo mientras te curas del miedo.

Al cerrar el local, Madison regresa con una pequeña impresión de la foto que tomó.

—Para ti —dice, sonriendo—. It's beautiful.

La imagen muestra a Mike mirando de frente, con el collar azul brillando. Detrás, mis manos sostienen unas tijeras, y al fondo, el espejo captura la frase en la pared: "Se habla inglés con acento y español con orgullo."

Es la foto más honesta de mi vida.

—Gracias —le digo—. Si un día publico un libro, esta será la portada.

Ella ríe.

—Then you already have the title, right?

—Sí. "Mi gato tiene papeles, yo tengo miedo."

—That's… perfect.

Cuando cierro la puerta del local, la luna se refleja en el vidrio del cartel.

Por un momento, la palabra "Belleza" parece flotar sobre la oscuridad del barrio.

Y pienso que, a veces, eso somos los migrantes:

Belleza con miedo, fronteras con sueños, vida suspendida.

Mike camina a mi lado, su placa amarilla tintinea como una campanita de esperanza. Ese sonido pequeño, casi tímido, tiene la habilidad de cortar cualquier sombra que se me pegue al cuerpo. Yo sonrío, porque en su idioma sin palabras, él ya me adoptó hace rato. Me acompaña como si entendiera los caminos que evito, los pensamientos que no digo y los silencios que a veces me pesan más que el día entero. Avanza con paso decidido, moviendo la cola en un ritmo que parece marcar el compás de nuestra rutina compartida.

Mientras caminamos, me doy cuenta de que él siempre sabe cuándo caminar pegado a mi pierna y cuándo adelantarse dos pasos, como si estuviera midiendo el clima emocional del barrio. A veces lo veo voltear la cabeza para asegurarse de que sigo ahí, y en ese gesto simple hay una lealtad que no se aprende, se siente. Me pregunto si él también percibe los cambios en el aire, esa mezcla extraña de sospecha, cansancio y ternura que envuelve a esta calle que nos toca transitar juntos. Hay días en que parece más guardián que gato, días en que su ronroneo me sostiene mejor que las palabras de cualquier persona.

El tintineo vuelve a sonar y me doy cuenta de que, sin proponérselo, Mike se ha convertido en mi brújula emocional. En un país donde las certezas son pocas y las amenazas llevan uniforme o llevan prisa, él es mi señal de que todavía hay algo que vale la pena cuidar. Me mira un segundo, ladea la cabeza como si leyera mis pensamientos, y luego continúa, marcando el paso con esa seguridad diminuta que solo tienen los que no saben del todo que están salvando a alguien.

Camino a su lado y siento que, de alguna forma, ambos nos estamos adoptando mutuamente cada día un poquito más. Él con su presencia pequeña y firme; yo con mi risa cansada que solo él logra arrancarme cuando el mundo pesa. Y mientras avanzamos, pienso que quizá la esperanza no siempre llega en grandes gestos. A veces llega así, en cuatro patas, con una placa amarilla que suena a hogar.

Capítulo 4: Manual para Auto Deportarse con Estilo

Nunca pensé que la palabra auto pudiera doler tanto.

"Autoayuda", "autocuidado", "autonomía", "autoestima" … Todas suenan a independencia, a afirmación.

Pero cuando una funcionaria de voz robótica y sonrisa de trámite me dijo:

—Usted puede auto deportarse, entendí que el prefijo no siempre es libertad. A veces solo significa que te empujan con educación.

El aire en la oficina olía a plástico y aire acondicionado en modo castigo.

Había una fila de gente que parecía salida de una fotografía de archivo: miradas bajas, carpetas apretadas contra el pecho, pasaportes con las esquinas dobladas y esa expresión común que combina esperanza y derrota como en un cóctel mal servido.

Frente a mí, una pareja discutía en voz baja. Ella tenía un bebé dormido en brazos, él sostenía una carta amarilla. No entendí todo, pero alcancé a escuchar "cita cancelada" y "nuevo proceso".

Más atrás, un señor con gorra de los Yankees rezaba en silencio.

Y yo, que nunca fui devoto de nada que no tuviera cafeína, me descubrí pidiendo, sin palabras, una sola cosa: tiempo.

Cuando por fin me llamaron, la funcionaria no levantó la vista. Tenía un sello en la mano, un sello que parecía decidir destinos.

—Nombre completo —dijo, sin mirarme.

—Alejandro Mendoza.

—Número de caso.

—¿El que empieza con A o el que parece serial de televisor? —pregunté, intentando una sonrisa.

Ella no sonrió.

—Ambos.

Tecleó durante lo que parecieron tres encarnaciones. Luego imprimió un papel. Lo dobló. Lo grapó.

Y sin un ápice de emoción, pronunció la frase que me quedaría tatuada en la memoria:

—Tiene la opción de auto deportarse voluntariamente.

La palabra opción me golpeó más que deportarse.

Como si fuera una promoción de supermercado.

"¡Aproveche la oferta! Váyase antes de que lo vayamos."

Intenté entender.

—¿Y eso… cómo funciona exactamente?

Ella suspiró, como si repitiera un monólogo cien veces al día.

—Se trata de un proceso por el cual usted elige salir del país antes de que se le emita una orden de deportación formal. Le evita consecuencias legales futuras y se considera una salida limpia.

"Limpia", pensé. Como si uno fuera una mancha en el mapa.

Asentí en silencio. No quería discutir con alguien que tenía un sello y una silla giratoria.

Mientras hablaba, sus uñas sonaban contra el teclado con ritmo de metrónomo.

—Debe firmar aquí para confirmar que comprende el proceso —añadió.

—¿Y si no firmo?

—Entonces el sistema decidirá por usted.

Claro, el sistema siempre tiene la última palabra.

Tomé el bolígrafo, pero no firmé. No aún.

Sentí las manos húmedas. Pensé en Mike. Pensé en mi madre. Pensé en la absurda posibilidad de desaparecer "voluntariamente".

El bolígrafo tembló sobre la línea.

Ella me miró, por primera vez. Tenía los ojos de alguien que aprendió a no escuchar.

—No es personal —dijo, como si leyera mi mente.

Y entonces supe que, efectivamente, era personal.

Salí de la oficina con una sonrisa impostada y un papel doblado en cuatro.

Afuera, el sol pegaba como si nada hubiera pasado. La gente caminaba, compraba café, hablaba por teléfono.

El mundo seguía su curso, indiferente, como siempre.

Caminé sin rumbo fijo. Me detuve frente a una vitrina de zapatos. Vi mi reflejo: un tipo normal, cansado, con ojeras que parecían mapas de carreteras cerradas.

Pensé: ahí va un hombre que podría ser borrado por una firma.

Cuando llegué al apartamento, Mike estaba en su puesto de siempre, sobre el sofá, con la elegancia de un diplomático en vacaciones perpetuas.

Me miró como si hubiera salido a cazar y volviera con las manos vacías.

—No vas a creer lo que me dijeron hoy —le dije, dejando el papel sobre la mesa.

Mike bajó del sofá, olfateó el documento y se alejó con desdén.

Su silencio me tradujo con claridad: "Otro papel sin croquetas."

—Exacto —le respondí—, a nadie le importa.

Me serví un café cargado, aunque ya era de noche.

El cansancio no me pedía descanso; me pedía consuelo.

Miré el papel de nuevo. Las palabras parecían moverse solas, como si quisieran escaparse también.

"Salida voluntaria."

"Auto deportación."

"Periodo de 60 días."

Era como leer un manual para dejar de existir.

Me pregunté en qué momento la palabra "voluntario" se había convertido en una amenaza con buenos modales.

En teoría sonaba a decisión propia; en la práctica, a ultimátum con firma.

Pensé en todas las veces que había elegido quedarme tarde en el trabajo, estudiar de madrugada, ayudar a un vecino sin que nadie me obligara.

Ese "auto" siempre había sido sinónimo de dignidad.

Ahora lo usaban como sinónimo elegante de salida de emergencia.

Auto deportarse era, básicamente, empacarse uno mismo para que el sistema no se ensuciara las manos.

Era decir: "no se preocupe, yo mismo me borro".

Imaginé el anuncio en televisión: música suave, voces amigables, "tome el control de su expulsión, llame ya".

Me reí por dentro, con esa risa agria que solo aparece cuando el absurdo te queda a la medida.

Porque si algo entendí ese día fue que la burocracia tiene talento para convertir el dolor en trámite.

Y que, encima, pretende que uno dé las gracias.

Ese papel que tenía en la mano no era una opción; era un espejo incómodo donde el país me decía que podía irme… si lo hacía sin hacer ruido.

Y yo todavía no sabía si quería irme, pero tenía claro que no pensaba desaparecer en silencio.

Esa noche no pude dormir.

Intenté mirar una serie, pero cada diálogo me sonaba a despedida.

Apagué las luces y me quedé viendo el techo, contando los segundos que me separaban de un país que ya no me quería y otro que ya no existía.

Mike dormía a mis pies, tranquilo, respirando como si tuviera todo resuelto.

Yo lo observaba y pensaba: él no entiende de fronteras, solo de distancias cortas.

Entre su ronroneo y mi insomnio, decidí escribir.

No una carta ni una queja.

Un manual.

Lo abrí con una frase que me hizo reír y llorar al mismo tiempo:

"Bienvenido a la auto deportación, el viaje más caro a ninguna parte." Así empieza el manual que nadie quiere leer, pero todos terminamos viviendo. No necesitas maletas, porque la incertidumbre pesa más que cualquier equipaje. Tampoco necesitas mapa, porque este trayecto no aparece en Google ni, aunque pagues premium. Solo hace falta paciencia, un correo electrónico dispuesto a decepcionarte y un optimismo que envejece tres años por cada notificación. El itinerario es sencillo: sentir que avanzas, descubrir que no, y aun así seguir caminando como si tu sombra tuviera papeles. Aquí cada paso es una apuesta, cada día una extensión emocional, cada silencio una aduana invisible. No es turismo ni aventura, es resistencia con horario laboral y humor forzado. Y, aun así, uno se sube al viaje, porque quedarse tampoco es opción, y porque la esperanza, aunque sea carísima, no sabe retirarse a tiempo.

Paso 1: Asuma que todo lo hizo bien. Estudió, trabajó, pagó impuestos y hasta sonrió en fotos del DMV sin que le temblara el ojo. Nunca llegó tarde, nunca gritó, nunca insultó al sistema en voz alta. Cedió el paso, ayudó a viejitos, devolvió carteras perdidas y hasta aprendió a pronunciar "schedule" sin sufrir. Pero aquí las buenas acciones son souvenirs sin valor migratorio; lindos, tiernos y completamente inútiles. La justicia se administra con formularios, no con lógica, y la lógica se imprime solo si coincide con el reglamento del mes. Es un juego donde el premio no depende del jugador, sino del clima político o del humor del funcionario. Puedes haber salvado vidas, pero si falta un número, no existes. Puedes hablar tres idiomas, pero si el sello no cae, sigues mudo. Aquí la balanza está calibrada para pesar documentos, no virtudes, y el mérito, pobre inocente, siempre llega con la gorra al revés.

Es una carrera donde el mérito llega segundo y el sello primero, donde el corredor más lento siempre es el sistema y aun así gana. Avanzas diez pasos, el sistema retrocede nueve y te felicita por tu progreso imaginario.

Envías papeles, ellos piden los mismos papeles, pero escaneados, luego los mismos papeles, pero en orden cronológico emocional, y finalmente los mismos papeles, pero con una carta que explique por qué existen. Tú respiras hondo, finges calma y sigues enviando tu existencia en PDF, sabiendo que cada clic es un acto de fe administrativa. Aquí nadie te explica las reglas porque cambian cada martes, a veces cada lunes si hay feriado. A ratos todo parece avanzar y al día siguiente desaparece del portal como si tu vida fuera un borrador.

Es como bailar con un fantasma burocrático que no sabe llevar el ritmo, pero insiste en dirigir. Y aun así uno corre, insiste, tropieza, insiste otra vez y se vuelve atleta del absurdo, porque en el fondo cada sello prometido es una pequeña forma de libertad.

Paso 2: Acepte el absurdo. La burocracia no discute; mastica. Si le duele, mastique más rápido. Si le gritan, sonría. Si le sonríen, sospeche. Aquí uno descubre que el sistema tiene el humor de un ascensor viejo: sube cuando quiere, se tranca sin aviso y a veces solo funciona si usted respira hondo y finge calma. El expediente avanza a ritmo de tortuga asmática, los correos llegan de madrugada como fantasmas administrativos y las oficinas parecen templos donde el santo principal es un sello seco. En este punto, uno aprende que no sirve gritar ni razonar; lo único útil es aceptar que la lógica quedó atrapada en una carpeta que nadie ha abierto desde 1998.

El absurdo se instala como humedad en apartamento barato, silenciosa pero evidente, empeñada en recordarle a usted que no importa cuántas veces llame, envíe papeles o rece: siempre faltará "un documento adicional". En este país, el absurdo es política migratoria, filosofía de espera y método oficial para probar la resistencia emocional del inmigrante. Uno rellena formularios que se contradicen, responde preguntas que no aplican, firma papeles que no entiende y sonríe para no llorar mientras el agente repite que "el sistema está lento hoy". Lo irónico es que el sistema siempre está lento, pero la ansiedad, en cambio, corre maratones.

Y, aun así, uno sigue. Acepta el absurdo como quien acepta un clima impredecible: con resignación elegante y un café demasiado fuerte. Descubre que la vida se reorganiza entre citas canceladas, turnos reprogramados y notificaciones que llegan cuando menos se necesitan. Aprende a sospechar de cualquier avance, como si cada pequeño triunfo migratorio viniera con letra pequeña. Pero en medio del caos burocrático, algo curioso sucede: uno desarrolla un superpoder, la paciencia blindada. Una paciencia que no es sumisión, sino estrategia. Porque sobrevivir al absurdo no es rendirse; es entender que, aunque el sistema mastique, uno siempre encuentra la manera de no dejarse tragar.

Paso 3: Prepare la maleta emocional. No hay espacio suficiente para los recuerdos, así que empiece a doblar culpas. Guarde solo lo esencial: la foto de su madre, el olor de la arepa del domingo, el sonido del tren subterráneo que lo acompañó cuando se sentía invisible. Deje lo demás. Las nostalgias no caben en la cabina, y si insiste en llevarlas, le cobrarán exceso de equipaje emocional. Las lágrimas, envuélvalas en papel periódico; los fracasos, en una bolsa hermética; los amores incompletos, en sobres sin remitente. Esto no es abandono, es estrategia: viajar ligero para no romperse en turbulencias. Porque la memoria pesa, pero usted necesita altura para mirar hacia adelante sin que se le despeine el futuro.

Ponga en un bolsillo interno aquello que no se puede explicar en aduanas: la risa que aprendió a usar como chaleco antibalas, el acento que se resiste a jubilarse, el nombre que nadie pronuncia bien pero que sigue siendo suyo. También guarde la versión de usted que soñaba sin miedo, aunque esté arrugada y con olor a humedad. No la bote: la necesitará cuando el silencio del exilio se ponga pesado. En la otra esquina, coloque los miedos pequeños, esos que no matan, pero fastidian, como pensar que nunca volverá a sentirse de ningún lugar. Ciérrelos bien; si se escapan, contaminarán todo. Y recuerde: la maleta emocional nunca queda perfectamente ordenada, pero al menos deja de explotar cada vez que la abre.

Deje espacio para lo inesperado: amistades nuevas, rutas que no imaginó, trabajos que lo sostendrán cuando el sistema no lo haga. Ponga un huequito para la esperanza, aunque sea del tamaño de un cargador USB; uno nunca sabe cuándo va a necesitar conectarla. Lleve paciencia, esa sí es artículo de primera necesidad. Y si puede, meta también una toalla —como en todo viaje importante— porque siempre habrá una tormenta que lo empape sin aviso. Cuando termine, cierre la maleta, siéntese encima si es necesario, y repita en voz baja: "No traigo todo lo que soy, pero lo que traigo basta para seguir". Esa es la verdadera declaración migratoria.

Paso 4: Entrene el rostro. La auto deportación exige expresión neutra. Ni rabia ni llanto: solo esa sonrisa de aeropuerto que los funcionarios llaman "colaborativa" y los terapeutas "disociativa". Practique frente al espejo hasta que sus mejillas aprendan a obedecer antes que su dignidad. Diga "gracias" sin voz, con ese gesto mínimo que no compromete, pero tampoco provoca. Afloje la mandíbula, abra apenas los ojos, mantenga la respiración como quien espera un veredicto. Es un arte ancestral del migrante moderno: parecer calmado cuando por dentro redacta su testamento emocional. Aprenda a sostener el silencio sin que tiemble. El objetivo es simple: que nadie note que está vivo de más.

Entrenar el rostro es entrenar la supervivencia. Cada gesto es una contraseña, cada mirada una aduana invisible. Cuando un oficial lo mire, piense en Mike durmiendo: sereno, inútilmente inocente, completamente inmune al caos. Ese es el modelo. Recuerde que en la burocracia no ganan los valientes, sino los que dominan el arte de no incomodar. Ponga la boca en modo "agradecido", la frente en modo "no sé nada", los hombros en modo "yo no vine a causar problemas". Funciona. El sistema descansa cuando usted parece un paisaje. Y un migrante que parece paisaje pasa más rápido por las tormentas.

Practique también la retirada emocional: ese desenganche suave, casi elegante, que evita preguntas y ahorra explicaciones. Dígase frente al espejo: "Estoy aquí, pero no del todo", y verá cómo su rostro aprende a quedarse mientras su alma se esconde en un bolsillo.

Cuando logre sostener la mirada sin revelar la historia, habrá avanzado al siguiente nivel del exilio avanzado. Porque al final, entrenar el rostro no es vanidad: es blindaje. Una máscara que no engaña a nadie, pero que lo mantiene de pie mientras el mundo decide si lo deja pertenecer.

Paso 5: Venda barato. Todo se devalúa antes del adiós. Su sofá, su televisor, su bicicleta, incluso su esperanza. Asegúrese de dar vuelto exacto: el comprador nunca entenderá el valor sentimental de un mueble que vio más lágrimas que películas. Aprenda que el precio real de las cosas no aparece en Facebook Marketplace; aparece en la noche anterior, cuando las mira y piensa si vender es traición o liberación. Respire. Regatee con dignidad. Diga "sí, lléveselo" aunque por dentro quiera abrazar una licuadora que fue testigo de su peor despecho. Este paso no es económico, es emocional: el inventario de un pasado que ahora cabe en cajas de cartón reciclado.

Cuando empiece a publicar fotos, descubrirá que su casa siempre fue más historia que decoración. El espejo donde se peinó para la última entrevista, la mesa donde comió mirando al vacío, la silla que cruje igual que sus dudas. Todo se va. Y mientras negocia con desconocidos que preguntan "¿menor precio?", usted aprende a soltar sin drama. Entiende que nadie pagará lo suficiente por lo que significó, así que cobre lo que pueda y deje ir lo que debe. En este proceso, verá algo curioso: cuanto más vacía queda la casa, más liviano late el corazón. A veces el desprendimiento es la primera mudanza del alma.

Y cuando todo esté vendido, regalado o donado, quedará usted en medio de un cuarto casi desnudo, escuchando un eco que antes no existía. Ese sonido no es tristeza: es espacio. El espacio que necesitaba para lo nuevo, aunque todavía no lo sepa nombrar. Mire alrededor sin miedo. Lo que importa sigue con usted: su risa, su acento, su obstinación de sobrevivir, su gato legal si aplica. Ponga la mano sobre la última caja y repita: "No dejo mi vida atrás; dejo los muebles donde la sostuve". Esa convicción es el verdadero precio de cierre. Porque al final, vender barato es también una forma de recuperar el valor de uno mismo.

Paso 6: Deje cartas. Una para los amigos. Otra para la universidad. Otra para el gato. La de Mike dirá: "Cuida el sofá. No firmes nada sin leerlo. Y recuerda: aunque tengas papeles, sigues siendo mío." Este paso no es sentimentalismo; es logística emocional. Las cartas son una forma de dejar copias de seguridad del corazón desperdigadas por el mundo, por si un día la memoria falla o el exilio pesa demasiado. Mientras escribe, descubrirá que cada destinatario guarda una versión distinta de usted. Eso duele un poco, pero también salva. Piense en la carta como un mapa donde traza lo que ama para no perderlo en el aeropuerto. Y si tiembla la mano, déjela temblar. Las despedidas que valen la pena nunca salen derechas.

Cuando escriba la carta para sus amigos, no se esfuerce en ser profundo. Ellos ya lo conocen: saben dónde ríe, dónde se rompe y qué miedo es el que nunca dice en voz alta. En esa carta basta con agradecerles el sostén invisible que hicieron pasar por casualidad. En la carta para la universidad, no pida disculpas ni dé explicaciones. Las instituciones tienen memoria corta, pero usted no. Escriba con dignidad, como quien rinde un examen que nadie corregirá. Y en la carta para sí mismo —sí, también necesita una— admita lo que nunca admite en público: que irse duele, pero quedarse habría dolido más. Que esta mudanza no es de país: es de piel.

La carta para Mike merece trato especial. No porque sea gato, sino porque es testigo silencioso de lo que sobrevivió sin aplausos. Escríbale con humor, como siempre: "Si vuelvo tarde, no llames a Inmigración". Dígale que lo quiere, aunque le robe la almohada, aunque se acueste sobre los papeles importantes y aunque actúe como si fuera él quien paga la renta. Y mientras sella ese sobre que jamás enviará, entenderá algo extraño y hermoso: cada carta que deja atrás es una raíz que se queda, pero también una mano que lo empuja hacia adelante. Al final, escribir es la única forma de volver sin regresar. Y en el exilio, eso cuenta como milagro administrativo.

Paso 7: Salga de noche. No porque lo persigan —
aunque lo hagan—, sino porque la oscuridad disimula
mejor las lágrimas que los aeropuertos no permiten.
Lleve abrigo, no por el frío, sino por el vacío. Caminar
de noche es una forma de ensayar la despedida sin
testigos: la ciudad baja el volumen, las sombras se
vuelven cómplices y uno entiende que el silencio
también es un idioma del exilio. En la oscuridad, las
dudas pesan menos y el miedo se camufla entre las
luces lejanas. Dé un paso, luego otro, aunque no vaya a
ningún sitio; a veces moverse es suficiente. Mire los
autos pasar y piense que ninguno sabe que usted está a
punto de desarmar su vida en una maleta. Respire
hondo. Si duele, siga caminando. Si no duele, también.
La noche entiende cosas que el día solo sospecha.

En estas caminatas silenciosas uno descubre una verdad
incómoda: partir no ocurre en el aeropuerto, sino mucho
antes, cuando la ciudad que habita empieza a verse
como un escenario prestado. Por eso la noche ayuda; se
vuelve un espejo donde es más fácil reconocerse sin
adornos. Ahí puede hablarse sin vergüenza, admitir lo

que pospone de día: que tiene miedo, que no quiere irse, que tampoco puede quedarse, que está cansado de ser trámite. Puede incluso practicar el adiós en voz baja, imaginando nombres que no dirá, puertas que no volverá a abrir, calles que ya no serán suyas. Deje que la oscuridad lo acompañe; es la única compañera que no pide explicaciones. Y si en medio del camino siente ganas de dar la vuelta, hágalo: no se trata de valentía, sino de honestidad.

Al final de la caminata, vuelva a casa sin apuro. La noche no juzga llegadas tardías. Cuando abra la puerta, el silencio de su cuarto le recordará que todavía existe un "aquí", aunque sea temporal. Cuelgue el abrigo, deje los zapatos en cualquier parte y observe el pequeño territorio que aún le pertenece: la taza sobre la mesa, el gato dormido, los papeles esperando respuesta. La noche, que afuera parecía inmensa, se vuelve íntima adentro. Y por primera vez en el día, entenderá que salir de noche no fue para huir, sino para regresar distinto, un poco más ligero del peso que no se atreve a decir.

Porque a veces caminar en la oscuridad es la única manera de ver con claridad.

Paso 8: No mire atrás. La nostalgia es el impuesto más caro del emigrante. No hay exención fiscal para los que amaron demasiado. Mirar atrás es como abrir una factura pendiente que nunca deja de aumentar: cada recuerdo suma intereses, cada olor perdido cobra comisiones, cada calle que ya no existe exige pago emocional por adelantado. Uno cree que basta con cerrar los ojos para detener el pasado, pero el pasado es experto en colarse por cualquier rendija. Se filtra en una canción, en una palabra, mal pronunciada, en una foto que aparece sin permiso. Y cuando lo atrapa, lo aprieta. Por eso no mire atrás demasiado tiempo; la nostalgia, cuando se siente cómoda, se instala. Y cobrarle al corazón siempre le sale caro. Mejor siga caminando, aunque sea lento, aunque duela, aunque la memoria quiera arrastrarlo a donde ya no pertenece.

No mire atrás porque el pasado tiene la mala costumbre de maquillarse bonito. Le muestra la versión editada: las risas sin los apagones, las calles sin el miedo, las sobremesas sin la escasez. Le ofrece un país filtrado que solo existe en la mente, no en la geografía. Y usted, cansado, vulnerable, sentimental, puede confundirse y pensar que ese espejismo es una invitación. Pero recuerde: la memoria romantiza lo que dolió porque no sabe hacerlo de otra manera. Mire adelante, aunque el camino sea incierto; no confíe en los reflejos retrovisores del alma. Ellos siempre exageran lo perdido y subestiman lo que queda por ganar. En el fondo, lo que está adelante no siempre es mejor, pero sí es suyo, porque aún puede elegirlo, construirlo, corregirlo. Atrás ya no.

Y, aun así, no se culpe si alguna noche se sorprende mirando fotos viejas o repitiendo mentalmente la ruta hacia la casa que ya no es suya. Es humano tropezar con la nostalgia. Lo importante es no mudarse a ella. Acepte que habrá días en que extrañará como quien paga una deuda imposible, con interés emocional acumulado. Pero también habrá días —aunque ahora cueste creerlo— en que el recuerdo no lastimará, solo acompañará. En esos días, mire atrás un segundo, agradezca lo vivido, acaricie el dolor sin adoptarlo y siga caminando. Porque lo que viene también merece memoria. Y porque, aunque la nostalgia cobre caro, usted todavía tiene futuro suficiente para pagarse en esperanza.

Paso 9: Piense en el retorno. No el físico, el mental. A veces uno vuelve cuando ya no tiene pasaje. Volver no siempre es llegar; a veces es solo recordar sin que duela. Hay retornos que se hacen con los ojos cerrados, cuando uno decide caminar por las calles que ya no existen más que en la memoria. El retorno mental es un viaje sin aduana, una visa que nadie controla, un permiso que se firma con calma. No hace falta aeropuerto ni asiento asignado: basta un olor, una canción, una frase que lo devuelva por segundos a la vida que dejó en pausa. Y aunque el cuerpo siga en otro país, la mente se permite, de vez en cuando, el lujo de pisar la tierra que todavía le late adentro. Ese retorno no implica renunciar al presente; implica reconciliarse con lo que fue. No lo obligue a ser perfecto. Déjelo ser un puente, no una trampa. Porque solo se vuelve de verdad cuando el recuerdo no exige permiso de entrada ni sale con lágrimas.

Piense en el retorno como una ventana que se abre sin romper nada. No es nostalgia cruda, sino memoria en paz. Se trata de recordar sin exigencias, sin reclamos, sin ese nudo en la garganta que antes se formaba al pensar en lo perdido. A veces el retorno llega mientras cocina, mientras escucha un acento conocido, mientras un pensamiento fugaz golpea como brisa vieja. Otras veces aparece en sueños, donde todo parece más nítido, como si el pasado hubiera pagado por iluminación profesional. Ese retorno también enseña: muestra lo que dolió sin volver a doler, lo que pesó sin volver a hundir. Es una forma de medir cuánto ha sanado uno sin darse cuenta. Y cuando llega, no lo empuje. Déjelo entrar, sentarse, respirar. Es un huésped que viene a devolverle algo, no a quitárselo. Y cuando se va, deja el alma un poco más ordenada.

Al final, pensar en el retorno es aceptar que la vida no es una línea recta, sino un bucle afectivo. Uno no regresa para reinstalarse: regresa para entender. Y ese entendimiento es una forma de libertad. Le permite ver que hay partes de usted que siguen allá, otras que nacieron aquí y otras que no pertenecen a ningún mapa. El retorno mental traza esa geografía íntima que no aparece en Google, pero sostiene el corazón. Sirve para agradecer lo vivido sin pedir que vuelva, para honrar lo perdido sin cargarlo como condena, para reconocer que el hogar no siempre coincide con el pasaporte. Y cuando uno aprende a volver así —sin culpa, sin prisa, sin llanto— descubre una verdad inesperada: no siempre se regresa al lugar, pero sí a uno mismo. Y ese sí es un viaje que vale la pena.

Paso 10: Si nada funciona… improvise. La improvisación es la única visa que no expira, el único permiso que no depende de sellos ni de funcionarios con mal café. Improvisar es aceptar que la vida nunca sigue el guion que uno escribió a lápiz, pero igual hay que salir a escena. Si va a irse, que sea con la cabeza en alto y los zapatos limpios, porque incluso en el caos hay que conservar la dignidad. En este arte, la intuición es brújula, el humor es armadura y el instinto es GPS emocional. El estilo, al final, es una forma de resistencia: demuestra que, aunque el mundo le tiró las reglas por la ventana, usted aprendió a construir alas con los pedazos. Improvise cuando no haya respuestas, cuando el silencio pese, cuando el miedo insista. Improvise como quien respira: sin pedir permiso. Porque cada paso incierto también es camino, y cada riesgo pequeño es una declaración de vida.

Improvisar no es rendirse: es negociar con el destino sin perder la voz. Es aprender a tomar decisiones en medio del temblor, a leer señales donde no las hay, a intuir el terreno que nadie le explicó. En la improvisación también hay ternura, porque obliga a escuchar lo que el cuerpo sabe antes que la mente. A veces significa cambiar el plan; otras, aceptarlo con menos drama; y otras, inventarse un plan nuevo con trozos de esperanza reciclada. La improvisación es una estrategia silenciosa para no dejarse quebrar, para recordarse que incluso en la incertidumbre sigue siendo usted quien camina. No necesita aplaudirse, solo no traicionarse. Y cuando mire atrás, entenderá que las mejores decisiones nacieron justo donde no había instrucciones. Allí es donde el exilio se vuelve espacio, donde el miedo aprende a quedarse quieto, donde uno descubre que también sabe guiarse a oscuras.

Improvise incluso cuando crea que no puede más. Improvise cuando falten papeles, cuando sobre tristeza, cuando la vida parezca un pasillo sin salida. En esos días, la improvisación es abrigo, es mapa, es la manera más honesta de seguir avanzando sin romperse. Si va a moverse, que sea con elegancia; si va a detenerse, que sea con intención; si va a llorar, que sea sin perder el paso. La resistencia no siempre se grita: a veces se peina, se endereza la espalda y se sigue caminando. Porque improvisar también es una forma de esperanza, una promesa íntima de que algo —aunque sea pequeño— puede salir bien. Y así, entre tropiezos con estilo y decisiones tomadas al vuelo, uno aprende la verdad más simple del exilio: que mantenerse en pie ya es, por sí solo, un triunfo.

Cierro el cuaderno y lo dejo sobre la mesa.

Mike se ha acercado sin hacer ruido. Se sienta justo encima del manual, como si lo reclamara para sí.

Su cuerpo cubre la mitad del título.

"Manual para auto…"

El resto desaparece bajo su panza.

Pienso: quizá él tenga razón; quizá no se trate de deportarse, sino de auto sobrevivirse.

A la mañana siguiente el aire del apartamento tenía olor a cartón y a decisión.

La carta de "salida voluntaria" seguía sobre la mesa, pero ya no mordía; solo observaba, paciente, como una serpiente cansada.

Decidí empezar por lo práctico: vender cosas.

Porque nadie se auto deporta con exceso de equipaje.

Puse un aviso en internet: "Venta por mudanza urgente. Todo debe irse (menos el gato)."

En menos de una hora tenía tres mensajes.

Uno preguntaba si el microondas todavía funcionaba; otro, si podía rebajar la cama; el tercero solo decía: "¿Y el gato cuánto?"

Respondí con educación: "El gato no tiene precio ni papeles de adopción internacional."

Mike, como si entendiera, se subió al microondas.

Se sentó encima y me miró con aire de auditor fiscal.

—Tranquilo, ciudadano —le dije—, solo vendo lo que no respira.

Él parpadeó con esa lentitud que usan los sabios para no opinar.

Las primeras en llegar fueron dos vecinas dominicanas, madre e hija.

—Mijo, ¿tú te vas? —preguntó la mayor.

—No sé —dije—. Tal vez me vaya un poco y me quede otro poco.

—Eso suena a divorcio migratorio —río ella, pero la risa se le quebró antes de terminar.

Compraron la licuadora, una lámpara y un cuadro donde se leía "Home is where the coffee smells like survival."

La hija me abrazó sin permiso.

—Tú siempre fuiste buena gente —me dijo.

No supe responderle. Uno no practica las despedidas de verdad, solo las imaginarias.

El siguiente fue Nelson. Llegó con una caja vacía y la voz llena de culpa.

—Hermano, me escribió la abogada. Dice que, si encontramos algo que pruebe persecución, podríamos frenar el proceso.

—¿Y cómo se prueba un miedo? —pregunté.

—Con papeles, como todo aquí.

—Perfecto —reí—. Tengo un doctorado en papeles inútiles.

Nos sentamos en el suelo, entre cables y recuerdos. Nelson revisó sus redes.

—Mira —dijo—, aquí estás tú en una marcha, en 2017.

En la foto yo sostenía un cartel que decía "Un país no se salva con miedo."

Lo miré largo rato. Ese joven de la foto tenía la espalda recta, el sol en la cara y algo que ahora me faltaba: futuro.

—¿Sirve esa foto? —pregunté.

—Para mí sí. Pero los jueces prefieren tragedias en alta resolución.

Mike se acercó y olfateó la pantalla.

—Tranquilo, gato —le dije—, no te deportan a ti.

Nelson río.

—Aunque si lo hicieran, le dan pasaporte diplomático.

Pasamos el resto del día escaneando recuerdos: documentos, mensajes, fotografías, hasta una multa absurda por participar en una protesta.

Nelson se fue con la promesa de enviar todo a la abogada.

Yo me quedé con el eco de sus palabras: "tragedias en alta resolución."

Por la noche, el barrio estaba inusualmente silencioso.

A lo lejos se escuchaban helicópteros.

Las redadas habían vuelto. No necesitaba verlas; se reconocen por la forma en que el aire se congela, en que los vecinos apagan las luces y las risas se esconden como animales asustados. Es ese silencio denso que avanza por el pasillo antes que los pasos, la sensación de que incluso el edificio contiene la respiración. A esa hora nadie pregunta nada, nadie toca la puerta y nadie se asoma: todos hemos aprendido que la curiosidad es un lujo que puede costar caro. El miedo, disciplinado como un soldado, se instala en los techos y espera. Las aplicaciones de mensajería vibran en secreto: "Están cerca", "No salgan", "Cierren todo". El corazón late más rápido, pero el cuerpo se queda quieto, como si inmovilidad y supervivencia fueran sinónimos. Así se vive la noche en estos edificios: no mirando, pero sintiendo. No hablando, pero escuchando. No huyendo, pero temblando.

No hacía falta ver los uniformes para saber que estaban allí; bastaba el rumor que viajaba por las paredes, ese murmullo nervioso que se cuela por las rejillas de ventilación y se mezcla con el olor a miedo reciente. A veces se escucha un golpe, una orden seca, un llanto que empieza y se muerde antes de nacer. Las sombras en el pasillo se vuelven más gruesas, como si cargaran la angustia de todos. En cada apartamento, alguien revisa por décima vez su carpeta de documentos, otro guarda silencio frente al televisor apagado, y alguno abraza a su hijo con una calma prestada.

Salí al pasillo. Una vecina mexicana lloraba al teléfono.

—Se llevaron a su primo —me dijo sin mirarme—. Lo agarraron en la parada del bus, camino al trabajo.

No supe qué decir.

Mike apareció detrás de mí, con su campanita sonando leve, como un minuto de silencio.

Volvimos adentro. Cerré las cortinas.

En la televisión, las noticias hablaban del cierre del gobierno y de la "crisis fronteriza".

Las palabras rebotaban contra las paredes del apartamento.

Crisis, migrantes, seguridad.

Nadie mencionaba humanidad.

Apagué el televisor.

Encendí una vela.

Mike saltó al sofá.

El ronroneo llenó el espacio como una oración.

Tomé el cuaderno del manual y escribí:

Paso 11: Aprenda a escuchar el miedo. El miedo tiene varios dialectos. A veces suena como un helicóptero; otras, como una puerta que no se abre; otras, como un silencio que pesa más que un grito. Hay días en que se presenta como un mensaje sin responder, una notificación oficial, un ruido en el pasillo. No lo confunda con cobardía: es instinto en versión bilingüe, un traductor involuntario que te avisa cuándo el cuerpo recuerda lo que la mente intenta olvidar. Escúchelo, pero no le obedezca demasiado; el miedo sabe señalizar, pero no decidir. Úselo como brújula, no como capitán.

Hay miedos que hablan suave, casi en susurro, y parecen consejo; otros ladran, exigen, empujan. Aprenda a distinguirlos. El miedo que advierte te frena un segundo para que mires mejor; el miedo que encierra quiere que vivas en pausa. Si siente que el corazón acelera sin motivo, pregúntele qué intenta decirle. Si el estómago se encoge antes de abrir el buzón, quizás hay una memoria vieja tocando la puerta. El miedo no siempre se equivoca, pero siempre exagera. Déjelo hablar, déjelo vibrar, déjelo pasar. Como un visitante incómodo, terminará marchándose si no lo invita a quedarse.

A veces el miedo se manifiesta en pequeños gestos: revisar dos veces los documentos, caminar más rápido al ver una patrulla, hablar con prudencia cuando el tema se vuelve país. No se culpe: en el exilio, la valentía no es ausencia de miedo, sino capacidad de seguir moviéndose a pesar de él. Respire hondo. Toque algo que le recuerde que está aquí, ahora. Mire a su alrededor: si está vivo, ya ganó medio combate. El miedo es un ruido que no se apaga, pero se aprende a bajar el volumen. Y cuando por fin logre escucharlo sin temblar, entenderá que incluso ese temblor fue parte del camino.

Los días siguientes se volvieron una rutina de despedidas silenciosas.

Cada objeto vendido era una historia que se iba.

El secador del salón —mi favorito— se lo llevó una chica joven que soñaba con abrir su propio negocio.

—¿Funciona bien? —preguntó.

—Mejor que el sistema migratorio —respondí.

Río sin entender. Pagó exacto.

Vendí también mi bicicleta, una cafetera vieja y los libros de anatomía.

Me quedé solo con el cuaderno del manual, mi título de enfermería sin homologar y la caja donde guardo la carta del TPS.

Y, por supuesto, con Mike.

Mike no se vende, ni se presta, ni se exporta.

Una tarde, Nelson regresó con noticias.

—La abogada quiere verte. Dice que hay posibilidades si demostramos arraigo.

—¿Arraigo? —reí—. Suena a planta tropical.

—Exacto. Que muestres raíces.

—Solo tengo pelos de gato en la ropa.

—Eso cuenta —dijo, y me guiñó un ojo.

Fuimos a verla un lunes lluvioso.

La oficina olía a carpetas húmedas y optimismo en cuotas.

La abogada era una mujer menuda, con lentes de aumento y voz suave.

—He leído su caso, señor Mendoza —dijo—.

—¿Y?

—Tiene buenas referencias, estudios, trabajo estable. Pero el sistema está… complicado.

—¿Complicado? —pregunté.

—Enredado —aclaró—. No imposible.

Nelson me tocó el hombro.

—¿Ve? No imposible.

Ella revisó mis papeles con la delicadeza de quien examina una herida.

—Tiene que reunir pruebas de integración: cartas de empleadores, testimonios, facturas, incluso fotos.

—¿Fotos?

—De su vida aquí. Todo lo que muestre que usted pertenece.

Pensé en Mike.

—¿Los gatos cuentan? —pregunté.

Ella sonrió por primera vez.

—Depende. ¿Tiene papeles?

—Más que yo.

—Entonces tráigalo a la entrevista. A los jueces les encantan las mascotas ciudadanas.

Salimos de la oficina empapados, pero un poco más livianos.

Por primera vez en semanas, sentí que algo parecido a la esperanza respiraba a mi lado.

Nelson me abrazó.

—Hermano, a veces ganan los que insisten, no los que tienen suerte.

Asentí. Pensé en el manual. Pensé que debía agregar otro paso.

Paso 12: Insista. Insistir es un arte mal pagado. No da puntos ni papeles, pero mantiene el corazón latiendo incluso cuando el resto del mundo bosteza en su dirección. Si el sistema lo ignora, grábese encima con marcador indeleble, aunque la tinta huela a cansancio. Insistir es repetir su nombre hasta que el eco aprenda a pronunciarlo bien. Es llenar formularios que nadie lee, enviar correos que nunca responden y seguir creyendo que la próxima vez será distinta. A veces insistir es solo levantarse, ponerse los zapatos y recordar que no vino hasta aquí para rendirse. Y si nadie lo llama, hable usted mismo con su eco, que al menos no cuestiona su acento ni su esperanza.

Insistir también es una forma de afecto hacia uno mismo. Es la prueba de que aún queda algo que defender, aunque sea diminuto, aunque sea un sueño que ya parece fotocopia. Insista cuando la voz tiemble, cuando el buzón dé miedo, cuando el día llegue en cuotas. Insista incluso cuando la burocracia trate de convencerlo de que usted no existe; usted existe demasiado como para desaparecer en una base de datos. Insista en sus ganas, en su dignidad, en sus papeles mal impresos y en sus historias bien vividas. Insista, aunque el resto del edificio diga que no vale la pena. Hay victorias que solo se logran a fuerza de repetición, como quien golpea una puerta hasta que la puerta aprende a abrirse.

Sobre todo, insista en seguir siendo usted. No deje que el proceso lo vuelva una sombra, ni que la espera le oxide la risa. Insista en la ternura, aunque el mundo esté en modo trámite. Insista en el humor, que es la única manera de combatir el absurdo sin perder la cordura. Insista en escuchar el corazón, que, aunque esté cansado todavía sabe hacia dónde empujar. Insista en seguir aquí, aunque el destino tenga mala letra. Insista porque sí, porque el exilio también se sostiene con tozudez. Y cuando al fin le llegue la llamada que espera, recuerde esto: no fue suerte. Fue usted, insistiendo cuando nadie más lo hacía.

Esa noche, mientras escribía, recibí un mensaje de mi madre desde Venezuela.

Solo decía: "Hijo, ¿sigues ahí?"

No sabía si "ahí" era Estados Unidos o la vida misma.

Respondí: "Sí, mamá. Aquí. Siempre un poco aquí."

Mike estaba sentado sobre el teclado, impidiendo que escribiera más.

Le aparté suavemente.

—¿Tú qué opinas, ciudadano? ¿Nos quedamos o nos vamos?

Me miró con esa solemnidad que solo los gatos y los jueces comparten.

Después bostezó.

Traducción simultánea: "Mientras haya comida, hay patria."

Los días pasaron y el manual creció.

Ya no era solo una lista de pasos, sino una mezcla de recuerdos, consejos y confesiones.

Un diario de supervivencia con tinta y sarcasmo.

Paso 13: No se acostumbre al silencio. El silencio prolongado se convierte en frontera, una línea invisible que separa lo que piensa de lo que teme decir. Llénelo con música que le recuerde quién era antes del papeleo, con historias que le devuelvan la risa, con conversaciones que no pidan permiso para existir. Hable solo si es necesario; hable también cuando no lo sea. El silencio se infiltra como humedad emocional y termina oxidando hasta la esperanza. Sáquele conversación al viento, al café, a la sombra del edificio de enfrente. Si no tiene a quién contarle el día, cuénteselo a usted mismo. Y si el ruido parece demasiado, bájelo, pero no lo apague. La identidad también se mide en decibeles. No permita que su vida se vuelva un susurro que nadie oye, ni siquiera usted.

Llénelo con música, con historias, con gatos, porque los gatos son expertos en romper silencios solemnes con un solo salto malicioso. Ponga una canción de su país, aunque duela un poco, porque el dolor que canta no se estanca. Lea en voz alta, aunque nadie escuche, para recordarse que su voz tiene dueño. Llame a un amigo, aunque no tenga novedad que contar. Ponga una película, aunque no la mire completa. Cocine narrando la receta como si tuviera público. El silencio es un pasaporte vencido si se deja abandonado en un cajón, así que muévalo, rómpalo, conviértalo en sonido. Y si el mundo insiste en callarlo, haga como hacen los migrantes testarudos: suba el volumen de su existencia.

Si no tiene gato, adopte uno, aunque sea prestado, porque un gato es un manual de compañía en versión peluda. Los gatos no preguntan por su estatus migratorio, pero sí le exigen constancia emocional. Son expertos en recordarle que está vivo cuando se cruza por sus piernas con premeditación y alevosía. Un gato convierte cualquier apartamento en territorio habitado. Su ronroneo es prueba de presencia; su maullido, un documento vigente. Y si no puede adoptar uno, acaricie el del vecino, que para romper silencios cualquier gato sirve. Lo importante es que algo respire cerca de usted. Porque en el exilio, a veces basta un pequeño cuerpo tibio para recordarle que la vida todavía responde al tacto.

Paso 14: Cuide su idioma. Cada palabra que olvida es una línea menos en su pasaporte interior, una estampilla borrada que nadie más nota, pero usted sí. El idioma es la última casa que no pueden quitarle, el único territorio donde siempre tendrá ciudadanía automática. Hable como le salga, con acento, con torpeza, con todas las mezclas que el exilio le haya pegado a la lengua. No permita que se le oxide la risa en su idioma, ni que se le duerma la nostalgia en una lengua ajena. Si siente que una palabra se le escapa, búsquela, rescátela, invéntela otra vez. El idioma guarda su memoria emocional; por eso duele cuando se adelgaza. Traducir los sueños no siempre es posible; a veces hay que soñarlos dos veces, una en cada lengua, para que ninguno se pierda en la aduana del cerebro.

Hable con su gente, aunque sea por notas de voz, porque las notas de voz son mantas para el alma. Lea en su idioma, aunque sea un meme, un titular o la etiqueta del arroz. Cante canciones viejas, aunque ya no alcance las notas altas. Repita refranes, aunque nadie en su nuevo país entienda por qué un dicho sobre burros y carretas lo hace reír. El idioma es una mochila liviana que pesa cuando se deja tirada. Sáquela, úsela, cuídela. No permita que la corrección política o el apuro por "integrarse" le borren la manera exacta en que su abuela pronunciaba su nombre. Cada palabra suya es un regreso pequeño, un puente portátil, un recordatorio silencioso de que usted no empezó aquí.

Y si siente que su lengua se mezcla, que su español suena raro o que el inglés lo traiciona, no se asuste. Esa mezcla es prueba de supervivencia. Los migrantes inventan diccionarios sin darse cuenta, hacen malabares con las sílabas, transforman las frases en refugios. A veces se habla distinto porque se ha llorado distinto. Y está bien. La lengua es un músculo: mientras lo mueva, no muere. Cuide su idioma como quien riega una planta heredada: sin prisa, sin vergüenza, con la certeza de que algo en usted florece cada vez que pronuncia una palabra que no necesita permiso para existir.

Paso 15: Perdone al país que lo recibe. No por generoso, sino por humano. Las naciones tienen mal humor, burocracias que tartamudean y políticas que se tropiezan solas, igual que la gente. A veces parecen gigantes bondadosos con mala puntería, otras veces adolescentes confundidos con uniforme oficial. No espere coherencia, solo ritmo: ese pulso torpe que late incluso cuando todo se desordena. Perdonar no significa aplaudir, significa no cargar con un rencor que ya bastante pesa. Respire. Observe. Aprenda sus rarezas. Y, sobre todo, no permita que la dureza ajena le vaya tallando la piel hasta volverlo piedra.

Perdone también las miradas que no entendieron su acento, las puertas que tardaron en abrir, las preguntas torpes que le cayeron encima como granizo. Recuerde que este país no le debe perfección; lo que le ofrece es escenario, no guion. Usted decide cómo entrar, cómo caminar, cómo hablar sin pedir disculpas por ser quien es. Cuando el sistema falle —y fallará—, no lo convierta en su enemigo íntimo. Piense que incluso los países tienen traumas, historias mal contadas, remiendos que enseñan más que cualquier bandera. Perdonar es avanzar sin convertirse en estatua de dolor. Y avanzar es ya una forma de victoria silenciosa.

Si un día siente que el país lo abraza torcido, no responda con la misma torcedura. Usted limítese a no volverse piedra. Sea agua, sea viento, sea humor, sea insistencia. Deje que su historia suavice lo que la política endurece. Perdone para no cargarse de sombras que no nacieron en usted. Perdone para que la risa siga saliendo limpia, para que el paso no se vuelva peso, para que el exilio no se le endurezca en el pecho. Porque al final, este país imperfecto también es parte del camino que lo mantiene vivo, y perdonarlo —aunque sea un poco— es recordarse que todavía late.

Un jueves cualquiera, el barrio volvió a temblar.

Patrullas en la esquina, rumores en los teléfonos, mensajes en los grupos de WhatsApp:

"Tengan cuidado, están tocando puertas."

Cerré las persianas. Apagué las luces.

Mike se escondió debajo de la cama.

Yo me quedé en el suelo, respirando despacio.

La voz de un agente sonó afuera, lejana pero real.

Después, pasos, motores, silencio.

El miedo tiene una puntualidad terrible.

Cuando todo volvió a calmarse, Mike salió de su escondite y se trepó sobre mí.

Su ronroneo era un metrónomo de vida.

Lo abracé.

—Si un día te llevan, prometo seguirte —le dije.

Ronroneó más fuerte, como si supiera que los gatos no entienden promesas, solo presencias.

Paso 16: Defina el hogar. El hogar no es un punto en el mapa, es una frecuencia. Es ese latido que reconoce el suyo incluso cuando todo alrededor habla otro idioma. A veces aparece en una taza de café mal colado, en una canción que suena por accidente, en el olor a lluvia que no coincide con su infancia, pero la recuerda igual. Si alguien lo espera, aunque sea un vecino que apenas sabe su nombre, ya hay hogar. Si algo lo reconoce, aunque sea una silla que cruje siempre en el mismo lugar, también. El hogar no se funda: se siente. Y cuando un gato le ronronea el nombre, cuando se sube al sofá como si fuera territorio nacional, entonces ya pertenece más de lo que cree, aunque todavía tenga miedo de admitirlo.

El hogar también es lo que usted construye sin darse cuenta: el pedacito de pared donde cuelga una foto que no debería doler; la esquina donde guarda los zapatos que usó el primer día en este país; el espacio pequeño donde su risa rebotó por primera vez sin permiso. Es la gente que se queda, aunque no comparta bandera, los gestos que sobreviven al desarraigo, la rutina que inventa para no quebrarse. El hogar se arma con cosas mínimas: un plato que sabe parecido, una palabra que no se le olvidó, una luz que entra igual en todas las geografías. No lo busque afuera: se está construyendo mientras respira. Y aunque llegue cansado, aunque llegue tarde, aunque llegue roto, el hogar siempre abre la puerta.

Y, sobre todo, el hogar es usted. Es su forma de seguir, de reírse cuando debería rendirse, de nombrar lo que no quiere perder, de inventar pertenencia donde antes solo había trámite. Es el eco de su propia voz diciendo "aquí" aunque nadie más lo escuche. Es la certeza íntima de que no está de paso, aunque el país lo mire con sospecha y los papeles digan "caso en revisión". El hogar se vuelve real cuando deja de pedir permiso para existir y empieza a reconocerse como parte de algo, aunque sea pequeño, aunque sea imperfecto, aunque sea un gato que lo mira con cara de dueño. Porque si ese gato lo elige cada noche, si ese rincón lo espera cada día, y si usted, al cerrar los ojos, siente un poco de paz, entonces ya pertenece. Y pertenecer —aunque duela, aunque tarde— también es una forma de volver.

Paso 17: Guarde un lugar para volver. No necesita coordenadas; basta una canción que le apriete el pecho, una receta que huela a infancia o una fotografía sin filtro que le devuelva el rostro que tenía antes del cansancio. Volver no siempre es un viaje físico, a veces es solo cerrar los ojos y reconocer el camino por el sonido. Ese lugar puede ser una calle que ya no existe, un patio donde todavía canta un mango, o una voz que le dice "ya llegaste" aunque usted aún esté lejos. No lo mida en kilómetros ni en aeropuertos, mídalo en latidos. Volver es recordar sin vergüenza, sin pedir disculpas por lo que extraña, sin temerle al pasado que todavía duele. Es abrir la memoria como quien abre una ventana después de una tormenta. Es reencontrarse con uno mismo sin explicaciones.

Guarde ese lugar entero, aunque sea pequeño, aunque esté roto, aunque ya nadie más lo reconozca. Es suyo. Es la reserva emocional a la que volverá cuando la vida en otro país lo deje sin respiración. Es la silla vacía en la que se sienta el recuerdo, el olor del domingo que no se borra, la palabra que nunca perdió acento. Ese espacio no necesita permiso ni visa: basta con nombrarlo para que aparezca. Y cuando la nostalgia quiera cobrarle impuestos, recuerde que volver no depende de fronteras sino de la manera en que usted conserva lo que ama. Puede hacerlo mientras cocina, mientras maneja, mientras se ríe de un chiste que solo entiende la gente que viene de donde usted viene. Ese es el regreso más honesto: el que se lleva adentro.

Y cuando el mundo lo empuje hacia adelante, cuando sienta que ha cambiado tanto que ya no encaja en ningún mapa, ese lugar será su brújula. No para quedarse, sino para no perderse. Guárdelo como se guarda un talismán: sin mostrarlo demasiado, pero teniéndolo siempre cerca. Porque un día, sin aviso, va a necesitar volver, aunque sea cinco segundos, solo para recordar que hubo un antes. Y cuando vuelva —sin vergüenza, sin culpa, sin pudor— sentirá que algo se acomoda en su pecho. Volver así, solo con memoria y ternura, también es una forma de seguir adelante.

A la semana siguiente, recibí un correo de la abogada: "Entrevista programada. Fecha tentativa: próximo mes."

Leí la línea veinte veces.

Era una posibilidad, no una promesa. Pero bastaba.

Lloré, creo. O tal vez me reí demasiado fuerte.

Fui al espejo y me vi distinto. No más libre, pero menos invisible.

Mike me observaba desde la cama, con los ojos entrecerrados.

—Lo logramos, ciudadano —le dije.

Se estiró y giró sobre sí mismo, aprobando sin entusiasmo.

Tomé el manual por última vez esa noche.

Agregué el último paso.

Paso 18: Si todavía respira, no se rinda. La deportación es un verbo, no un destino. Es una acción que otros intentan conjugar sobre su vida, pero mientras usted siga en presente, el final sigue abierto. Respire hondo, aunque duela. El aire es una forma de resistencia: entra, se queda, empuja. Usted también. No es un caso, no es un número, no es un archivo que alguien revisa a las once de la mañana con café frío. Es una historia que insiste. Y mientras haya insistencia, hay pasaje de ida y vuelta a cualquier futuro posible. No se rinda cuando el miedo golpee; él siempre llega temprano. Usted llegue igual, aunque sea tarde, aunque tiemble, aunque solo pueda avanzar medio paso. Medio paso también cuenta en esta guerra de cansancio.

La deportación es un verbo que cambia de forma según quién lo mire. Para unos es amenaza; para otros, consuelo; para usted, debería ser solo una palabra que todavía no lo alcanza. No permita que lo definan en pasado cuando su cuerpo está entero en el aquí. Si el sistema lo arrincona, respire más fuerte. Si le cierran la puerta, hágase estrecho y pase por abajo. Si le dicen "usted no pertenece", responda con su sombra, que pertenece donde se para. No se rinda incluso cuando el silencio parezca sentencia. A veces la frontera más peligrosa es la que uno traza adentro, no la que dibuja un funcionario con sello en mano. Usted crúcela igual.

Y recuerde: mientras respire, está en trámite, no en derrota. El presente es el único documento que no expira. Cada inhalación es una apelación silenciosa, un "todavía estoy aquí" que nadie puede rechazar. Siga. Aunque sea con el alma arrugada y los papeles mojados. Siga. Porque quien respira no ha sido vencido, solo aplazado. Y con cada respiración, usted renueva su visa más importante: la de existir.

Cerré el cuaderno.

En la ventana, la luna parecía una moneda extranjera.

La ciudad dormía, o fingía hacerlo.

Yo me acosté junto a Mike.

Él ronroneó como siempre, recordándome que no todo necesita documentos para existir.

Pensé en el país que dejé, en el que aún no me acepta y en el pequeño territorio de paz que cabe entre un gato y una respiración. Ese territorio mínimo, casi invisible, es lo único que no me ha pedido papeles. Ahí no existe el pasado que duele ni el futuro que asusta; solo un presente tibio donde el mundo deja de ser amenaza y se vuelve pausa. Es un lugar que no aparece en mapas ni GPS, pero al que siempre regreso cuando el cansancio intenta doblarme. Un país portátil: dos manos, un ronroneo, un silencio que no juzga.

Pensé también en cómo uno puede vivir entre fronteras y aun así construir refugios que nadie puede deportar. A veces basta el peso leve de un gato dormido en la pierna para recordar que pertenecer no es una aprobación, sino una sensación. Ese pequeño territorio de paz no me exige idioma perfecto, ni valentía constante, ni respuestas rápidas. Me deja ser, incluso cuando el mundo insiste en complicarlo todo. Y en esa simplicidad, encuentro algo parecido a una nacionalidad emocional: un espacio donde no soy número, ni caso, ni amenaza, sino solo alguien que respira.

Y pensé, finalmente, que tal vez ese es el verdadero hogar: ese instante breve donde todo cabe sin romperse. El miedo, la esperanza, el cansancio, el humor, el deseo de volver y el impulso de quedarme. Todo mezclado, todo sostenido por un ronroneo que vibra como un mantra. Un territorio pequeño, sí, pero mío. Un territorio que no tiene bandera, pero tiene nombre: sobrevivir sin endurecerse. Y mientras exista ese pedazo de paz entre un gato y una respiración, sé que todavía no estoy perdido.

Si eso no es patria, no sé qué lo es.

Capítulo 5: Mi Gato tiene Papeles, yo tengo Miedo

Hay verdades que uno repite tantas veces que se vuelven muletillas del alma, frases que ya no se dicen con la boca sino con la memoria, como pequeños amuletos verbales que cargamos en el bolsillo por si el día se pone demasiado oscuro. Son verdades que empezaron siendo certezas tímidas, casi susurros, pero que con el tiempo se instauran dentro de uno como esas canciones viejas que no sabemos cuándo aprendimos, solo que aparecen justo cuando más las necesitamos.

Son palabras que se acomodan en la mente con la paciencia de un huésped que conoce la casa de memoria, que sabe dónde cruje el piso y dónde guardamos las fragilidades. Uno las repite sin esfuerzo, sin pensarlo demasiado, como quien respira para no hundirse.

A veces funcionan como un salvavidas emocional, otras como espejos que nos recuerdan quiénes somos cuando el miedo o la tristeza intentan cambiarnos el nombre. Y aunque no siempre las creemos del todo, las sostenemos igual, porque hay días en los que la fe no nace del convencimiento, sino del acto terco y casi sagrado de seguir repitiendo lo que nos mantiene de pie.

A veces creo que esas verdades no las repetimos para convencernos, sino para no olvidarlas cuando el miedo viene a reclamarnos. Las decimos una y otra vez porque el mundo insiste en ponerlas en duda: que merecemos estar aquí, que la esperanza no es ingenuidad, que el amor también es una forma de fuerza, que resistir no siempre se ve heroico. En ocasiones, esas verdades son lo único que nos queda cuando todo alrededor tambalea: la frase que te salva en el último segundo, el pensamiento que te sostiene cuando el corazón quiere abandonar la batalla, la convicción mínima que evita que un día se vuelva insoportable.

Y aunque otros quizá no las entiendan, para nosotros se vuelven indispensables, como una especie de respiración emocional. No curan, no resuelven, no blindan, pero acompañan. Son muletillas del alma, sí, pero no por debilidad, sino porque ayudan a caminar cuando el suelo tiembla, porque llenan los huecos donde la fe flaquea, porque nos recuerdan, incluso en la peor noche, que todavía hay algo dentro de nosotros que se niega a caer.

La mía es simple:

Mi gato tiene papeles, yo tengo miedo.

La primera vez que lo dije en voz alta fue una broma. La segunda, una ironía.

La tercera... una forma de no llorar.

Todo empezó aquella tarde en que Migración me pidió "paciencia y fe", justo las dos cosas que no se estampan en ningún formulario. Recuerdo todavía el olor del pasillo: desinfectante barato mezclado con el sudor nervioso de quienes llevábamos horas esperando un número que no avanzaba. El funcionario me miró por encima de sus lentes, con ese gesto ensayado de quien repite las mismas frases todos los días sin detenerse a pensar en lo que significan. Y yo asentí, como si pudiera meter la paciencia en un sobre manila y adjuntar la fe con un clip.

"Paciencia y fe." Qué ironía. Como si fueran requisitos oficiales, como si en alguna parte del edificio hubiera una ventanilla exclusiva para quienes llegan con la esperanza intacta, como si el país otorgara estampillas por aguantar el alma en pausa. Paciencia para esperar un papel que decide si existes o no existes en un sistema que no admite matices. Fe para creer que del otro lado de la ventanilla hay alguien dispuesto a ver algo más que un nombre mal pronunciado.

Esa frase me siguió durante días, como una sombra burocrática que se negaba a soltarme. En el fondo sabía lo que quería decir: "Espere sin quejarse. Confíe en un milagro administrativo. Ruegue a quien tenga que rogar." Pero aun así la guardé, no porque me consolara, sino porque en ese momento era lo único que tenía. Mientras otros mostraban pasaportes o recibos, yo sostenía esa promesa absurda: un mandato que sonaba espiritual pero que, dicho en esas oficinas, se volvía casi una broma negra.

Sin embargo, desde esa tarde, entendí que quizá esa era la verdadera prueba: navegar un sistema que exige lo que no otorga, cumplir reglas que cambian con el humor del día, sobrevivir a salas de espera donde la fe es una moneda que se desgasta rápido. Tal vez por eso, cada vez que escucho aquella frase, algo en mí se ríe y algo en mí se rompe. Porque lo cierto es que, si hubiera algún papel donde pudiera declarar mi paciencia y mi fe, lo entregaría con gusto. Pero como no existe, solo me queda seguir adelante, respirando hondo, con la esperanza guardada en la bolsa del pecho y la paciencia cosida a punta de cicatrices.

Llegué a casa con el alma arrugada como el sobre donde guardo los documentos.

Mike dormía en el sofá, panza arriba, sin culpa ni preocupación, como si el universo entero se resumiera en una siesta.

Lo observé un rato. Sus bigotes temblaban al ritmo de un sueño feliz.

Pensé en lo injusto del cosmos: él, ciudadano estadounidense, libre por nacimiento; yo, sospechoso por insistir en existir.

Envidié su inconsciencia.

Porque Mike no sabe de fronteras ni de formularios.

No entiende que, en este país, la diferencia entre la esperanza y el exilio puede caber en una cita cancelada.

Me senté frente a la computadora.

La bandeja de entrada tenía un nuevo correo: "Su caso continúa en revisión. No responda a este mensaje."

Claro, pensé. En este país los correos también tienen miedo a comprometerse.

Apagué la pantalla. Respiré. Y, sin saber por qué, lo dije:

"Mi gato tiene papeles. Yo tengo miedo."

Mike movió una oreja, como si hubiera entendido el chiste.

El problema fue que no era un chiste.

Desde entonces la frase se me quedó pegada al paladar.

A veces se me escapa en el salón, entre tinte y secador, y las clientas se ríen creyendo que es solo un remate gracioso.

Yo también me río, pero por dentro la siento como diagnóstico.

Hay días en que la repito en voz baja, como quien prueba un diente flojo.

Otros días la escribo en la esquina de los apuntes de enfermería, al lado de palabras como "homeostasis" y "sistema nervioso autónomo".

Me pregunto qué parte de mí regula este miedo que no descansa.

Si fuera un síntoma, ya tendría código en el manual de enfermedades.

Pero es solo eso: una frase que me sostiene cuando todo tambalea.

Un recordatorio chueco de que no estoy loco, solo descolocado.

Que el problema no soy yo, sino el tablero donde me mueven.

Y que mientras pueda nombrar lo que me pasa, todavía no desaparezco.

A veces me sorprendo hablando con él, como si fuera una mezcla de confesor y asesor migratorio.

Le cuento lo que me dijeron los abogados, los rumores sobre nuevas extensiones del TPS, las historias de gente que desaparece entre las grietas del sistema.

Mike escucha. O finge escuchar. Es un talento que compartimos: sobrevivir escuchando cosas que no podemos cambiar.

—¿Sabes qué es lo más absurdo? —le digo—. Que yo puedo curar a una persona herida, pero no puedo curarme de este limbo.

Mike se estira con elegancia.

—Y tú puedes ronronear, pero no puedes llenar un formulario en línea. Así que estamos empatados.

Me gustaría tener su calma, esa serenidad innata de los seres que no saben lo que es una frontera.

En su mundo no hay "dentro" ni "fuera", solo "aquí".

Y ese "aquí" es todo lo que necesito, pero no siempre me pertenece.

Los días pasan entre la universidad, la estética y esa sensación de provisionalidad que se pega a la piel como humedad.

A veces me detengo frente a los clientes, las tijeras en mano, y me pregunto si alguno de ellos nota que mientras les arreglo el cabello, yo pienso en el futuro como quien observa una puerta entreabierta.

El miedo, cuando se instala, no hace ruido.

Solo te cambia el ritmo con el que respiras.

Por las noches, mientras repaso anatomía, Mike se sube al escritorio y se acuesta sobre el cuaderno.

Su cuerpo caliente es una interrupción benigna.

No me deja estudiar, pero me recuerda que todavía hay algo tibio en el mundo.

Lo miro. Me mira.

Y en ese intercambio silencioso ocurre algo que ningún país puede legislar: pertenezco.

Hace poco, Nelson vino al apartamento.

Traía una botella de vino barato y una noticia peor.

—Hermano, parece que van a apretar con los permisos. Dicen que ya no habrá prórrogas.

Me quedé quieto. No hay metáfora que cubra el frío de esa frase.

Nelson sirvió dos vasos y, como buen latino, intentó arreglar la tragedia con humor.

—Bueno, al menos Mike se queda.

—Sí —le respondí—. Y seguro alquila el apartamento en Airbnb mientras tanto.

Reímos. Porque a veces reír es la única manera digna de admitir el miedo.

Bebimos en silencio un rato.

Nelson miró a Mike y dijo:

—¿Sabes? Ese gato es como la bandera del sueño americano: parece tranquilo, pero no deja de observarte.

—Y, sin embargo —le respondí—, él no necesita permiso para existir.

—Quizás por eso los gatos dominan el mundo.

—O quizás porque no creen en él.

Brindamos.

Por el país que nos dio techo.

Por el que nos quitó raíces.

Y por los gatos, esos pequeños dioses domésticos que nunca piden papeles.

Esa noche, después de que Nelson se fue, escribí algo en mi cuaderno de notas.

No sé si era poema, confesión o manual de emergencia:

El miedo tiene cédula, el amor no.

El gato duerme en mi almohada y yo en un país que no me deja soñar.

Hay patrias que no son lugares, son ronroneos.

Guardé el cuaderno bajo la almohada, como un niño que esconde una carta a los Reyes Magos.

Dormí poco.

Soñé con aeropuertos infinitos, con salas de espera que no terminan nunca, con un altavoz que anuncia:

"Vuelo 444 con destino a Ninguna Parte."

En el sueño, Mike pasaba primero el control de seguridad.

Yo me quedaba atrás, sin documentos, mirándolo alejarse con su pasaporte en miniatura.

Desperté con la garganta apretada y la risa torcida.

La ironía de la vida es que incluso en mis pesadillas, Mike viaja en clase ejecutiva.

Días después, la abogada —la famosa que "respira esperanza"— nos llamó a Nelson y a mí para revisar los papeles.

"Necesitamos pruebas de persecución política", dijo con voz de juez celestial.

Busqué en mi carpeta amarilla: copias de denuncias, viejas fotos, artículos de prensa.

De una de ellas, me observaba mi yo del pasado: más joven, más flaco, más valiente.

Sostenía una pancarta que decía:

"El miedo es el arma de los cobardes."

Me quedé mirándola largo rato.

El miedo sigue ahí, pensé, pero ahora lo sostengo desde el otro lado.

La abogada me miró con dulzura y determinación.

—Tienes que contar tu historia. Pero no desde el miedo. Desde la verdad.

Asentí.

Mike, en su transportín sobre la mesa, bostezó.

—Y no olvides incluirlo —añadió Nelson, riendo—. El gato es parte de la evidencia.

—¿Evidencia de qué?

—De que todavía amas algo.

De regreso en casa, encendí la luz baja del pasillo.

Mike me recibió con ese andar que parece flotar.

Le serví su cena y me serví la mía.

Nos sentamos frente a frente, él en su plato, yo con mi plato.

Dos ciudadanos de realidades distintas compartiendo la misma rutina.

Pensé en todo lo que había cambiado desde que llegué:

el idioma, el trabajo, los amigos, la paciencia, los sueños.

Y pensé en lo que no cambió: la necesidad de un lugar donde respirar sin permiso.

—Tú no sabes lo afortunado que eres, Mike —le dije.

Él me miró y ronroneó como si dijera: "Tú tampoco sabes lo fuerte que eres."

Apagué las luces y, por primera vez en mucho tiempo, no sentí miedo.

O, mejor dicho, sentí el miedo, pero también sentí que podía con él.

Porque, aunque mi gato tenga papeles, yo tengo algo más difícil de conseguir: la obstinación de quedarme, aunque el mundo me diga que no puedo. Esa terquedad que no se imprime en ningún documento, que no se certifica con un sello ni se verifica con huellas digitales. Es una fuerza que nace en un lugar que nadie puede revisar en la frontera: ahí donde se guardan los motivos que no envejecen, las promesas que uno se hizo cuando todavía creía en futuros luminosos, las pequeñas rebeldías que sostienen a quienes viven en la cuerda floja.

Mi gato tiene papeles, sí. Una ironía perfectamente legalizada. Él, con su cola altiva y su sentido del humor felino, pertenece oficialmente a este país más que yo. Puede cruzar puertas sin miedo, mirar a los agentes sin bajar la cabeza, dormirse sin tener que calcular rutas de escape. A veces lo miro y pienso que él representa lo que este sistema quiere: pequeño, silencioso, inocuo. Yo, en cambio, represento lo que el sistema teme: alguien que insiste. Alguien que no se rinde. Alguien que vuelve a abrir la puerta del salón cada mañana como si esa acción sencilla fuera un acto político.

La obstinación de quedarme no está hecha de grandeza, sino de hábitos. De seguir pagando cuentas, aunque duela. De mantener el teléfono cargado por si llaman. De cocinar para no pensar. De barrer el salón, aunque el corazón esté ansioso. De respirar profundo cuando el pasillo suena. De sonreír, aunque la sonrisa sea un hilo tenso que apenas se sostiene.

Quedarme es un verbo que aquí cuesta caro, pero también es un lujo que no puedo soltar. Porque cada día que permanezco, aunque sea pequeña y cansada, es una forma de decir: "Sigo aquí. No me he ido. No me borren todavía." Y aunque el país a veces me mire con recelo, yo sigo mirándolo como quien mira una casa en remodelación: llena de grietas, pero con una posibilidad escondida.

Porque al final, tengo lo único que no se compra, no se imprime y no se deporta: la voluntad de seguir existiendo, aunque no convenga.

Capítulo 6: Noticias desde el País que no me deja Volver

Hay sonidos que se quedan viviendo dentro de uno. El zumbido de un ventilador viejo, el ladrido de un perro en la madrugada, el grito seco de una olla golpeando un balcón. En mi caso, el sonido que no se va es el de las cacerolas golpeando contra el metal. Clang, clang, clang. Era nuestra manera de decirle al mundo que todavía estábamos vivos. Una alarma sin sirena, una plegaria sin palabras, un país entero respirando a golpes. A veces creo que ese ruido fue el primer idioma que aprendí: el de la resistencia hecha sonido, el de la esperanza disfrazada de escándalo nocturno.

Hoy vivo lejos de todo eso, pero el eco sigue ahí, escondido en la parte del pecho donde guardo lo que no puedo botar. Cuando escucho una olla caer en un apartamento vecino, mi cuerpo reacciona antes que mi mente: un pequeño sobresalto, una memoria antigua levantándose del polvo. No es miedo, exactamente. Es un reconocimiento. Como cuando hueles un café y recuerdas una cocina que ya no existe. Cada clang que guardé entonces todavía me acompaña, como si la ciudad que dejé se negara a quedarse muda dentro de mí. Quizás porque uno puede emigrar del territorio, pero no del ruido que lo marcó.

A veces, cuando cierro la barbería y el silencio cae como una manta pesada, ese sonido regresa nítido, como si lo tocaran desde adentro. Me recuerda quién fui, quién soy, y quién intento no perder en este exilio lleno de formularios y pasillos fríos. Pienso en mi madre golpeando la olla con fuerza, en mi vecino que gritaba desde el balcón, en los perros que no entendían nada, pero ladraban igual. Éramos un país desordenado, herido, tembloroso… pero vivo. Y mientras ese clang, clang, clang siga latiendo dentro de mí, sé que esa parte no me la pueden deportar.

Ahora, cuando abro el teléfono y leo las noticias desde Venezuela, juro que aún oigo ese ruido, mezclado con el zumbido del miedo.

Leo los titulares como quien revisa un parte médico de un paciente que no mejora:

175

"Nuevo apagón nacional."

"Escasez de medicinas."

"Detienen a estudiantes en protesta."

A veces intento no leerlos, pero el silencio de no saber también pesa.

Las noticias me llegan como fantasmas digitales: sin cuerpo, sin olor, sin voz, pero con una herida que reconozco.

Mike, desde la mesa, me observa. Él no entiende de apagones ni de hambre.

Tiene croquetas, agua filtrada y un documento que lo acredita como ciudadano de la potencia más poderosa del planeta.

Yo, en cambio, soy un huésped con miedo a los sobres blancos.

Él ronronea.

Yo reviso mis correos para asegurarme de que la inmigración aún no me ha olvidado.

Las noticias desde Venezuela me llegan en ráfagas: memes, audios, cadenas de WhatsApp, fotos de colas, chistes tristes.

A veces me río, pero enseguida me culpo por hacerlo.

Reírse del país es como reírse de un enfermo terminal.

No lo haces por burla, sino para no llorar.

Recibo un video de una amiga. La voz temblorosa dice:

"Ale, se llevaron a Esteban. Por tu culpa."

Lo escucho tres veces.

"¿Mi culpa?", escribo.

Ella me responde con un video grabado a escondidas:

una protesta frente a la vieja sede universitaria. Pancartas.

Entre ellas, una dice:

"Alejandro no está preso porque huyó."

El cartel tiembla, la cámara también.

De fondo, se escucha una voz: "¡Traidor!"

El mundo se me queda quieto.

Siento el corazón como una piedra en el pecho.

Mike, sin saberlo, salta a mis piernas, buscando calor.

Lo abrazo con fuerza, como si pudiera anclarme al presente.

Pero mi mente está allá, en la calle, en esa pancarta, en la palabra "traidor" que aún no sé cómo digerir.

Esa noche el insomnio me visita con puntualidad militar.

Miro el techo. Miro la sombra del ventilador.

El aire huele a tristeza tibia.

Recuerdo las noches en Caracas cuando se iba la luz.

Encendíamos velas y jugábamos a adivinar qué barrio había quedado más oscuro.

"¡Chacao otra vez!", decía mi madre.

Y reíamos.

Reírse en la oscuridad era nuestro acto más luminoso.

Pero la risa se fue apagando.

Después vinieron los saqueos, los disparos, los silencios.

La represión se volvió costumbre, y la costumbre, anestesia.

El miedo empezó a colarse en los saludos, en los cafés, en los abrazos.

Todo el mundo tenía un primo preso, un amigo exiliado, un vecino que desapareció.

Yo tenía un blog.

El blog se llamaba "Venas abiertas (sin anestesia)". No era un título poético ni una provocación gratuita; era una advertencia honesta. Ese espacio era mi pequeño cuarto de descompresión, un rincón donde podía decir lo que en clase no se podía murmurar ni siquiera con el ventilador encendido. Allí, entre posts mal diagramados y fotos borrosas, me permitía escribir lo que veía sin filtros: hospitales sin insumos, enfermeras que hacían magia con algodón y esperanza, pacientes que llegaban con fe y se iban con resignación.

Escribía porque necesitaba hacerlo, porque guardar silencio me oxidaba por dentro. Una vez publiqué un texto titulado "El suero de la verdad", donde comparaba al gobierno con una infección que el país no se atrevía a drenar. No era una metáfora elegante, pero sí exacta. Lo escribí de madrugada, con la rabia mordiéndome las uñas y el cansancio pesándome en los párpados. Lo subí al blog sin pensar en consecuencias. La verdad es que, cuando uno está cansado, la censura parece una amenaza demasiado lejana para temerla.

Dos días después, el blog fue bloqueado. No hubo advertencias ni correos. Solo un mensaje genérico diciendo que el contenido "violaba normas de uso". Cómo duele ese eufemismo: normas de uso. Como si el país fuera una plataforma digital y la libertad de expresión, un botón que alguien decide apagar.

Una semana más tarde, me citaron en la universidad. El correo decía "asunto académico", pero todos sabíamos lo que significaba esa frase: un llamado a portarse bien, a quedarse callada, a recordar que la educación tenía dueño. Fui con el estómago anudado, caminando despacio por el pasillo que olía a café frío y a carpetas viejas.

La decana me recibió con su sonrisa de porcelana, esa que no toca los ojos y parece ensayada frente al espejo veinte veces al día. Me ofreció asiento como quien ofrece un castigo disfrazado de cortesía. Tenía un dossier sobre su escritorio; no necesitaba abrirlo para saber que contenía capturas de mi blog, frases subrayadas, preguntas listas para arrinconarme.

La sonrisa de la decana era la versión académica del "paciencia y fe" de Migración: una forma bonita de decir "cállate si quieres seguir aquí". Y mientras la escuchaba repetir palabras como "prudencia", "responsabilidad institucional" y "límites discursivos", comprendí que mi blog no había sido solo un desahogo; había sido una detonación. Una explosión pequeña, sí, pero suficiente para que alguien decidiera buscar de dónde venía el humo.

—Alejandro, ¿usted escribió esto?

—Sí.

—¿Y por qué habla así del gobierno?

—Porque hablo de la gente.

—Pero es subversivo.

—Solo si leer se considera un acto de guerra.

No río.

Yo tampoco.

Detrás de ella, una bandera nacional parecía mirarme con reproche.

Salí de la oficina con una sensación que ya no me abandonó: la certeza de que mi país se había convertido en una casa donde los espejos mienten.

Un día me siguió una moto.

Dos hombres con gorras oscuras.

No dijeron nada, pero el miedo tiene su propio idioma, y yo lo entendí perfectamente.

Esa noche, mi madre me encontró haciendo la maleta.

—¿A dónde vas, hijo?

—A buscar luz.

No lloró. Solo me dijo:

—Llévate al gato. Él no sabe de fronteras.

Y así fue como Mike se convirtió en mi compañero de fuga.

Atravesamos el país con un morral, una jaula y una tristeza que no cabía en el bus.

En la frontera, un guardia revisó mi pasaporte y me preguntó:

—¿Motivo del viaje?

—Supervivencia.

No se rió.

Yo tampoco.

Ya en el exilio, las noticias desde Venezuela son como cartas de un amor que no se resigna.

A veces, cuando cocino arepas, cierro los ojos y siento el olor del maíz como si fuera un recuerdo colectivo.

Hay olores que uno no se trae en la maleta: se quedan en la piel.

Mi madre me llama cada semana, desde una señal intermitente.

—Hijo, aquí estamos bien. Bueno, más o menos.

—¿Y la luz?

—Se va y viene, como la esperanza.

—¿Y la comida?

—Conseguimos harina, pero sin mantequilla.

—¿Y tú?

—Respiro, mamá. Eso ya es bastante.

Luego me pregunta por Mike.

—¿Sigue contigo?

—Sí, señora. Ahora está gordo. Y legal.

Ella ríe.

—Dale un beso de mi parte. A veces sueño que él está allá conmigo.

—No, mamá —le digo—. Si Mike estuviera allá, lo habrían detenido por ronronear demasiado libre.

Ella suspira.

Y antes de que yo pueda decirle que la extraño, la llamada se corta.

Nelson llega una noche a la estética con su habitual optimismo ciego.

Trae una empanada fría y una idea aún más fría.

—Ale, ¿y si todo esto cambia algún día?

—¿El TPS o Venezuela?

—Los dos.

—Uno depende del otro.

—Bueno, pero algo tiene que mejorar, ¿no?

—Sí. El precio de la empanada, por ejemplo.

Nos reímos.

No porque haya chiste, sino porque el silencio duele más.

—A veces pienso en volver —dice Nelson, mirándose en el espejo del local.

—¿Volver a qué? —pregunto.

—A ver si todavía queda algo.

—Solo queda la nostalgia —respondo—, y esa no necesita pasaporte.

Mike maúlla desde el mostrador, como aprobando la frase.

Nelson ríe.

—Tu gato sería un gran ministro de Relaciones Exteriores.

—Sí —le digo—, pero solo aceptaría reuniones en el sofá.

Esa noche, de regreso a casa, prendo la televisión.

Las imágenes del noticiero latino muestran una multitud protestando bajo la lluvia.

Banderas mojadas, rostros jóvenes, gritos antiguos.

Una periodista dice: "La oposición convoca una nueva marcha por la libertad."

Y yo pienso:

La libertad, en mi país, es como una vela en medio del huracán: la encendemos sabiendo que el viento la apagará.

Apago la televisión.

Mike está sentado en el alféizar de la ventana, mirando las luces de la ciudad.

No sé si mira o recuerda.

A veces me da la impresión de que él también extraña algo, aunque no sepa qué.

Quizás el silencio de Caracas, o el olor del gas cuando cocinábamos con bombonas.

Quizás me extraña a mí, cuando todavía no tenía miedo.

Me sirvo un café y escribo una carta que nunca enviaré:

Carta al país que no me deja volver:

No te odio, aunque lo merezcas.

Me dueles, aunque no me recuerdes.

Todavía sueño contigo, aunque ya no existas.

Te llevaste mi juventud, mis amigos, mis noches.

Pero no te llevaste mi voz.

La escondí en el ronroneo de un gato americano.

Si algún día decides ser libre, te prometo que volveré.

No por nostalgia, sino por justicia.

Hasta entonces, seguiré aquí:

estudiando, trabajando, amando,

y riéndome del miedo como quien le saca la lengua al abismo.

Doblo la carta y la guardo en la caja donde conservo mis documentos migratorios.

Entre los papeles del TPS, el certificado de la universidad y la foto de Mike de cachorro, todo parece igual de importante.

Papeles que prueban que existo.

Papeles que prueban que alguna vez tuve país.

Mike se acerca, se sube a mi regazo y ronronea.

Le paso la mano por el lomo.

Pienso que quizá la verdadera ciudadanía no la dan los gobiernos, sino los afectos.

Quizá la patria sea eso:

un lugar donde alguien —aunque sea un gato— se siente seguro contigo.

Y entonces me digo, con una sonrisa triste pero firme:

el país que no me deja volver no sabe que sigo vivo en cada palabra que escribo.

Capítulo 7: Diosdado y el Peluquero Enemigo del Estado

Todo empezó con unas tijeras, una máquina de afeitar y un chiste.

Como casi todas las tragedias venezolanas.

Yo trabajaba en la estética de mi tía, un pequeño local que olía a queratina y sobrevivencia.

El cartel afuera decía en letras rojas:

"BELLEZA SIN FRONTERAS", un nombre que hoy me parece una profecía burlona.

En aquellos días, el país ya se caía a pedazos, pero la gente seguía arreglándose el cabello como si el fin del mundo exigiera verse bien peinado.

Las clientas llegaban a contar sus tragedias entre rulos y secadores:

—Mi hijo se fue pa' Perú.

—El mío pa' Chile.

—El mío pa' la cárcel.

Y yo, mientras tanto, escuchaba, sonreía y cortaba.

El peluquero era el nuevo terapeuta nacional.

Una mañana, entró un hombre robusto, con camisa roja y un crucifijo del tamaño de una empanada.

Tenía esa sonrisa peligrosa de quien confunde autoridad con divinidad.

Se sentó en la silla y dijo, sin saludar:

—Pana, quiero el corte del Comandante.

—¿Del Comandante eterno o del actual? —pregunté.

—Del eterno, chico.

—Ah, bueno, menos mal. El otro no tiene ni cabello ni patria.

El silencio que siguió pesó como una amenaza.

Él me miró por el espejo.

Yo también me miré.

Ahí supe que había hablado demasiado rápido.

—Tú no eres chavista, ¿verdad? —preguntó con tono inquisidor.

—Yo soy peluquero, mi hermano —respondí—. La tijera no pregunta por ideología.

Sonrió apenas.

Esa sonrisa que uno aprende a temer en Caracas.

Después añadió:

—Yo trabajo en la Gobernación. En prensa. A veces con Diosdado.

Y yo, por dentro, recé en todos los idiomas conocidos.

Mientras le cortaba el cabello, él hablaba sin parar:

de la revolución, de los traidores, del imperio, de la patria.

Yo asentía como quien escucha a un cliente con un cuchillo en la mano.

A cada palabra suya, una tijera mía.

"Corte parejo", decía él.

"Por favor, que sea rápido", decía mi instinto.

Cuando terminé, se miró al espejo y dijo:

—Está bien, pero me falta algo…

—¿Qué cosa?

—Un toque de liderazgo.

Y ahí, sin pensarlo, solté el chiste fatal:

—¿Quiere que le marque la corrupción con la máquina número tres?

El silencio fue absoluto.

Hasta el secador dejó de soplar.

El hombre se levantó, me miró fijo y dijo:

—Te vas a acordar de mí.

Tenía razón.

Tres días después, dos hombres con chaquetas negras entraron al local.

No hablaron.

Solo mostraron una credencial plastificada con un escudo borroso y la palabra "INSPECCIÓN" escrita en Comic Sans.

—Estamos investigando denuncias de sabotaje estético —dijo uno.

—¿Sabotaje qué?

—Estético. Dicen que aquí se hacen cortes contrarrevolucionarios.

Yo me reí.

Ellos no.

Registraron todo: las tijeras, los secadores, los tintes, hasta los espejos.

Se llevaron mi celular "para revisión" y me dejaron una citación:

"Comparecer ante el Departamento de Comunicación Popular".

Nunca supe si eso existía, pero aprendí que en Venezuela todo puede ser real si lo dice un uniforme.

En la cita, me atendió una funcionaria joven, con un moño tan apretado que parecía dolerle pensar.

—¿Usted es el señor Alejandro, conocido como el peluquero disidente?

—¿Disidente de qué, señorita?

—Del espíritu bolivariano.

—Yo solo corto cabello, no revoluciones.

Ella no sonrió.

Tomó notas en una libreta y dijo:

—Hemos recibido reportes de que usted hace chistes sobre altos funcionarios mientras corta.

—No chistes —respondí—. Peinados con opinión.

Silencio.

Otro error.

Me miró fijamente, luego bajó la voz:

—Le aconsejo que se cuide. Aquí la risa es un arma.

Y añadió, casi como una advertencia piadosa:

—Diosdado no olvida.

Volví al local con la piel helada.

Mi tía me abrazó y me dijo lo que todos decimos cuando ya no hay salida:

—Tranquilo, eso no pasa de ahí.

Pero pasó.

A la semana siguiente, apareció mi nombre en una transmisión de televisión.

Diosdado, con su sonrisa de predicador en cadena nacional, leía una lista:

—Estos son los peluqueros, barberos y estilistas del imperio que se burlan de la revolución.

Y ahí estaba yo.

Nombre, apellido y hasta dirección del local.

Me convertí, oficialmente, en un enemigo de Estado con tijeras y secador.

Esa noche, la estética amaneció con grafitis en la pared:

"TRAIDOR".

"PELUQUERO DEL YANQUI".

"VIVA EL SOCIALISMO, ABAJO LA GEL".

Tuve que cerrar el local por unos días.

Nelson vino a ayudarme a limpiar.

Mientras borrábamos los grafitis, me dijo:

—Hermano, lograste lo imposible: convertir un corte de cabello en un acto político.

—Sí, pero no me dan premio. Me dan citación.

—Bueno, ya eres famoso.

—Famoso es el gato —le respondí.

Mike, por cierto, observaba todo desde el mostrador, con la serenidad de quien no tiene nada que esconder.

Yo le dije:

—Si un día te preguntan por mí, di que solo soy tu asistente.

Él ronroneó.

Yo lo tomé como promesa de silencio.

Los días siguientes fueron una mezcla de paranoia y cansancio.

Cada vez que alguien abría la puerta, mi cuerpo se tensaba.

Empecé a soñar con tijeras que hablaban y con clientes que gritaban consignas mientras yo los afeitaba.

El miedo se volvió una sombra con horario.

Pero aun así seguí trabajando.

Porque la pobreza no tiene ideología, y el alquiler no entiende de persecuciones.

Un sábado llegó una señora mayor.

—¿Usted es el peluquero de la tele? —preguntó.

Me quedé mudo.

—Tranquilo —añadió—, yo también soy disidente.

Suspiré de alivio.

—¿Qué corte quiere?

—El de la resistencia.

—¿Y cómo es ese?

—El que no se deja caer.

Con el tiempo, el miedo se volvió rutina.

Ya sabía que me seguían.

Ya sabía que hablaban de mí en los pasillos.

Y un día, finalmente, llegó la citación formal: debía presentarme ante el SEBIN.

Ahí fue cuando entendí que el país no solo te vigilaba: también se aburría y necesitaba entretenimiento.

Decidí huir esa misma noche.

Fui a casa, metí mi ropa en una maleta, mis tijeras en el bolsillo y a Mike en su jaula.

Mi madre lloraba.

Yo trataba de hacer chistes, porque el humor es la última frontera antes del abismo.

—Mamá, si no vuelvo, dile a Diosdado que le dejo los rulos de la izquierda.

Ella no río.

Me abrazó y susurró:

—Prométeme que vas a volver libre, aunque sea sin país.

En el autobús hacia la frontera, me quedé mirando a Mike.

Dormía tranquilo, como si todo fuera un paseo más.

Su respiración lenta me calmó.

Afuera, el paisaje pasaba como una película borrosa:

pueblos fantasmas, paredes con consignas, colas de gasolina que parecían esculturas del fracaso.

Cada kilómetro era una despedida.

Cada curva, una cicatriz.

Pensé en todo lo que dejaba atrás: mi madre, mis amigos, la estética, mis tijeras, mi país.

Y pensé en lo que me llevaba: un gato, un pasaporte, una historia absurda que parecía un chiste mal contado.

Me reí, bajito, para no despertar a Mike.

Y dije:

A veces, desde aquí, en este país que me presta suelo, pero no pertenencia, pienso en aquella historia y me da risa.

Una risa extraña, con eco de tristeza.

Porque en el fondo sé que aquella escena ridícula —un barbero, un funcionario, un mal chiste— fue el punto exacto donde se quebró mi país dentro de mí.

Ahora corto cabello en silencio, con la radio bajita.

Si algún cliente menciona a Diosdado, cambio de tema.

No porque tenga miedo, sino porque el miedo ya no necesita nombre: vive en el aire, como un gas invisible.

Y cuando termino cada jornada, vuelvo a casa y encuentro a Mike esperándome en la ventana.

Lo acaricio, le sirvo comida y le digo, con un guiño:

—Tú sí que eres un gato libre.

Él me mira, bosteza y se acomoda.

Y yo pienso:

Quizá la libertad sea eso: poder dormir sin miedo a que te corten algo más que el cabello.

Mira tú, lo logré: soy el único peluquero que se exilia por un mal corte.

Capítulo 8: Manual para Sobrevivir al Exilio (sin perder el humor)

Hay días en los que siento que mi vida es una fila interminable.

Fila para el TPS, fila para el DMV, fila para el café, fila para seguir esperando algo que nunca llega.

En este país todo tiene turno, menos la esperanza.

Y, aun así, cada mañana me levanto, me miro al espejo, respiro y digo:

"Hoy voy a sobrevivir con estilo."

Porque si algo aprendí del exilio es que uno puede perderlo todo, menos el sentido del humor.

El primer año fue una colección de desastres logísticos.

Descubrí que sobrevivir aquí es como aprender a bailar en otro idioma: das pasos torpes, pero si sonríes, la gente te perdona.

El acento, sin embargo, no se perdona tan fácil.

La primera vez que pedí una cita médica, la recepcionista me preguntó mi nombre tres veces.

—¿Alejandro?

—Yes.

—Spell it, please.

—A-L-E-J-A-N-D-R-O.

—Oh, Aléjánro.

—No, Alejándro.

—That's what I said.

Y ahí supe que mi nombre ya no era mío: le habían quitado el acento por asilo político.

Vivir en el exilio es acostumbrarse a ser nuevo todos los días.

Nuevo en el trabajo, nuevo en la calle, nuevo en el idioma, nuevo hasta en el miedo.

Pero con el tiempo descubres que la novedad también es una forma de libertad.

Nadie te conoce. Nadie te debe nada. Nadie te recuerda lo que fuiste.

Eso, al principio, asusta. Luego libera.

Mike, por supuesto, se adaptó más rápido.

Mientras yo memorizaba verbos irregulares y aprendía a traducir mis emociones al inglés, él se convertía en el rey del vecindario.

Le pusieron apodos: "Mike the Cat", "The Citizen", "El Gato Yankee".

A veces pienso que él encarna todo lo que este país valora: independencia, curiosidad y una absoluta indiferencia hacia los demás.

Yo, en cambio, sigo tratando de encajar.

Cada vez que pago impuestos, le digo a Mike:

—¿Tú sabes cuántas croquetas cuestan estas planillas?

Él ronronea con esa calma de quien no debe nada a nadie.

Quizá la verdadera ciudadanía sea esa: no tener miedo de existir.

A veces siento que mi vida cabe en una carpeta manila.

Adentro están las pruebas de que existo:

recibos, contratos, cartas, fotos tamaño pasaporte donde siempre salgo asustado.

Ninguno de esos papeles dice que me gusta el café cargado,

que lloro con las canciones viejas o que adopté a un gato para no volverme loco.

El sistema quiere fechas, firmas, números de caso,

pero no sabe nada de las noches en vela haciendo cuentas,

ni de las llamadas a mi madre fingiendo que todo va bien.

Hay días en que quisiera meter también el cansancio en un sobre y enviarlo por correo certificado a alguna oficina anónima, con una nota que diga: "Devuélvanme la paz cuando puedan".

Mientras tanto, organizo, escaneo, guardo, vuelvo a ordenar, como si archivar mi vida fuera una manera de evitar que me borren.

Manual práctico (y humorístico) del exilio.

Después de varios años de ensayo, error y terapias pagadas a precio de terapia, decidí escribir mi propio manual para sobrevivir al exilio sin perder el humor. No lo imprimí, porque la tinta está cara, pero lo llevo en la cabeza. Es una especie de libro fantasma que me dicta instrucciones mientras hago fila en el DMV, mientras limpio una habitación del hospital a las tres de la mañana o mientras Mike me mira con esa mezcla de juicio y compasión felina. No es un manual perfecto, ni pretende serlo. Es más bien una brújula improvisada, hecha con pedazos de nostalgia, chistes reciclados y la terquedad de no rendirme, aunque el sistema me pierda el expediente por tercera vez.

Lo curioso es que, cada vez que intento organizar mis reglas en orden lógico, el exilio se encarga de moverlas del lugar. Nada permanece fijo. Lo que un día sirve para sobrevivir, al siguiente solo sirve para reírse. Aun así, sigo escribiéndolo mentalmente, porque necesito ese mapa emocional que me recuerde quién soy cuando el idioma se me traba o cuando la burocracia me quiere convencer de que soy un error administrativo con piernas. Este manual invisible es lo único que me mantiene centrado cuando todo lo demás se siente prestado: el trabajo, el apartamento, la calma, la paciencia.

Y aunque nunca lo imprima, sé que algún día alguien lo va a pedir prestado sin saberlo: un amigo nuevo, un cliente recién llegado, un vecino que todavía tiembla cuando oye una sirena. Entonces abriré ese libro imaginario, lo sacudiré como quien sacude un mantel lleno de migas, y empezaré a leer desde el principio, con la misma voz con la que me hablo para no desmoronarme: "Respira. Haz un chiste. Repite. Que el exilio no te robe la risa, que ya bastante te quitó."

Aquí va una versión resumida, por si acaso alguien lo necesita:

Aprenda a no entender.

La mitad del tiempo no sabrá qué dicen los demás. No importa. Asienta con firmeza y sonría. La incomprensión es un idioma universal, una lengua que todos hablamos cuando nos toca sobrevivir en un lugar que no fue diseñado para nosotros. Al principio duele no entender: las frases rápidas, las bromas internas, las instrucciones de tres verbos que suenan a orden militar. Pero con el tiempo una aprende que no entender también es una defensa, un pequeño refugio donde la mente descansa de tanta exigencia.

Descubrirá que la vida en otro país se vive muchas veces desde la intuición: leer gestos, interpretar miradas, adivinar el tono con el que la gente pronuncia su "hello", distinguir si una sonrisa es amabilidad o alerta. A veces entender demasiado puede ser incluso un riesgo; no entender del todo, en cambio, ofrece una suavidad inesperada, una especie de almohada mental donde uno se apoya para no agotarse.

Asienta. Sonría. Respire. Cuando alguien le diga algo que no comprenda, recuerde que el mundo entero funciona así, aunque nadie lo admita: personas fingiendo que captan una idea, estudiantes que toman apuntes sin saber qué significa la mitad de las palabras, trabajadores que siguen instrucciones sin entender de dónde vienen ni por qué existen. Todos navegamos un océano de frases confusas, instrucciones contradictorias y silencios incómodos.

La incomprensión es democrática. Le ocurre al que llega, al que se queda, al que nació aquí y al que se cuela por las grietas del sistema. Y lo más liberador es aceptar que no es un fracaso, sino una forma muy humana de estar en el mundo: un recordatorio de que nadie domina todo, de que todos somos extranjeros en algo, y de que a veces basta con sostener la mirada, decir "sí, claro", y confiar en que los pies sepan hacia dónde caminar.

No traduzca los chistes.

Lo que en su país era humor, aquí puede ser delito, trauma o etiqueta de TikTok. Las palabras no viajan intactas; cambian de significado en la aduana emocional de cada cultura. Ese comentario que antes hacía reír a la mesa entera puede, en este lado del mapa, activar alarmas invisibles o generar un silencio tan profundo que hasta el aire se incomoda.

Si duda, ría hacia adentro. Es más seguro. No es hipocresía: es supervivencia lingüística. En un país nuevo, el sentido del humor es como un animal salvaje; puede ser encantador hasta que lo pisa en falso. Aquí la ironía a veces se toma literal, el sarcasmo se confunde con agresión y los refranes se interpretan como diagnósticos. Uno aprende rápido que no todos entienden el arte de las bromas autodestructivas ni las metáforas con doble fondo que en casa eran patrimonio cultural.

Guarde sus chistes en la maleta emocional junto con todo lo que todavía no encuentra traducción. Observe primero. Escuche. Identifique el tipo de risas: la genuina, la incómoda, la de cumplimiento social. Descubrirá que cada cultura tiene su propio sistema de humor, aunque algunos parezcan diseñados por un comité de contadores aburridos.

Y cuando finalmente sienta que domina el terreno, recuerde que incluso así es mejor reír bajito. No porque usted sea peligrosa, sino porque el humor, igual que la nostalgia, puede traicionarlo a uno cuando más vulnerable está. Aquí la prudencia también cuenta como habilidad lingüística.

Así que no traduzca los chistes. Tradúzcase a usted misma. Lo demás, créame, encuentra su ritmo solo cuando uno ya aprendió a caminar sin meter la pata en cada comentario.

Adopte un café favorito.

Los exiliados no tienen templos, pero sí cafeterías. Ese rincón donde el barista ya sabe que no tiene papeles, pero igual le sonríe, es su embajada espiritual, su consulado improvisado, su refugio frente al ruido del mundo. En ese local que huele a espresso y a nostalgia tibia, uno puede sentarse a recomponer el alma sin necesidad de explicar nada. Ahí nadie pregunta de dónde viene, cuánto gana o por qué respira con cautela. Ahí basta con pedir lo de siempre para que el día tenga un punto de apoyo.

Ese café, por más pequeño o ruidoso que sea, se vuelve un territorio neutral donde los miedos entran en pausa y el corazón recuerda cómo late cuando no está corriendo. Entre tazas marcadas con nombres mal escritos y mesas cojas que vibran con cada paso, uno aprende que pertenecer no siempre requiere grandes gestos: a veces basta con que alguien sepa cómo le gusta el café para sentirse menos pasajero, menos invisible.

Y es que los exiliados hacemos patria en esos lugares: patria en la espuma bien servida, en la mesa del rincón, en el sorbo caliente que amarra la mañana. Patria en ese instante donde el barista dice "good morning" con acento más amable que el del país entero. Patria en mirar por la ventana y pensar que, aunque afuera la vida sea un idioma ajeno, en esta esquina al menos existe un pedacito de mundo donde uno no tiene que justificar su existencia.

Por eso adopte un café favorito. No como lujo, sino como estrategia de supervivencia. Porque a veces ese sorbo —ese pequeño ritual que sólo usted entiende— es lo único que evita que la nostalgia se vuelva tsunami. Y porque, por más que duela admitirlo, todos necesitamos un lugar donde el corazón deje de sentirse turista.

Evite discutir política con gringos.

Ellos creen que la dictadura es una serie de Netflix con subtítulos, una trama emocionante que se comenta con palomitas, no una herida que sigue supurando en medio del pecho. Para ellos, la palabra "represión" suele venir acompañada de documentales en 4K y entrevistas editadas, no de noches sin luz, filas interminables y la sensación constante de que cada pared tiene oídos. Les fascina hablar de revoluciones como quien habla de una receta de cocina: dos cucharadas de caos, una pizca de protesta y un final inspirador. Ojalá fuera así de simple.

Si insisten, dígales que en su país el Wi-Fi era más peligroso que el Wi-Fi público. Que allá conectarse podía significar exponerse: una opinión mal escrita, un meme malinterpretado, un comentario que se escapó del teclado y terminó en manos de alguien que no conoce el humor, pero sí la lista negra. Cuénteles —si tiene paciencia— que "postear" no era un acto inocente, sino un deporte extremo. Y que, a veces, lo más revolucionario que uno hacía era recargar datos sin que se cayera la señal.

Claro, no lo entenderán del todo. Para ellos, la libertad es algo tan cotidiano que ni siquiera lo notan; respiran democracia como quien respira oxígeno y asumen que el mundo entero funciona igual. Por eso no vale la pena desgastarse. No trate de traducir dolores que no conocen. No explique lo inexplicable. No convierta su trauma en clase magistral.

En vez de eso, sonría con cortesía diplomática. Cambie de tema. Pida otro café. Hable del clima. Diga que sí, que vio ese documental, que qué interesante, que muy fuerte todo. Y mientras tanto, guarde para usted la verdad: que hay cosas que sólo entiende quien sobrevivió a ellas; que la política de un país no es una conversación de sobremesa, sino una cicatriz que se lleva en la espalda.

Cuide su nostalgia.

La nostalgia es un vino fuerte: una copa alegra, dos duelen, tres te dejan llorando frente a un video de gaitas en YouTube. Es un licor que se sirve solo, sin hielo, y que uno cree que puede manejar... hasta que de repente estás limpiando la cocina mientras escuchas una canción que juraste no volver a poner, o revisando fotos borrosas que guardaste "por si acaso", o leyendo mensajes viejos que deberían estar archivados en un museo del sufrimiento.

La nostalgia es peligrosa porque siempre llega con buena intención. Toca la puerta como una visita amable, trae recuerdos bonitos, olores de mercados, voces de abuelos, el sonido de una calle que ya no existe. Pero si la dejas entrar demasiado tiempo, empieza a mover muebles, a cambiarte el ánimo, a exigir explicaciones que nadie puede darle. Es una borracha sentimental: te abraza, te consuela, y luego te mete el dedo en la herida.

Por eso cuídela. No la expulse, pero tampoco le entregue las llaves de su casa emocional. Deje que se siente un ratito, que le cuente cómo olía su barrio cuando llovía, que le recuerde cómo sonaban los domingos en su país. Pero cuando empiece a ponerse dramática, cuando le dé por decir "allá sí se vivía", cuando quiera poner música triste o comparar climas, despídala con respeto. Dile: "ya está bien, mañana seguimos".

Porque la nostalgia es un puente, no una residencia. Une lo que fuimos con lo que somos, pero no debe convertirse en un destino final. Una copa, sí. Un brindis, también. Pero si se descuida, terminará no viviendo aquí ni allá, sino atrapada en una frontera emocional donde solo sobreviven los fantasmas.

Y usted no vino hasta este país para vivir de fantasmas. Vino para vivir. Para levantarse, para inventarse nuevas costumbres, para hacer patria en una taza de café y en un salón lleno de historias que siguen respirando.

Así que cuide su nostalgia. Trátela con cariño, pero con límites. Brinde con ella, no se embriague con ella. Que le alegre, no que la arrastre. Porque usted necesita el corazón libre para seguir aprendiendo a pertenecer.

Compre una olla de presión.

Cocinar caraotas a fuego lento en Estados Unidos es un lujo burgués, casi un acto ceremonial que sólo pueden permitirse quienes tienen tiempo, paciencia y el extraño privilegio de no estar corriendo siempre detrás del reloj. Aquí las horas cuestan, la electricidad cuesta, y hasta el olor del sofrito parece cobrar renta. Por eso la olla de presión no es solo un utensilio: es una aliada, una cómplice, una especie de pasaporte culinario que te permite seguir comiendo lo tuyo sin hipotecar la tarde completa.

Además, el sonido del vapor te recordará los cacerolazos, pero sin riesgo de represión. Ese pssshhh insistente es un eco doméstico de todas las noches en las que tu barrio entero hablaba con ollas en lugar de palabras. Un recordatorio suave, doméstico, casi tierno, de aquellas protestas donde el miedo y la valentía iban mezclados como un guiso improvisado. Aquí, en cambio, ese ruido no convoca a nadie ni espanta a los vecinos: apenas marca el ritmo de la cena y te recuerda que la memoria también humea.

La olla de presión tiene algo de milagro portátil. Acelera el tiempo, ablanda lo duro, hace rendir lo que parece poco. Si lo piensas bien, funciona igual que el exilio: te obliga a adaptarte, a inventar caminos más cortos, a cocinar tu identidad en menos minutos. Y aunque a veces te asusta que explote —como tantas otras cosas en esta nueva vida—, aprendes rápido a manejarla, a respetarla y a agradecerle sus milagritos cotidianos.

Porque en un país donde todo se mueve rápido, donde el trabajo come horas y el cansancio come ganas, poder comer un plato de caraotas decentes sin gastar media vida es un triunfo. Pequeño, sí. Doméstico, sí. Pero triunfo al fin.

Y en el exilio, esos triunfos son los que te sostienen: una olla que silba, un arroz que queda suelto, un sabor que te hace sentir que, aunque estés lejos, todavía eres tú.

Aprenda a reírse solo.

Porque muchas veces nadie entenderá tus bromas. El exilio también es eso: hacer chistes sin público, lanzar una frase ingeniosa y ver cómo cae al piso como una moneda extranjera que nadie reconoce. Aquí las referencias de tu infancia no significan nada, los dobles sentidos no traducen, y las frases que antes arrancaban carcajadas ahora solo provocan miradas confusas y sonrisas diplomáticas.

Reírse solo no es síntoma de locura, sino de supervivencia emocional. Es practicar una especie de humor íntimo, un chiste interno que solo tú conoces y que te sostiene en los días grises. Porque la risa compartida es hermosa, sí, pero la risa solitaria tiene un mérito distinto: es una pequeña llama que uno enciende por dentro cuando afuera todo parece demasiado frío.

Aprenderás que hay momentos en que la única carcajada disponible será la tuya, una risa breve que te sorprende en el supermercado cuando ves una marca que te recuerda a tu país, o frente al espejo cuando pronuncias una palabra que aquí nadie usa pero que a ti te devuelve un pedazo de hogar. Esa risa es refugio, es identidad, es resistencia silenciosa.

Y aunque a veces te duela que nadie celebre tus ocurrencias, también descubrirás algo sorprendente: cuando uno aprende a reír solo, empieza a conocerse de verdad. Empieza a descubrir qué lo alivia, qué lo sostiene, qué le devuelve humanidad en medio de tanto cambio.

Porque el exilio, además de duelo, también es eso: fabricarse pequeños motivos para no perder la alegría. Y si para eso hace falta reír sin audiencia, sin aplausos y sin cómplices, entonces ríete igual. Ríete fuerte por dentro, como quien guarda un tesoro que no piensa ceder ante el olvido.

No mire atrás todo el tiempo.

Los aeropuertos son espejos crueles. Si insistes en mirar, acabarás viendo un fantasma con pasaporte temporal, alguien que se parece a ti pero que ya no encaja del todo en ningún lugar. Los aeropuertos tienen esa habilidad macabra de revelar la verdad sin anestesia:

ahí, entre filas interminables y anuncios de embarque, uno descubre que pertenece a todas partes y a ninguna a la vez.

Cuando miras atrás en esos pasillos brillantes, lo que ves no es el país que dejaste, sino la versión de ti misma que aún no acepta que el mundo cambió. Ves los recuerdos colgando de tu maleta, el miedo disfrazado de "documentos importantes", la esperanza doblada entre camisas que ya no te quedan. Ves el eco de tu nombre pronunciado en un acento distinto, las despedidas a medio decir, las promesas que dejaste en pausa como si pudieran esperarte.

Los aeropuertos no perdonan la nostalgia; la exageran. Cada anuncio de "last call" suena como una sentencia, cada puerta que se cierra recuerda que la vida es una serie interminable de aduanas emocionales. Y cuando te ves reflejada en esas paredes de vidrio, no ves a la persona que fuiste ni a la que quieres ser: ves a alguien suspendido en un paréntesis, respirando entre dos mundos, sin pertenecer del todo a ninguno.

Por eso no mire atrás. No porque olvidar sea fácil, sino porque ese reflejo no es justo contigo. No muestra tu fuerza ni tu terquedad para seguir viva; solo muestra la sombra que deja una decisión demasiado grande para procesarla mientras sostienes un boarding pass.

Siga caminando, aunque duela. Mire al frente, aunque arda. Que el pasado te siga, sí, pero que no te detenga. Recuerde que los aeropuertos no son hogares: son umbrales. Y que nadie está obligado a quedarse enamorado de un umbral.

Porque si miras adelante con suficiente honestidad, entenderás algo esencial: el fantasma que viste en el vidrio no era tú. Era la versión de ti que ya se está despidiendo. Y tú, la verdadera, la que respira hondo y sigue caminando, todavía está aprendiendo a cruzar fronteras sin perderse.

Sea amable con otros migrantes.

No todos sobrevivieron del mismo modo. Algunos todavía huelen a frontera, llevan el polvo del camino pegado a la piel y el miedo guardado en los bolsillos, como un documento más que no pidieron, pero igual cargan. Cada migrante es una historia distinta disfrazada de acento, una biografía comprimida en silencio, un terremoto que camina tratando de no hacer ruido. Hay quienes llegaron con la espalda recta y la fe intacta; otros llegaron rotos, con la mirada perdida y una lista larga de cosas que nunca contarán porque duelen incluso en su propio idioma.

Ser amable no es un gesto pequeño. Es entender que algunos vienen con cicatrices que no se ven, con noches sin dormir en estaciones frías, con decisiones imposibles tomadas a medianoche para salvar a alguien o para salvarse a sí mismos. Es saber que, aunque todos crucemos la misma línea en el mapa, cada uno llega con un peso distinto en el pecho.

Algunos aún tiemblan cuando escuchan un golpe fuerte en la puerta. Otros sienten que están caminando sobre hielo fino incluso cuando pisan tierra firme. Hay quienes todavía no pueden pronunciar su nombre en voz alta sin temer que alguien lo apunte en una lista. Y también están los que sonríen demasiado, como si la risa fuera un salvavidas barato que impide que el alma se hunda.

A esos también hay que serles amables.

Porque la alegría exagerada también es un síntoma.

Porque a veces la gente sobrevive actuando.

Recuerde que cada migrante carga piezas de un país que ya no existe o que existe solo para los que se quedaron. Que muchos perdieron algo en el camino: una casa, un trabajo, un documento, un amor, una versión de sí mismos. Y que otros no perdieron nada, pero igual viven con la sospecha de que algo podría desaparecer en cualquier momento.

Sea amable, incluso cuando no entienda.

Sea amable, incluso cuando esté cansado.

Sea amable, porque nadie llega entero al exilio.

Y a veces basta una palabra suave, una mirada sin juicio, un gesto sencillo, para recordarle a alguien que el mundo todavía tiene rincones donde no duele tanto existir.

No pierda el humor.

Sin humor, el exilio se vuelve una cárcel sin barrotes. Con humor, al menos puedes redecorarla. El humor es la única herramienta que te permite seguir respirando cuando todo lo demás aprieta: es el destornillador emocional con el que aflojas las tuercas del miedo, el espejito que usas para ver la realidad desde un ángulo donde no duela tanto.

Reírse en el exilio no es frivolidad; es resistencia. Es una estrategia de supervivencia tan válida como aprender inglés o memorizar los horarios del bus. Cuando uno llega a un país nuevo, todo es demasiado serio: los formularios, las filas, las miradas de sospecha, la ansiedad que acompaña cada timbre en la puerta. El humor es el único antídoto que no requiere receta médica ni seguro de salud.

Porque cuando te ríes, aunque sea cinco segundos, el mundo deja de pesar lo que pesa. La nostalgia se acomoda, el miedo baja el volumen, y hasta los recuerdos duelen menos. El humor te permite decir lo que no puedes llorar, lo que no cabe en una conversación seria, lo que nadie quiere escuchar pero que tú necesitas sacar antes de que te ahogue.

Además, el humor convierte la tragedia en una historia contable: si puedes bromear sobre algo, aunque sea un poquito, significa que no te destruyó del todo. Que todavía tienes voz. Que todavía hay un pedazo de ti que no se entregó.

Así que no pierda el humor.

Cuando el país le parezca demasiado grande, ríase.

Cuando el inglés le salga con acento de novela mexicana, ríase.

Cuando el miedo le haga un nudo en la garganta, ríase por dentro, para poder seguir viendo.

Porque el exilio, con humor, no deja de ser duro, pero se vuelve más habitable. Y si igual te toca vivir en una cárcel sin barrotes, que al menos sea una cárcel con plantas, luces cálidas y paredes pintadas con chistes que sólo tú entiendas. Porque incluso la tristeza, cuando la miras con humor, se siente menos dueña de tu vida. Y tú, un poquito más libre.

A veces me preguntan si vale la pena tanto sacrificio.

Si no sería mejor volver, aunque sea a la ruina conocida.

Y no sé qué responder.

Porque el exilio no se mide en kilómetros, sino en resignaciones.

Pero también en risas.

Y yo sigo riendo.

Recuerdo mi primer trabajo aquí: limpiando pisos en un hospital.

Me tocaba trapear las madrugadas, cuando los pasillos estaban vacíos y los ecos parecían confesiones.

Una noche, mientras barría, escuché a un paciente susurrar en español:

—¿Tú también estás huyendo?

Lo miré. Tenía los ojos cerrados.

No supe si soñaba o rezaba.

Le respondí bajito:

—Sí. Pero sobrevivo.

Y seguimos así, dos desconocidos compartiendo una plegaria en idioma de exilio.

Con el tiempo logré homologar mis estudios.

Volví a la universidad, esta vez con más canas y menos miedo.

Estudio enfermería, otra vez.

A veces siento que repito mi vida, pero en un idioma diferente.

Sin embargo, hay algo hermoso en eso: empezar de nuevo sin pedir permiso.

Mis compañeros me preguntan por Venezuela.

Yo les digo que es un país hermoso, pero secuestrado.

Les cuento de los apagones, del calor, del ruido, de las risas entre ruinas.

Y ellos se quedan callados, como si hablara de una leyenda.

Entonces les enseño una foto de Mike y les digo:

—Este es el único venezolano que logró la ciudadanía sin sufrir.

Se ríen. Y yo también.

Pero por dentro sé que no es chiste.

Nelson sigue siendo mi hermano de exilio.

Abrimos un pequeño local juntos:

"La Resistencia Barber Shop."

Un sitio diminuto, con tres espejos, una cafetera y un letrero que dice:

"Cortamos cabello, no esperanzas."

La gente entra curiosa, se sienta, y mientras le corto el pelo, hablamos de todo:

de papeles, de política, de novias lejanas, de Diosdado (sí, todavía aparece en los chistes),

y de lo que más se extraña: la sensación de pertenecer a algún lugar.

Hay clientes que lloran, otros que ríen.

Y todos, sin excepción, me dicen lo mismo al salir:

—Gracias, pana.

Como si cortar el cabello fuera un acto de terapia colectiva.

Tal vez lo sea.

Por las noches, vuelvo al apartamento y encuentro a Mike dormido, con el aire de un emperador satisfecho.

Le hablo como siempre:

—Mike, sobrevivimos otro día.

Él abre un ojo, bosteza y me ignora.

La indiferencia de los gatos es la medida exacta de la libertad.

A veces me siento en el balcón, miro las luces de la ciudad y pienso:

Quizás el exilio no sea una condena, sino una oportunidad para reinventar el hogar.

Tal vez la patria no es un lugar, sino una costumbre que se adapta.

Una rutina que sobrevive a los cambios, que se estira, que se enrosca y se acomoda dónde puede, como una planta testaruda creciendo en la grieta de un muro ajeno. Quizás la patria no está hecha de tierra ni de banderas, sino de hábitos que nos siguen aun cuando cruzamos fronteras: la forma de servir el café, el modo en que uno abre las ventanas para que, entre la mañana, el impulso de decir ciertas palabras que aquí ya no significan nada pero que mantienen viva una parte de uno mismo.

Tal vez la patria sea ese gesto pequeño que repites sin darte cuenta, ese olor que reconoces en un lugar donde nunca has estado, ese ritual diario que te recuerda que existías antes del exilio. Puede ser la manera de caminar, el acento que se resiste a morir, o esa risa que te sale igual que a tu madre, aunque estés a miles de kilómetros de su cocina.

La patria, pienso a veces, es una costumbre que viaja contigo como un objeto secreto guardado en el bolsillo interno de la chaqueta. Una costumbre que se defiende sola, que se reconstruye en los detalles: en el modo de fregar los platos, en el nombre que le das a las cosas, en la cadencia con la que cuentas tus historias. Y aun cuando la conviertes, sin querer, en algo nuevo — porque el exilio también transforma— hay un hilo invisible que conecta lo que fuiste con lo que eres, un hilo que no se rompe, aunque lo tenses, aunque lo arrastres por aeropuertos, entrevistas y noches de miedo.

Quizás, después de todo, la patria no estaba en el país que dejaste, sino en tu manera de seguir viva. En tu obstinación de rearmarte. En esa mezcla extraña de nostalgia y valentía que te acompaña cada vez que dices "aquí estoy", aunque no sepas cuánto tiempo podrás quedarte.

Y si la patria es una costumbre, entonces no te la pueden quitar.

La llevas en la voz, en los hombros, en la risa.

Y cada día la adaptas un poco, para que quepa en la vida nueva que estás intentando construir.

Y entonces escribo, en mi cuaderno gastado, una frase que resume mi vida hasta ahora:

"Sobrevivir es un arte. Reír mientras lo haces, una revolución."

Esa noche sueño con Caracas, pero sin miedo.

Las calles son las mismas, pero limpias.

Las paredes no gritan consignas, sino canciones.

Mi madre camina de mi brazo, y Mike nos sigue, con un pasaporte dorado colgando del cuello.

Cuando despierto, sonrío.

No sé si fue un sueño o una promesa, pero de alguna manera, me basta.

Porque mientras tenga a Mike, una tijera y un poco de risa, sé que seguiré sobreviviendo.

Capítulo 9: El Sueño Americano Huele a Desinfectante

Hay mañanas en que despierto y tardo unos segundos en recordar dónde estoy. No es amnesia, es cansancio. El cansancio de quienes viven entre turnos, esperanzas y trámites pendientes. Abro los ojos, huelo el desinfectante de mis manos y sé que otro día acaba de empezar. A veces creo que el "sueño americano" no tiene olor a libertad ni a dólares: huele a cloro, alcohol y guantes de látex. Huele a pasillos fríos que nunca duermen, a pacientes que respiran por segundos prestados y a conversaciones que se quedan flotando entre la camilla y la ventana. Huele a vidas detenidas en pausa, como la mía.

Me siento en la orilla de la cama y dejo que mis pies toquen el suelo con la misma cautela con la que una enfermera acomoda una venda recién puesta. El silencio del cuarto es breve, apenas un par de respiraciones tranquilas antes de que la memoria me recuerde mi lista de pendientes: renovaciones, citas, formularios que parecen multiplicarse cuando uno no los mira. A veces pienso que este país debería dar cursos de navegación emocional, porque uno pasa más tiempo intentando no hundirse que avanzando. Sin embargo, me levanto igual, como si hubiera una cuerda invisible que me hala del pecho y me obliga a seguir.

Camino hacia el baño y en el espejo reconozco a alguien que no sabía que iba a ser. Una versión mía más seria, más resistente, menos romántica. Una versión que aprendió a dividir el día en pequeñas victorias: llegar a tiempo, respirar profundo, no llorar en el turno, no temblar al firmar un papel. Me lavo la cara y la mezcla de agua fría y desinfectante me despierta más que el café. Hay un cansancio imposible de maquillar, pero también un fuego pequeño que se niega a apagarse, una terquedad que me mantiene aquí incluso cuando me gustaría estar en cualquier otro lugar.

Me levanto despacio, como si cada articulación fuera una pequeña frontera que debo cruzar con permiso. Camino hacia la cocina y escucho a Mike saltar desde el sofá con la autoridad de quien no paga renta, pero gobierna. Él no entiende de TPS, ni de shifts dobles, ni de formularios que parecen acertijos. Solo entiende que, si estoy de pie, entonces es hora de comer. A veces pienso que su estabilidad emocional es lo único verdaderamente estadounidense en esta casa.

Mientras preparo café, recuerdo que en mi país el olor de la mañana era otro: gasolina, pan caliente, radio vieja. Aquí, en cambio, la mezcla es más silenciosa, más distante, como si incluso los olores pidieran papeles antes de quedarse. Y, sin embargo, sigo aquí, aferrado a esta rutina que me sostiene lo suficiente para no caer. Porque, aunque este país no me abrace del todo, me sostiene con la firmeza del que no quiere, pero tampoco suelta.

Y en ese choque entre la vida prestada y la vida que quiero construir, respiro hondo. Me digo que un día —no sé cuándo— este lugar dejará de sentirse ajeno. Tal vez cuando el uniforme ya no me pese tanto, cuando el turno de noche no me rompa los huesos, cuando el futuro deje de escribirse con lápiz. Quizá todo empiece con un pequeño gesto, algo simple: tomar el café sin prisa y dejar que el día llegue con su propio ritmo, sin miedo a lo que traiga.

Trabajo en un hospital del sur de la Florida. No es el mejor ni el peor. Es uno de esos lugares donde el dolor tiene horario y el silencio cuesta extra. Mi jornada empieza a las seis de la mañana, con un café más fuerte que la nostalgia. A esa hora los pasillos huelen a mezcla de lejía y esperanza: los pacientes duermen, los enfermeros bostezamos, los doctores revisan tablets como si fueran oráculos. Yo saludo a todos. A veces me responden. A veces no. En este país, la cortesía también tiene turno.

Mientras reviso las habitaciones, repito mentalmente lo que me digo cada mañana: "No importa lo que pase, hoy nadie morirá en mis manos." No siempre se cumple, pero me mantiene de pie. Ser enfermero en Estados Unidos es como ser traductor de la fragilidad humana. El idioma del dolor es universal, pero el acento cambia. Hay pacientes que gritan, otros que rezan, otros que solo miran con los ojos vacíos de los que ya se rindieron. Yo los escucho a todos, aunque no siempre entienda las palabras. En eso, me parezco a Mike.

A veces pienso que cuidar enfermos me salvó del exilio. Porque mientras limpio heridas ajenas, siento que de alguna manera también curo las mías. No todas cierran, pero al menos ya no supuran culpa. Mis compañeros me llaman "Ale", porque pronunciar "Alejandro" les toma demasiado tiempo. Algunos saben que soy venezolano. Otros creen que soy mexicano, o colombiano, o "algo latino, pero amable". A veces me preguntan cómo llegué aquí. Depende del día, invento una versión distinta: "Vine de vacaciones." "Me trajeron los extraterrestres." "Seguí al gato." Todos ríen. Nadie pregunta más. El humor, en este país, es el mejor visado.

Una noche, en la sala de emergencias, llegó un paciente inconsciente. Había sufrido un infarto en plena construcción. Tenía el pecho cubierto de polvo y una cadena con la bandera de Venezuela. Mientras le colocábamos oxígeno, una enfermera estadounidense preguntó:

—What's his name?

Miré su cédula desgastada.

—Se llama Jorge.

—Last name?

—Zambrano.

Ella lo anotó sin emoción. Yo, en cambio, sentí un nudo en la garganta. Ese hombre era yo. Era Nelson. Era cualquiera. Cuando logramos estabilizarlo, me quedé mirándolo. Su respiración era débil, pero constante. Y pensé: los venezolanos somos así; seguimos respirando, aunque el aire esté en huelga.

Me quedé junto a su camilla más de lo necesario, como si velar a un desconocido fuera una forma de velarme a mí mismo. En su pecho, bajo las vendas, imaginé todas las historias que traía encima: las madrugadas trabajando sin papeles, los miedos que no se dicen, las llamadas a la familia hechas desde el baño para que no escuchen el cansancio. Pensé en mi madre y en cómo siempre me decía que el corazón es terco, que late incluso cuando la vida se pone del revés. Miré a Zambrano y me vi a mí mismo dentro de veinte años, todavía cargando cajas, todavía persiguiendo un estatus migratorio que siempre parece escaparse. Los monitores pitaban lento, como un recordatorio de que la vida aquí avanza por segundos, no por planes. Y entendí algo que me golpeó sin permiso: en este país, los inmigrantes no tenemos biografía, tenemos historial médico. Lo demás se va escribiendo a escondidas, entre turno y turno, mientras el cuerpo aguanta.

A veces me sorprendo hablando con los pacientes mientras los cambio o los baño.

—Tranquilo, compa, esto también va a pasar.

—No se preocupe, señora, las heridas duelen más cuando se curan.

—Mire el lado bueno: está vivo. En mi país, eso ya es lujo.

Algunos me miran con ternura. Otros ni me oyen. Pero decirlo me ayuda a mí. Es mi terapia disfrazada de empatía.

Nelson también trabaja en el hospital, en mantenimiento. Cada vez que lo veo pasar con su carrito lleno de trapeadores, nos saludamos con una seña cómplice. Dos exiliados uniformados en la maquinaria del sueño americano. Él siempre lleva un audífono puesto, escuchando gaitas, como si eso mantuviera abierta una ventana al pasado.

—Hermano —me dice—, ¿te has dado cuenta de que aquí uno limpia con más esperanza que allá?

—Sí —respondo—, pero igual queda la mancha.

Hay días en que el cuerpo no da más. Llego a casa con las manos resecas, la espalda rota y el alma doblada en cuatro. Mike me recibe en la puerta con su habitual desprecio aristocrático. Le sirvo su comida y él come sin mirarme, como un jefe satisfecho con su empleado. Después se sienta sobre mis papeles del TPS, como recordándome quién tiene los papeles y quién no.

Yo le digo:

—Tú sí que eres el verdadero americano, Mike.

Él bosteza.

Yo abro una cerveza y brindo con el silencio.

Los domingos son mi día libre. Voy al parque con Nelson y su esposa, a veces con otros amigos. Llevamos sillas plegables, música y empanadas que saben más a resistencia que a harina. Nos sentamos a hablar de todo y de nada. De política, de fútbol, de visas. A veces alguien pregunta:

—¿Ustedes volverían?

Y siempre hay silencio.

Volver, ¿a qué?

Al país que no nos quiere o al que ya no existe.

Al final, alguien rompe el hielo con una broma:

—Yo volvería solo si me garantizan luz y Wi-Fi.

Y todos reímos.

Porque el humor es la única patria que todavía no nos quitaron.

En el hospital hay una enfermera filipina, María, que siempre me lleva comida casera. Un día me dijo:

—Ale, tú trabajas mucho, pero hablas poco.

—Es que, si hablo, se me sale la patria —le respondí.

Ella me miró con dulzura.

—No la escondas. Aquí todos venimos de algún naufragio.

Desde entonces, a veces almorzamos juntos. Ella me enseña palabras en tagalo, y yo le enseño malas palabras venezolanas. Nos reímos. Entre dos exiliados no hace falta traducción: el desarraigo suena igual en todos los idiomas.

Una noche, mientras limpiaba una herida de un paciente anciano, él me preguntó:

—¿De dónde eres, hijo?

—De Venezuela.

—Ah… otro país que duele.

—¿Y el suyo?

—Puerto Rico.

Asintió, sonrió con nostalgia y dijo:

—Mira, muchacho, uno nunca se cura del lugar donde nació.

—Entonces somos pacientes crónicos —respondí.

Esa frase me quedó dando vueltas. Es cierta: uno no se cura. Solo aprende a vivir con los síntomas. El acento que se resiste, el miedo al correo oficial, la tristeza sin motivo, la alegría que llega en cuotas. Todo eso es parte del diagnóstico del inmigrante. Y, sin embargo, seguimos. Seguimos trabajando, soñando, riendo. Porque la risa, en este país, es la única medicina sin copago.

A veces me descubro mirando los pasillos del hospital y pensando en Venezuela. En cómo todo allá olía distinto: a gasolina, a sudor, a mango, a protesta. Aquí todo huele a cloro y aire acondicionado. Y me pregunto cuál de los dos olores es más sincero. Quizá el sueño americano huele a desinfectante porque promete limpieza, pero no redención. Puedes borrar la suciedad del cuerpo, pero no del alma. Yo lo sé. Limpio heridas todos los días, pero hay una que nunca se cierra del todo: la de no pertenecer a ninguna parte.

A veces camino por esos pasillos blancos, tan impecables que parecen dibujados, y siento que mi vida también quedó escrita con marcador borrable. Todo lo que soy entra y sale como los turnos: una identidad que se coloca y se quita según el uniforme. Me pregunto si en algún momento recuperaré ese olor a tierra mojada, a mango verde recién cortado, a calle viva que tiene música incluso cuando está callada. Aquí el silencio es tan perfecto que asusta, como si cualquier ruido fuera una infracción. Y, aun así, cada tanto, me sorprendo buscando un rastro de mi país en el eco del carrito de medicinas, en el acento quebrado de un paciente, en un grito lejano que no sé si es real o memoria.

En esos momentos me detengo, cierro los ojos un segundo y dejo que el olor a cloro haga lo que pueda. Me digo que tal vez pertenecer no es un sitio, sino un modo de mirar. Que quizá algún día, sin darme cuenta, este hospital dejará de sentirse escenario prestado y se volverá parte de mi historia. O quizá no, y eso también está bien. Porque hay heridas que no cierran, pero aprenden a no doler tan fuerte. Porque uno puede vivir entre dos países sin ser completamente de ninguno, pero seguir respirando. Y a veces, respirar ya es pertenecer un poquito.

En mis ratos libres, me siento frente al televisor con Mike en las piernas. Él se acomoda como si entendiera la gravedad de cada noticia, aunque yo sé que solo busca el calor que le falta en este país donde hasta los gatos parecen tener responsabilidades. Vemos las noticias. Inmigración. Política. Crisis. Deportaciones silenciosas. Discursos que prometen soluciones que nunca llegan. Todo suena familiar, pero en inglés; como si fuera una versión doblada de una historia que ya viví en otro idioma, con otros nombres y el mismo argumento.

A veces subo un poco el volumen, no para escuchar mejor, sino para intentar convencerme de que esta narrativa sí me incluye, que no soy solo una espectadora accidental. Pero cada titular se siente como una advertencia disfrazada de reportaje, un recordatorio de que mi nombre podría convertirse en número si alguien lo decide. Mike, en cambio, ronronea, ajeno a la burocracia, como si su sonido fuera un contraataque suave a todo lo que se escucha en la pantalla. Yo le acaricio la cabeza y pienso que él es el único ser en esta casa que no teme ser deportado, el único que no carga con la angustia de tener los papeles correctos.

Mientras escucho a los presentadores hablar de "crisis humanitaria" con la misma entonación que usan para dar el pronóstico del clima, siento que mi estómago se encoge. No saben cómo se siente tener una vida entera guardada en sobres manila, en fotocopias, en sellos de tinta que a veces definen más que tus propios sueños. Desde el sofá todo parece más sencillo, más liviano, pero yo conozco el peso real. Es el peso de caminar con cuidado, de hablar bajito, de evitar cualquier error que pueda interpretarse como falta, de no enfermarse, de no fallar, de no sobresalir demasiado para no llamar la atención, pero tampoco desaparecer porque aquí nadie salva a los invisibles.

A veces cambio el canal, como si eso pudiera cambiar también el país. Pero en todos encuentro la misma historia contada con palabras distintas, y en todas, de algún modo, termino viéndome a mí misma en segundo plano, como un personaje que no sale en cámara, pero sostiene la escena. Mike me mira con esos ojos enormes que parecen contener un pequeño universo de calma. Se estira, presiona su cabeza contra mi abdomen y, sin saberlo, me recuerda que todavía tengo cuerpo, que todavía estoy aquí, que no soy solo un trámite más en una bandeja de entrada de algún funcionario que nunca conoceré.

Y entonces bajo el volumen y me quedo mirando la pantalla sin escucharla. Mike suspira, yo también. Nos quedamos así un rato, como si los dos estuviéramos cuidándonos mutuamente del país y de sus noticias. A veces pienso que este pequeño ritual es lo más parecido a un hogar que tengo por ahora: un sofá tibio, un gato que no juzga, y la posibilidad de apagar el mundo con un control remoto, aunque sea por unos minutos.

Mientras las voces hablan rápido, llenando la pantalla de gráficos y opiniones, pienso que el exilio no se supera, se administra. No se cura, no se olvida, no se guarda en un cajón como una etapa cerrada: se lleva encima todos los días, igual que un dolor viejo que aprendió a convivir contigo. A veces late suave, como una punzada que apenas molesta; otras, te corta la respiración cuando menos lo esperas, como si quisiera recordarte que no importa cuánto te adaptes, todavía hay una parte de ti que sigue allá, detenida en un tiempo que no avanza.

El exilio es como una enfermedad crónica: puedes controlarla, pero no eliminarla. Hay días en que te sientes estable, funcional, casi optimista; y otros en los que una palabra, un olor, una imagen en las noticias, te desata la fiebre de la nostalgia. Es una condición que uno aprende a manejar con remedios improvisados: café fuerte, llamadas a deshoras, películas que te hacen sentir cerca de lo que ya no está, recetas que solo saben bien cuando estás triste.

O, a veces, el exilio es una nostalgia rentable: un recuerdo que duele, pero del que puedes hacer algo — un cuento, una risa, una reflexión, una manera de entender el mundo que otros no tienen. La nostalgia te cobra caro, pero también te da una mirada distinta, una especie de lucidez amarga que te permite ver la vida desde arriba, como si ya hubieras vivido dos veces.

Con Mike dormido en mis piernas, ronroneando como si su propio exilio estuviera resuelto desde que obtuvo sus famosos "papeles", pienso que quizás esta es mi forma de administrarlo: sentarme frente al televisor, escuchar el mundo desde lejos y recordar que, aunque el exilio no se supere, al menos puede aprender a respirarse.

Si quieres, puedo enlazar este párrafo al siguiente capítulo, darle un cierre más contundente o expandir la metáfora del exilio como enfermedad y como negocio emocional.

Cierro los ojos, respiro y me repito una frase que se volvió mi himno personal:

"Yo no vine a cumplir el sueño americano. Vine a despertar del mío."

Esa noche, antes de dormir, Mike se acuesta a mi lado. Yo lo acaricio y le digo:

—¿Sabes, Mike? Si el sueño americano huele a desinfectante, al menos tú hueles a hogar.

Él ronronea.

Y en su ronroneo hay algo que me recuerda a los cacerolazos de mi infancia, pero sin miedo.

Quizás porque el ruido, cuando no asusta, también puede ser una forma de amor.

Cierro los ojos y pienso que, tal vez, sobrevivir aquí no sea tan distinto a curar heridas: primero duele, luego sana, y al final deja una cicatriz que uno aprende a llamar destino.

Capítulo 10: El Regreso que Nunca Llegó

Volver.

A veces me repito la palabra como un conjuro, como si bastara pronunciarla para que se abriera una puerta en el aire. Pero el regreso —aprendí tarde— no es una geografía, es una ilusión. Uno nunca vuelve al mismo sitio, porque ni el sitio ni uno mismo son los mismos. Con el tiempo entendí que volver no es mover el cuerpo, sino mover la memoria, y que la memoria es caprichosa: conserva lo que duele bonito y borra lo que dolió feo. Por eso, cuando intento volver en mi cabeza, siempre me recibe una versión editada del país, una donde las calles están intactas, los amigos siguen ahí y la tristeza no ha puesto bandera.

A veces me descubro imaginando ese regreso imposible mientras miro un mapa que ya no se parece a nada que haya tocado. Las esquinas cambiaron de dueño, los vecinos cambiaron de risa, las fachadas cambiaron de color, y yo cambié de piel sin darme cuenta. Entonces entiendo que esa entrada secreta que busco —esa puerta que debería abrirse cuando digo "volver"— no da a mi infancia ni a mi barrio, sino a una especie de sombra emocional que carga el nombre de mi país, pero no su forma. Y aunque duele, también libera aceptar que no se puede habitar un recuerdo como se habita una casa.

Quizá por eso cada vez que pienso en regresar, termino aterrizando en otro lado: en una conversación, en un olor, en una canción que me encuentra mientras hago cualquier cosa. Regreso cuando escucho un acento en la fila del supermercado, cuando veo a alguien cargar una bolsa de pan como si cargara un tesoro, cuando un paciente pronuncia "gracias" con esa entonación que tiene nostalgia adentro. Regreso en fragmentos, como si mi país fuera un rompecabezas distribuido por el mundo y yo recogiera piezas sueltas. Y en esos momentos, me doy cuenta de algo que ya debería saber: que tal vez no hace falta volver a un sitio para volver a uno mismo.

Hay días en que abro el mapa de Venezuela como quien abre una herida vieja. Miro las calles por Google Earth, agrando la imagen hasta reconocer los árboles que ya no existen, los tejados descoloridos, las esquinas donde alguna vez reí. Mi vieja estética está ahí, o eso creo. El cartel cambió. Ahora dice "Patria y Revolución" en letras rojas. Yo, que una vez creí en la belleza como forma de resistencia, terminé siendo reemplazado por un eslogan. Cierro la computadora y me quedo un rato mirando el techo, con esa tristeza que ya no duele, pero pesa.

Cuando hablo con mi madre, me dice que no vuelva. Su voz llega desde un teléfono que suena como si viniera del fondo del mar.

—Aquí no hay nada, hijo —me dice—. Ni luz, ni agua, ni promesas.

Y luego añade, como quien trata de endulzar el desastre:

—Pero el mango del patio sigue dando frutos, ¿sabes?

La patria, resumida en un árbol que se resiste.

A veces sueño con regresar. En el sueño todo es perfecto: las calles limpias, los vecinos riendo, mi madre esperándome con café recién colado. Es un país que ya no existe, pero que mi mente insiste en reconstruir como si tuviera un arquitecto interno restaurando ruinas con cariño. Camino por esas calles inventadas y siento que cada paso me devuelve algo que creí perdido: la ligereza, la pertenencia, esa sensación de que uno tiene un lugar en el mundo sin tener que demostrarlo. En esos primeros minutos del sueño todo encaja, todo brilla, todo respira.

Pero en algún punto —siempre— aparece un detalle que rompe la ilusión: una pancarta del gobierno colgando como advertencia, un apagón que oscurece la mitad del barrio, una patrulla estacionada donde no debería estar. Son pequeñas grietas que empiezan a filtrarse en la perfección, como si la memoria misma tuviera un supervisor recordándome que el país que extraño no es el país que existe. El sueño se vuelve torpe, desobediente, y lo que era hogar se convierte en un escenario donde los fantasmas del pasado reclaman presencia.

Y entonces, incluso dormido, entiendo que ni en los sueños se puede regresar del todo. Que la mente también tiene fronteras, y que hay lugares que se visitan solo en forma de eco. Me despierto con el corazón acelerado, como si hubiera corrido una maratón emocional. Una parte de mí agradece haberlo visto, aunque fuera falso; otra parte respira aliviada al recordar que ya no vivo allí. Y en esa mezcla rara de nostalgia y lucidez, acepto que regresar, a veces, es solo una manera elegante de decir que extraño lo que ya no puede volver.

En esos sueños, antes de que algo se quiebre, siempre hay un instante que me engaña: un segundo donde creo que el país sigue siendo el mismo lugar donde aprendí a correr descalzo, a reír sin miedo y a inventar futuro sin pedir permiso. En ese instante, me veo entrando a la estética antigua, oliendo la mezcla de tintes y café, escuchando a mis clientas discutir de política como si la libertad fuera un chisme más. Siento el sol que no quema, sino que abraza. Mi madre me toca la cara y me dice que ya pasó todo, que ya no hay que esconderse, que ya no hay listas negras ni citas obligatorias. Y yo le creo, con esa ingenuidad que solo se permite en los sueños. Quiero quedarme allí, congelado, respirando un país que nunca existió así. Pero el sueño siempre dura poco. Lo perfecto siempre es lo primero que se desmorona.

Despierto con el corazón acelerado, y Mike, mi gato, me mira desde la almohada con cara de filósofo. Parece decirme:

—No insistas, humano. Los gatos tampoco regresamos a los lugares donde ya no nos quieren.

El exilio es un país que se habita con la memoria. Uno aprende a no pertenecer del todo, pero también a no perderse. A reinventarse en el idioma de los otros, a coleccionar pequeños refugios: un olor, una canción, un chiste que nadie más entiende. Yo ya no busco volver. Busco recordar sin doler, que es otra forma de regreso.

Por las noches, cuando cierro el local, apago las luces y dejo a Mike dormir sobre el mostrador. Él se acomoda con la dignidad tranquila de quien ya decidió que ese es su reino nocturno, y yo le dejo el espacio porque, en este país, hasta los gatos necesitan sentir que pertenecen a algún lugar. Afuera, la calle de Miami huele a café, a gasolina y a promesas rotas. Es un aroma extraño, como si la ciudad respirara agotada pero decidida, igual que todos nosotros. Ese olor mezcla el cansancio de quienes trabajan demasiado con la ilusión persistente de quienes se niegan a renunciar, y crea una especie de niebla emocional que uno aprende a reconocer incluso con los ojos cerrados.

A veces pienso que todos los exiliados vivimos esperando una noticia que nunca llega, como si el futuro estuviera pendiente de un correo que se perdió en tránsito. Caminamos con esa mezcla de esperanza y resignación, como quien equilibra un vaso lleno hasta el borde sin querer derramarlo. Miramos el teléfono demasiado: lo revisamos al despertar, al comer, al cruzar la calle, como si cada notificación pudiera contener la llave de algo que llevamos años esperando. Creemos que tal vez mañana será el día en que algo cambie, aunque no sepamos exactamente qué sería ese "algo": una respuesta, una aprobación, un milagro administrativo, un mensaje de una persona que dejamos atrás o una señal mínima de que la vida, de alguna manera, está empezando a mejorar.

En esas caminatas nocturnas hacia mi casa, siento que todos los que vivimos en este limbo avanzamos igual: con el paso ligero del que teme ser visto, pero con la terquedad del que no piensa detenerse. Somos una comunidad dispersa que se reconoce por el modo en que mira el horizonte, siempre un poco más lejos que los demás, como si allí —en esa línea fina donde empieza el mañana— pudiera aparecer por fin el correo extraviado que nos cambiaría la vida.

Y mientras camino, escucho el murmullo de la ciudad mezclarse con mis pensamientos, y me digo que tal vez ese "mañana" que esperamos no sea una fecha, sino un estado del alma. Una persistencia silenciosa. Una promesa terca. Un latido que repite: sigue caminando, por si acaso la suerte te encuentra en movimiento.

Pero luego escucho a Nelson riendo en el fondo del local, con esa risa suya que siempre llega antes que él.

Escucho a un cliente contando su historia, mezclando español, inglés y heridas, como si cada palabra fuera un ladrillo para reconstruirse. Y escucho a Mike ronroneando como si nada estuviera mal, dueño absoluto del presente, indiferente a papeles, fronteras y trámites. En esos sonidos mínimos, cotidianos, siento un territorio que se arma sin mapas, un hogar que no se anuncia, pero se instala.

Y entonces me digo que tal vez el regreso no está allá, sino aquí, en lo que seguimos cuidando. No es un país, es una insistencia: el café compartido, la tijera afilada, la broma que salva, la foto que guarda memoria, el gato que duerme sin miedo. Quizás el regreso no sea un lugar al que se vuelve, sino un vínculo que se sostiene. Y en esas noches tibias, mientras guardo las herramientas y cierro la puerta, entiendo que pertenecer no es llegar, sino quedarse vivo en lo pequeño.

Capítulo 11: Noticias de un País que Resiste

Los domingos son una superstición.

No porque traigan suerte, sino porque uno se aferra a lo repetible cuando todo lo demás se mueve.

El mío empieza igual: prendo la cafetera, froto entre los dedos el sobre del azúcar como si fuera un talismán y pongo el celular en modo avión durante un minuto. Es un pacto breve de silencio con el universo. Luego levanto la prohibición y dejo que entren, como una marea, las noticias de Venezuela.

Los titulares llegan mezclados con el ruido de la cafetera: Protestas en Maracaibo, Apagón en Mérida, Detenciones en Barquisimeto, Festival de cine en Caracas. El país insiste en la contradicción: tragedia con festival, dolor con desfile. Me acomodo en la silla, doy un sorbo al café y escucho el primer audio de WhatsApp.

—Ale, hermano… hoy amanecimos sin agua otra vez. Pero no te preocupes, ya improvisamos: calentamos lluvia. —se ríe mi primo, en una risa que aprendió a reír sola— Por cierto, tu mamá dice que no te angusties. El mango del patio está botando como loco.

Cierro los ojos. Puedo oler la savia del mango, el barro húmedo, el gas de bombona que deja su sabor metálico en la comida. Puedo escuchar a mi madre barriendo el porche, aunque la escoba sea ahora un recuerdo. La memoria, cuando quiere, cocina mejor que cualquiera.

Mike salta a la mesa con su precisión olímpica. La placa amarilla de su collar da dos campanadas suaves contra el vidrio. Lo acaricio por el lomo; él mira el celular como si pudiera leer. Si supiera, haría zapping patriótico.

Abro Instagram. Un video en vivo: estudiantes corriendo por una avenida, humo, consignas que conozco de memoria. En los comentarios, tres insultos, dos "¡Fuerza!" y un "¿Dónde consigo harina PAN?". La política venezolana cabe completa en ese feed: rabia, esperanza, logística.

En la barbería, los domingos abrimos medio día. Llega el primer cliente —José Luis, chofer de camión, recién llegado— con ojos de maleta. Su cabello trae todavía el polvo del viaje.

—¿Cómo lo quieres? —pregunto.

—Como si empezara de cero —dice, y baja la mirada.

Eso es lo más parecido a una oración que he escuchado en semanas. Le mojo el pelo con un spray que huele a eucalipto y pasado. Empiezo a cortar. El espejo me devuelve la escena como si fuera cine independiente: dos hombres, un gato sobre el mostrador, un país temblando dentro de la cabeza.

—¿Supiste lo de Barquisimeto? —pregunta José Luis.

—Vi el video.

—Mi hermano estaba ahí.

—¿Está bien?

—Dice que sí. Pero la voz se le quebró.

Cortamos en silencio. Hay silencios que piden tijeras: se abren, se aligeran, caen al piso como mechones y ya no pesan tanto. Al final, le muestro el espejo por detrás. Asiente.

—Gracias. Me veo… decente.

—Te ves posible —le corrijo.

Paga con billetes doblados y deja cinco dólares debajo de la taza de café. Antes de irse, acaricia a Mike como si tocara madera.

A veces pienso que los domingos son una radiografía emocional: muestran lo que duele sin necesidad de palabras. Son como una lámpara encendida sobre el alma, revelando sombras que entre semana logramos esconder entre la prisa, las facturas y la rutina. El domingo no perdona; expone. Te detiene, te sienta y te obliga a mirarte un poco más hondo de lo que quisieras.

Mientras limpio los restos de cabello del piso, siento que cada mechón tiene un país pegado, una historia que cruzó fronteras, un miedo que aún no encuentra dónde quedarse quieto. Barro despacio, como si temiera borrar

266

algo importante, como si cada hebra fuera una prueba de que aquí, en este salón pequeño, ocurre un tipo extraño de sanación. A veces me pregunto cuántos de los que entran al local están huyendo y cuántos están regresando a sí mismos, aunque sea un poquito. Porque venir a cortarse el pelo no siempre es vanidad: a veces es un acto de valentía. A veces es la única forma que alguien tiene de decir "aquí estoy", aunque la voz no le salga.

El domingo es refugio y diagnóstico, un espacio donde la vida respira sin permiso. Afuera el tráfico suena distinto, más suave, como si también descansara, como si la ciudad se quitara los zapatos para caminar descalza por un rato. Y adentro, el aroma a café se mezcla con la nostalgia sin convertirla en tristeza, como si hubiera encontrado la fórmula exacta para acompañar sin herir.

Pienso que quizá lo único sagrado que nos queda es este pequeño ritual de seguir, de inventar normalidad, de sostener lo frágil con las manos. Este ritual silencioso de abrir la puerta del local, de poner música bajita, de preparar el espacio para que otros encuentren un respiro en medio del caos. A veces, sobrevivir también es eso: cortar el pelo a alguien que solo quiere volver a reconocerse en el espejo. Ayudar a que alguien se mire sin miedo, aunque sea por unos minutos. Recordarle, con un gesto simple, que todavía existe un pedazo de sí mismo que vale la pena cuidar.

Y pienso que, tal vez, esa es la magia secreta de los domingos: el permiso para no correr, para sentir sin esconder, para reconstruirse sin prisa. En ese instante, mientras la escoba avanza y el silencio se acomoda en el local, entiendo que sobrevivir no es solo aguantar. Es insistir. Es crear belleza donde el mundo quiere poner cansancio. Es sostener lo que tiembla hasta que deja de temblar.

Y ahí, en ese gesto mínimo, en esa hebra de cabello que cae y en ese espejo que devuelve una versión más firme de alguien, se revela la verdad más simple: a veces la resistencia se parece mucho a un corte de domingo.

A media mañana llega Madison, la fotógrafa. Trae su cámara colgada y un pan dulce.

—I brought you something sweet. For the bitter news, dice.

—Eres milagro con documentación —le respondo.

Dispara dos fotos: una del letrero "Se habla inglés con acento y español con orgullo", otra de Mike mirando la calle como un pequeño ministro del interior. Me enseña la pantalla: en la foto, la luz cae sobre el collar azul de Mike y rebota en su placa amarilla. Parece una medalla.

—Quiero hacer una serie —dice— "Barber Shop of Exile". Historias de gente que se reconstruye.

—Tráeme un contrato donde yo cobro en croquetas —contesto—. Mike exige regalías.

Madison se ríe. Enciende la grabadora.

—Dime una noticia buena de Venezuela —pide.

Tardo unos segundos. Es un examen sin bibliografía.

—Mi mamá dice que el mango del patio no falla —respondo.

—That's beautiful.

—Y la gente todavía canta en las colas —añado—. Ese país se inventó para seguir cantando en la fila equivocada.

Madison anota, como si fuera una científica de lo invisible.

A mediodía, la barbería ya es tertulia. Nelson prepara café en un colador que parece reliquia familiar. Dos clientes discuten de política con emoción de final de béisbol.

—El problema es la impunidad.

—No. El problema es la costumbre.

Yo peino el presente. Afuera pasa una patrulla que no vigila nada y un camión de helados que toca una melodía que conocí en Caracas. Hay emigraciones que te alcanzan por la música.

Entre corte y corte, organizo con Nelson el "Domingo solidario": una cajita para enviar medicinas y útiles a una escuela en los Valles del Tuy. Las clientas donan gasas, cuadernos, lápices. Un señor deja treinta dólares con una nota: "Para el recreo que nos robaron".

En un rincón, un televisor pequeño transmite un noticiero latino. Aparece un reportaje sobre "la diáspora venezolana". Drones sobre una ciudad de techos de zinc, una madre que hace arepas sin harina y un experto que habla de "resiliencia". Apago. La resiliencia, repetida demasiadas veces, suena a resignación con traje.

—Hermano —dice Nelson—, ¿y si hacemos un open mic de noticias buenas los domingos?

—¿Noticias buenas?

—Sí. Lo que la gente encuentra aquí: trabajo, un cuarto, un abrazo.

—Me gusta —respondo—. Le ponemos nombre.

—¿Cuál?

—"El noticiero que no sale en la tele."

Tomamos café como quien firma un decreto.

A la tarde me llama mi madre. Su voz raspa, pero canta.

—Hijo, hoy hubo corte de luz… pero te tengo noticia: ¡el mango dio tres canastas!

—Eso es un golpe de Estado contra el hambre, mamá.

—Y tu tía consiguió antibióticos. Los trajo una vecina de Medellín.

—Salud por la vecina.

Hablamos de lo chico. De lo que sostiene. Me pide que le mande una foto de Mike. Se la mando: está con un lazo tricolor (regalo de Madison), sentado como estatua de plaza. Mi madre ríe.

—Ese gato sí nació con estrella —dice.

—Y yo con trámite —le respondo.

Antes de cerrar, Madison regresa con una impresión de la foto: Mike en primer plano, el lema del local desenfocado detrás y mi mano sosteniendo una tijera como si fuera un bolígrafo. Abajo, en lápiz: News you can touch. Noticias que se pueden tocar.

Pego la foto en la pared con cinta transparente. Se convierte, sin votación, en nuestro escudo. Desde mañana, cada domingo tendrá su noticiero de cosas pequeñas: una cama encontrada, una entrevista que salió bien, una llamada que llegó a tiempo, una arepa que no se rompió.

Mientras guardo las tijeras, pienso: Venezuela resiste dentro de lo pequeño, como un músculo que no se cansa de volver a contraerse. La patria es eso: una insistencia microscópica. Y, de pronto, ya no me parece cursi decirlo.

Mike salta al mostrador, empuja la taza vacía, me mira como quien evalúa mi trabajo. Le rasco la barbilla.

—Dame una buena noticia, ciudadano —le digo.

Ronronea. Y por primera vez en el día, siento que no es el país el que respira: soy yo.

Capítulo 12: Manual para Seguir Vivo

La vida en el exilio es un oficio. Se aprende con golpes, se perfecciona con risas, se ejerce todos los días. Este capítulo no es un manual: es un diario de guardia. Voy por escenas, porque así sobreviven las cosas. Porque en el exilio nada se cuenta de corrido: todo ocurre en fotogramas que se sostienen unos a otros, como si la memoria necesitara respiraciones cortas para no desbordarse. Cada día trae su propio turno emocional: uno de nostalgia, otro de esperanza, otro de burocracia, otro de risa que llega cuando nadie la invitó. Y así, entre turnos yuxtapuestos, uno termina dominando el arte de existir a medias sin dejar de estar entero.

Cada escena es una especie de informe vital: un paciente que recuerda a Caracas, un formulario que te recuerda que no perteneces, un café que sabe distinto dependiendo del ánimo que tengas, un silencio que a veces pesa y otras acaricia. Cada día trae una colección nueva de pequeñas señales que, sin darte cuenta, se convierten en un mapa emocional de tu supervivencia.

Me descubrí llevando una bitácora invisible, hecha de gestos, olores y conversaciones sueltas, como si necesitara registrar cada fragmento de humanidad para no extraviarme del todo.

Un hombre que llora sin sonido, con la mirada clavada en el suelo, como si temiera que levantar la vista pudiera romper lo poco que aún sostiene. Una mujer que ríe para no romperse, que suelta carcajadas demasiado fuertes para ocultar una tristeza demasiado vieja. Un niño que pronuncia mi nombre como puede, torciéndolo, reinventándolo, y me recuerda que aquí sigo siendo "el nuevo", incluso cuando ya aprendí a caminar estas calles sin mirar el GPS. Cada uno de ellos aporta una línea a esa bitácora silenciosa, un recordatorio de que el exilio se vive en pequeñas grietas, no en grandes declaraciones.

De pronto, me encuentro acumulando imágenes que no fotografié, pero que se quedaron adheridas a mí como si fueran tatuajes sensoriales: el olor a lluvia antes de las cinco, la luz del mediodía entrando por la ventana del local, los tonos con que la gente dice "estoy bien" cuando claramente no lo está. Son capítulos breves, instantáneas de un aprendizaje forzado que te obliga a mirar el mundo con una mezcla de cuidado y valentía.

Y así entendí que el exilio no se sufre de un solo golpe: se procesa por entregas, en cuotas emocionales que uno va pagando cuando puede. A veces duele como una herida abierta; otras, se siente como un parpadeo melancólico que pasa rápido. Pero siempre deja enseñanza. Se aprende a mirar de frente lo que antes evitabas, a sostener el hilo de la historia sin dejar que se rompa, a reconocer que hay días que pesan y otros que salvan, y que todos —absolutamente todos— forman parte del mismo relato que te mantiene en pie.

Porque al final, esta bitácora invisible es lo único que prueba que sigues vivo: que sigues mirando, que sigues sintiendo, que sigues avanzando, aunque sea a ratos, con los ojos llenos de pasado y el corazón apuntando hacia adelante.

Y por eso escribo así, en escenas. Porque el exilio no es una historia larga, sino una colección de instantes que se aferran a uno para no desvanecerse. Porque la vida lejos de casa no avanza en línea recta: zigzaguea entre recuerdos que vuelven sin permiso y futuros que aún no tienen nombre. Y porque, al final, sobrevivir es justamente esto: ordenar las pequeñas luces que todavía quedan encendidas, darles sentido, y seguir caminando como si cada paso fuera una carta que uno se escribe a sí mismo para no olvidar quién fue, quién es y quién intenta ser en esta tierra que aún aprende a pronunciarte.

1) Turno de noche

Hospital. Dos de la mañana. El aire acondicionado está a la temperatura exacta en la que un recuerdo se eriza. Un señor venezolano —Jorge Zambrano, albañil, 62— se despierta después de una arritmia. Me ve y sonríe como si nos conociéramos de hace años.

—¿De dónde eres, hijo?

—De Caracas.

—Yo también. De La Vega.

—Entonces sabemos de escaleras.

Se ríe. Le humedezco los labios. La tele, en mute, muestra un mapa de tormentas que no le importan a nadie con urgencias. Pongo una canción bajita en mi celular: "Mi querencia". Él cierra los ojos.

—¿Sabes? —dice—. Allá yo levanté casas. Aquí… aquí me levanto yo, con la pena.

—Aquí te levantamos todos —respondo—. Es turno completo.

Minutos después, el monitor vuelve a buenos modales. Apunto "signos vitales estables" como si escribiera "día salvado". Al salir, me detengo un segundo en el pasillo. Pienso que hay países que no caben en un parte médico, pero igual uno insiste.

Regla de supervivencia #1: si puedes, convierte tu trabajo en un acto político silencioso. Curar es llevarle la contraria al miedo.

2) DMV (el purgatorio con aire)

Fila larga, números rojos, miradas grises. Un niño practica el alfabeto en voz alta. Una señora llora sin ruido. Un oficial llama: "G-28". Cuando por fin me toca, el empleado mira mis papeles y luego me mira a mí.

—Su documento no coincide con la fecha actual del permiso temporal —dice con solvencia de colibrí contable.

—El sistema no me actualizó —respondo.

—El sistema no se equivoca.

Me río. Recupero la fe en la humanidad con dos segundos de retraso. Busco en la mochila la carta más reciente y la dejo sobre el mostrador. Él teclea, frunce el ceño, teclea de nuevo. Suspira.

—El sistema se equivocó.

Regla #2: nunca discutas con las máquinas.

Solo ofréceles la prueba de que todavía eres humano. Las máquinas no entienden tus matices, tus silencios, tu cansancio acumulado; para ellas todo es binario, confirmación o rechazo, verde o rojo, aprobado o "intente de nuevo". No vale la pena pelear con un algoritmo: él no tiene corazón que convencer ni memoria que sanar. Apenas sigue instrucciones que alguien escribió muy lejos de tu vida real.

Las máquinas no saben lo que significa temblar mientras llenas un formulario, ni lo que pesa una respuesta incorrecta cuando tu futuro depende de una casilla mal marcada. No saben que tu apellido trae historia, que tu acento es una herida, que tu paciencia no es infinita. Si les alzas la voz, no entienden; si te disculpas, tampoco. Son jueces mudos que jamás han tenido que cruzar una frontera con miedo o demostrar que existes a través de documentos que te nombran distinto a cómo te nombra tu gente.

Por eso, no discutas. Respira hondo, ajusta la silla, escribe despacio y, cuando la pantalla te pida algo imposible, regálale lo único que la máquina no comprende: humanidad. Una pausa. Una risa. Un suspiro. La terquedad de seguir intentando, aunque la pantalla diga "error". A veces la prueba de que sigues siendo humano es simplemente no perder la calma frente a un sistema que no sabe nada de tus noches sin dormir.

Y cuando termines ese trámite absurdo, apaga la pantalla con dignidad. Que la máquina haga su trabajo. Que tú hagas el tuyo: seguir vivo, seguir sintiendo, seguir caminando sin pedirle permiso al algoritmo. Porque, al final, las máquinas solo validan datos; tú validas tu historia. Y esa, por suerte, no cabe en ningún formulario.

3) Terapia en el estacionamiento

Nelson y yo, sentados en la parte trasera del local, en dos sillas plegables. Llueve con puntualidad tropical. Le cuento el turno con Jorge.

—A mí se me murió un enchufe hoy —dice él, hablando del mantenimiento—. Literal, se quemó la extensión y casi me da un infarto.

—Tú y tus metáforas políticas.

—Hermano, en este país todo es literal. El sueño americano huele a cloro; la meritocracia, a overtime; la libertad, a tanque lleno.

Nos reímos. Abro dos cervezas. Enciendo el modo confesión.

—A veces siento que me volví experto en quedarme a medias.

—¿A medias cómo?

—A medias país, a medias futuro, a medias risa.

Nelson piensa un segundo y sentencia:

—A medias es mejor que en negativo. Además, Mike te quiere entero.

Brindamos por la sabiduría felina.

Regla #3: Consíguete un amigo que convierta la catástrofe en chiste y el chiste en plan.

Uno de esos seres raros que saben mirar el desastre sin pestañear y aun así encuentran un ángulo donde cabe la risa. Alguien que entiende que el humor no es frivolidad, sino un salvavidas camuflado; que cuando la vida te cae encima, hacer un chiste no es minimizar el dolor, sino impedir que te aplaste por completo. Los exiliados necesitamos un amigo así: un traductor emocional capaz de convertir el caos en algo manejable, de transformar la tragedia en una anécdota reciclable, de recordarte que hasta lo peor puede reorganizarse si lo cuentas con la entonación correcta.

Ese tipo de amigo es el que te ayuda a sobrevivir sin que te des cuenta: el que te acompaña al DMV como si fuera un viaje épico, el que se burla de tu inglés roto para que no duela tanto, el que te invita a café cuando nota que tu nostalgia se está poniendo demasiado dramática. Es un aliado en la guerra silenciosa del día a día, alguien que convierte un mal rato en una historia digna de repetirse, alguien que, con dos palabras y una mirada, te recuerda que el mundo no se acaba, aunque se tambalee.

Porque a veces, muchas veces, lo único que te sostiene es esa persona que hace humor con lo que otros lloran, que te responde "vamos a resolverlo" cuando tú apenas puedes decir "no sé qué hacer". El amigo que hace planes con tus chistes y chistes con tus planes. Ese que entiende que la vida en el exilio no se explica: se improvisa. Y que improvisar es más llevadero cuando lo haces con alguien que convierte tus ruinas en una reorganización creativa del futuro.

Consíguete un amigo así.

O sé ese amigo para alguien.

En este país, esa es otra forma de patria.

4) Domingo de open mic

Primer "Noticiero que no sale en la tele". Se llena el local. Una señora dice: "Conseguí trabajo cuidando a una abuela que me dice 'mi niña'." Un joven: "Aprobé el GED." Un haitiano en español creativo: "Mi hija dice 'gracias' y yo lloro." Aplausos, café, abrazos. La gente se va más erguida.

Madison fotografía manos: manos con callos, manos con esmalte barato, manos con cicatrices. En la pared, junto a la foto de Mike, pegamos papelitos con titulares que inventamos:

• Vecina comparte Wi-Fi con el barrio; la ONU se declara incompetente ante tanta bondad.

• Arepa rellena de nostalgia gana premio Michelin del corazón.

• Joven aprende a decir "aquí" sin pedir permiso.

Regla #4: funda un ritual. Nada desarma a la tristeza como un horario compartido.

5) Emergencia veterinaria (sí, del presidente)

Tres de la mañana. Mike vomita espuma. Paniqueo con la elegancia de un payaso triste. Lo llevo a la veterinaria 24/7. La doctora me mira como si yo fuera el gato.

—Probablemente comió una planta.

—Él come solo impuestos y derechos constitucionales.

—Eso explica la acidez.

Un suero, una inyección, una factura que podría financiar una pequeña guerrilla. Mike me mira con desprecio agradecido. En el taxi lo abrazo dentro del transportín.

—No te mueras, ciudadano. Todavía necesitamos tu propaganda.

Regla #5: cuida a tu animal.

Te recordará que la vida, incluso sin papeles, tiene urgencias más urgentes. Un animal no entiende de trámites, ni de cortes migratorios, ni de citas que se reprograman tres veces. No sabe qué es un expediente, pero sí reconoce el temblor en tu voz cuando estás cansado. No distingue entre residente, asilado o indocumentado, pero sabe exactamente cuándo necesitas que alguien te haga compañía sin preguntas.

Cuida a tu animal porque él será tu ancla cuando el mundo quiera arrastrarte. Te obligará a levantarte, aunque no tengas ganas, a abrir la ventana, aunque el miedo te apriete, a calentar comida incluso cuando tu tristeza jure que no vale la pena. Un animal es el recordatorio más honesto de que la vida sigue, aunque tú estés en pausa. Te mira y te exige cosas simples:

agua, comida, un rato de cariño. Nada que requiera pasaporte ni tarjeta de seguro social. Solo tu presencia.

Ellos hacen lo que ningún sistema sabe hacer: leer el alma sin necesidad de documentos. Detectan tu ansiedad antes que tú. Se acuestan sobre tu pecho como si quisieran protegerte del mundo. Te devuelven a lo esencial cuando todo lo demás se complica. Porque si algo enseña el exilio es que a veces uno olvida respirar, y un animal —con un simple maullido, ladrido o mirada— te obliga a volver al cuerpo.

Cuida a tu animal.

Porque mientras tú luchas por un lugar en el país, él ya hizo suya la casa.

Porque mientras tú te preguntas si perteneces, él te recuerda que le perteneces a alguien.

Y porque, en el fondo, ellos son la prueba viviente de que incluso en un territorio ajeno, el amor puede echar raíces sin preguntar el estatus migratorio.

6) Carta en el buzón

Llego al apartamento. Un sobre oficial. Respiro hondo. Lo abro con el pulso de un neurocirujano en su primer día. "Su caso continúa en revisión." Río. Lloro. Pongo el papel bajo la pata coja de la mesa. Por primera vez, la burocracia equilibra algo.

Regla #6: si un documento no te sirve, conviértelo en mueble.

Porque en el exilio, todo papel inútil es potencialmente útil para otra cosa. Ese formulario rechazado puede ser un posavasos excelente. Esa carta que dice "falta evidencia" funciona perfecto como abanico cuando el estrés te sube la temperatura. Ese permiso temporal que venció antes de llegar puede nivelar la pata coja de una mesa. Y ese sobre oficial que te rompió el alma sirve para envolver un sándwich con una ironía deliciosa.

Los documentos que no funcionan como documentos deben ascender a objetos domésticos. No los botes; dale sentido al sufrimiento. Hazlos servir. Hazlos parte de tu casa. Encuentra consuelo en la reutilización poética. El sistema puede fallarte, pero al menos podrás apoyar encima el café caliente sin manchar la mesa.

A veces, cuando los papeles no te otorgan identidad, al menos te otorgan mobiliario. Una repisa improvisada, un cuadernillo para apuntar cosas que sí importan, una barrera contra la humedad, un recordatorio de que el fracaso burocrático también puede tener usos creativos.

Porque si algo enseña el exilio es que nada se desperdicia: ni las lágrimas, ni los silencios, ni los documentos que te negaron la entrada. Todo se recicla. Todo se convierte en otra cosa. Y si el Estado insiste en convertir tu vida en papel, convierte tú ese papel en vida.

O en estante. O en mantelito.

Lo importante es que, de un modo u otro, te sostenga.

7) Epifanía en el espejo

Cierro la barbería tarde. Me quedo solo, de frente al espejo. El local huele a laca, café, lluvia que entró distraída. Pienso en lo que perdí, en lo que gané, en lo que no sé nombrar. Mike salta al mostrador y se acuesta sobre mi toalla negra, como una firma.

—¿Sabes? —le digo—. Creo que sobrevivir es aprender a no dramatizar lo que duele ni minimizar lo que salva.

Ronronea. Apruebo el acta.

Regla #7 (última): el humor no es maquillaje: es sutura.

Úsalo para cerrar, no para tapar. El maquillaje oculta, disimula, maquilla la grieta para que nadie la note. El humor, en cambio, entra en la herida, la limpia con una punzada suave, y sólo después, cuando ya no supura tanto, la cose con hilo invisible. El humor no pretende negar lo que duele; pretende que duela distinta. Que duela manejable. Que duela en un idioma que también permite respirar.

El humor es la herramienta quirúrgica de los que no tenemos seguro médico para el alma. No tapa el trauma, pero lo vuelve menos afilado. No borra el miedo, pero evita que te paralice. No cura el exilio, pero te permite moverte dentro de él sin romperte a cada paso. Es la manera que tenemos de decir: "sí, estoy herido, pero sigo aquí; sí, duele, pero no me caigo".

Porque a veces, cuando todo se desmorona, el humor funciona como un hilo que sujeta las piezas hasta que encuentres la fuerza para pegarlas de verdad. Una broma a tiempo puede impedir un derrumbe. Una carcajada breve puede detener un ataque de ansiedad. Un comentario absurdo puede rescatarte de una noche que iba directo al abismo. El humor —bien usado, desde adentro, no como máscara— te regresa el cuerpo, el aire, la dignidad.

Pero recuerda esto: si lo usas para tapar, se te infecta la herida. Si lo usas para impresionar, se te hace costra falsa. Si lo usas para negar lo que pasa, se vuelve chiste hueco, eco sin alma. El humor verdadero nace de mirar el desastre de frente y decir: "ok, pero no me vas a destruir hoy". Nace de reconocer el dolor sin entregarle el volante.

Por eso esta es la última regla: porque cuando llegas hasta aquí, entiendes que sobrevivir no es solo tener documentos, techo o trabajo. Es también saber cuándo reír, y por qué. Es usar la risa como punto final después de un capítulo difícil, no como corrector ortográfico de la tragedia.

El humor es sutura.

Y cada vez que logres reírte sin esconder nada, habrás cerrado otra herida que creías eterna.

Salgo a la calle. La ciudad hace su ruido de nevera vieja. Camino a casa con la sensación extraña de que, aunque todo siga en trámite, yo ya no lo estoy.

Capítulo 13: El país que Llevamos Dentro

Un sábado cualquiera, el edificio decide celebrar su propia ONU en formato potluck. La idea es de Yanelis, la vecina cubana (sí, la balsera del 94): "Cada quien trae un plato y una historia corta. Sin política aburrida, con política útil." Aceptamos como quien acepta un bautizo. Bajo con pabellón mal ejecutado y caraotas que sí me quedaron perfectas. Nelson trae tequeños suicidas (se desarman al mirarlos). Yanelis llega con congrí y una frase tatuada en la boca: "El mar no se olvida."

El haitiano sirve griot; la señora guatemalteca, tamales; un gringo trae guacamole comprado (lo perdonamos por el esfuerzo). Comemos en el patio, bajo un toldo que hace lo que puede. La mesa es una geografía comestible. Alguien pone una lista de reproducción que viaja de Rubén Blades a Simón Díaz y aterriza en Celia Cruz. Los niños corren como si no existieran fronteras. Por un momento, nadie mira el teléfono. Eso también es una noticia.

Y mientras comemos, siento algo extraño: una especie de tregua emocional que llega sin pedir permiso. Me descubro mirando a la gente del edificio como si todos estuviéramos participando en un ensayo general de pertenencia. El hondureño cuenta que aprendió a nadar cruzando un río; Yanelis jura que el mar habla en voz baja cuando quiere salvar a alguien; Nelson recuerda su primer invierno y cómo confundió hielo con vidrio; la señora guatemalteca enseña a dos niños a decir "gracias" en su idioma; el gringo escucha sin interrumpir, como si por fin entendiera que hay dolores que no traducen; yo paso el pabellón con vergüenza y orgullo al mismo tiempo; y Mike, desde la ventana del primer piso, vigila la escena como si fuera el ministro cultural de la diáspora.

Es un instante mínimo, pero lo siento completo, como si por fin la ausencia dejara de ocupar tanto espacio. Una especie de país portátil, armado con comida, extranjería y un toldo a medio caer.

Yanelis me pide que cuente "lo de Diosdado y el corte republicano". Prometo hacerlo breve. Todos ríen en el punto exacto. Nelson improvisa un noticiero: "Última hora: el mango del patio de la mamá de Ale sigue en rebelión fructífera." Aplausos. Brindamos con jugo de tamarindo. La ONU del edificio aprueba por unanimidad seguir vivos. De noche, subo a la azotea con Mike. La ciudad, desde arriba, parece un país que se portó bien. Las luces imitan constelaciones obedientes. El viento trae un olor a sal que me suena a Yanelis. Me siento en el borde y escribo una carta que no enviaré:

Carta al país que llevo dentro:

No te preocupes: no te voy a olvidar.

Eres el ruido con el que me duermo, la palabra que se me escapa, el gesto que me delata.

Eres el chiste que entiendo sin explicación, el dolor que no avergüenza, la música que no pasó de moda.

Quédate aquí, no te vayas: te prometo que, si me dan papeles, no te archivo.

Firmo: un ciudadano de lo que no se ve.

Guardo la carta en el bolsillo donde antes guardaba la ansiedad. Mike se frota contra mi pierna. Su ronroneo sube de volumen, como si quisiera competir con el tráfico.

—Presidente —le digo—, quedan asuntos por resolver.

Se tumba. Aprobación por silencio.

Al día siguiente, abro la barbería. Pegamos un nuevo cartel: "Aquí se aceptan acentos." Entra un señor con camisa de flores; su inglés es un ajedrez honrado. Señala el letrero y me dice:

—¿De verdad aceptan acentos?

—Sí.

—Entonces aceptan historias.

Lo siento en la silla. Empiezo a cortar. Me cuenta su ruta: San Pedro Sula → Tapachula → Laredo → Homestead. Cada tijeretazo es una geografía. "Mi hijo quiere ser enfermero", me dice. No sé si me habla o me bendice. Termino el corte. Se mira al espejo. Se le llenan los ojos de agua. Me paga. Deja cinco dólares bajo la taza de café. Lo acompaño hasta la puerta.

—¿Te gustó? —pregunto.

—Me reconocí —responde.

Esa frase me atraviesa el día.

La tarde trae un aguacero que parece entrenado en Caracas. Madison entra empapada, protege su cámara como quien salva un niño.

—Traje las fotos de la serie —dice—. Barber Shop of Exile, capítulo uno.

Sacamos impresiones grandes: manos, ojos, un mechón en caída libre, un abrazo que se cuela en el borde, la foto de Mike como estandarte. Montamos una exposición improvisada en la pared principal. La gente se queda callada. El silencio es un aplauso sin ruido. Una señora toca su propia imagen como si fuera un santito.

—Mírame ahí —dice—. Parece que no me duele.

Nelson propone dejar la muestra fija. Yo asiento. Agregamos un título a la pared, con cinta azul: "El país que nos cabe en el espejo."

Anochece. Cierro el local. Camino a casa con la certeza doméstica de que algo —mínimo pero real— cuajó hoy. A veces no sé nombrarlo, pero lo reconozco: es esa sensación tibia de que sobrevivir tuvo sentido, aunque sea por un milímetro. En el buzón, un sobre del hospital: extensión de contrato por un año. Sonrío. No es la green card, pero es una cita formal con el futuro, una promesa sellada en papel barato. Lo sostengo entre los dedos como quien toca una puerta apenas entreabierta. Subo las escaleras como quien aprende a caminar de nuevo, con pasos torpes y alegres, con ese temblor infantil de quien descubre que avanzar todavía es posible.

En el apartamento, Mike me espera con su cara de juez de paz. Parpadea lento, como si supiera todo lo que pasó hoy y estuviera dispuesto a dictar sentencia. Le sirvo cena. Le cuento la ONU del edificio, la exposición, el contrato. Me mira con media aprobación, media hambre, como si el futuro le importara, sí, pero no tanto como el atún que aún no está en su plato. Me siento en el suelo, recuesto la espalda contra la puerta. Respiro. El día pesa, pero no duele.

Pienso en todo lo que perdí: un país, un local, el derecho a la despreocupación, la confianza ingenua en que mañana siempre llega. Pienso en las calles que ya no son mías, en las sombras que dejé atrás, en la idea de hogar que se me rompió en el bolsillo aquel día en el aeropuerto. Pero también pienso en lo que gané: gente, oficio, resistencia, la capacidad de recomponerme en idiomas nuevos, un gato legal que me recuerda cada día que el azar también puede ser tierno.

Pienso en lo que no supe nombrar hasta ahora: pertenencia. No es el país. No es el pasaporte. No es la foto con fondo azul ni la carta aprobada ni el sello que nunca llega. Es esto: la suma de escenas que no se caen. Es el noticiero de buenas noticias que inventamos para salvarnos. Es el señor que se reconoció en el espejo después de meses de sentirse borrado. Es Yanelis diciendo que el mar no se olvida, como si pudiera hablarle a un continente entero. Es Nelson con sus tequeños suicidas, arriesgándolo todo por sabor y nostalgia. Es Madison congelando dignidad en papel mate, demostrando que la identidad también puede ser un arte. Es mi madre celebrando un árbol que insiste en crecer, aunque lo hayan podado mil veces. Es Mike ronroneando como si todas las fronteras se durmieran por fin, como si la vida volviera a caber en un cuerpo pequeño y valiente.

Y en ese ronroneo, en ese contrato, en ese cansancio bueno que se asienta en los hombros, entiendo algo que me toma años pronunciar: pertenezco. No a un territorio, sino a una cuerda invisible de afectos que no se rompen. No a un mapa, sino a una constelación de escenas que me sostienen.

Hoy, por primera vez en mucho tiempo, siento que el futuro me abrió una silla. No la más grande. No la más cómoda. Pero una silla al fin. Y eso, para un exiliado, ya es casi una patria.

Antes de apagar la luz, acomodo la carpeta de papeles bajo la mesa y dejo, encima, la foto de Mike con la leyenda de Madison: News you can touch. Toco la imagen como si marcara asistencia.

—Buenas noches, país —digo.

Mike contesta. No con palabras, sino con ese sonido redondo que aprendí a traducir: aquí.

Cierro los ojos. No necesito más titulares. He llegado.

Capítulo 14: Mike va a la Escuela (pero no lo dejan entrar)

Esa noche, Mike se durmió sobre los papeles de siempre, suyos y míos.

En este país, hasta el sueño parece pedir cita previa.

Lo observé un rato. Estaba extendido como un sello oficial, una estampilla que dijera:

Aprobado.

Afuera, alguien bajó una persiana con ese chirrido de película de miedo que ya es parte del barrio.

Adentro, el reloj marcó las tres y hubo un silencio que sonó a formulario sin respuesta.

A la mañana siguiente sonó el teléfono.

—Señor, ¿usted todavía corta cabello? —dijo la maestra del barrio—. Hoy tenemos Día de Retrato. Muchos padres trabajan. O no vienen. O… bueno. ¿Podría ayudarnos con peinados rápidos?

—Claro —respondí—. Voy con mi asistente.

Colgué. Mike abrió un ojo.

—Tú —le dije—. Eres el asistente.

—Soy el ciudadano. Hay jerarquías, dijeron sus bigotes.

La escuela quedaba a dos cuadras del salón. Caminamos con la dignidad de una microeconomía en marcha: tijeras, ligas, gel barato y esperanza a temperatura ambiente. Mike adelante, con su placa amarilla brillando como si fuera una credencial diplomática; yo atrás, cargando el maletín como quien carga un pequeño país.

En la puerta, el guardia me sonrió con cansancio y desconfianza, un talento bilingüe.

—Buenos días. ¿Nombre?

—Alejandro. Vengo a…

—¿Y el gato?

—Asistente emocional.

El guardia me miró el alma con un lector láser invisible.

—El gato no entra —dijo.

—Ciudadano, señor, pensó Mike, acercando su cuello con la solemnidad de una bandera recién planchada.

—Reglas de higiene —añadió el guardia—. Y… ya sabe… algunos padres están nerviosos. No quieren sorpresas.

Los nervios se han vuelto la nueva alergia. Le expliqué, con mi mejor sonrisa de formulario, que Mike era discreto, limpio, bilingüe en silencios y que, de todas maneras, nadie podía estar más vacunado que él. El guardia negó con la cabeza, una negativa con sello en relieve.

—El ciudadano espera afuera, entonces —dije.

Mike se acomodó en el alféizar como un conserje del cielo. Desde ahí nos supervisaría con su autoridad de peluche.

El pasillo de la escuela olía a marcador seco y nervios húmedos. La maestra me recibió como se recibe a un plomero un domingo: con gratitud y urgencia.

—Gracias por venir, de verdad. La mitad de los niños no llegó —susurró—. Y el desayuno… ya verá.

El aula parecía una foto en ayuno. Sillas pequeñas, mochilas con superhéroes cansados, dibujos de casas con puertas sin manija. Empecé a peinar a una niña con mirada de lago quieto. Tenía el cabello como un alfabeto enredado.

—¿Quieres trenzas de retrato?

—Sí —dijo—. Pero que duren mucho, por si no regresamos mañana.

No pregunté. Las trenzas son una forma de futuro. Las hice largas, firmes, con la delicadeza de quien cose una promesa.

En la esquina, un niño abría y cerraba un cuaderno vacío, como si escuchara música en las hojas.

—¿Listo para el retrato? —pregunté.

—Sí. ¿Puedo sonreír con la boca cerrada? —dijo, como si la sonrisa fuera un secreto que no debía filtrarse.

—Como tú quieras —le respondí—. Sonreír también es tener papeles.

La maestra dejó sobre mi mesa un termo de café que sabía a apagón y un paquete de galletas con etiqueta de "donación".

—El comedor… está a medias —explicó—. Con el… cierre, algunos fondos están en pausa.

—Entiendo —dije. Y entendí más de lo que quería. En el barrio, las pausas se parecen mucho a los finales.

Desde la ventana, vi a Mike en su puesto de vigilancia. Dos palomas lo miraban como a un funcionario.

—No puedo entrar a la escuela de mi propio país, pensé que pensaba. Pero mi humano sí puede entrar a la escuela de su propio miedo. Curioso sistema.

En el pasillo, una madre sostenía la mano de su hija como si fuera una cuerda de equilibrista. Me pidió si podía peinarla "por si hoy tocan". No dijo quiénes. No hizo falta.

—Ayer llamaron a mi cuñada del trabajo y… —hizo un gesto con los hombros, como quien pide perdón por respirar—. Entonces mejor vine yo.

Le hice una cola alta, como una antena buscando señal. Ella me miró por el espejo de juguete del aula y ensayó una sonrisa de carnet. Pensé que a veces un peinado es una oración con bobby pins.

—¿Y el gato? —preguntó la niña.

—Ciudadano en misión de vigilancia —respondí.

La niña se río.

—Entonces estamos salvados.

En el tablero, la maestra había escrito con tiza: Día del Retrato. Y, debajo, con letra pequeña, casi vergonzosa: Opcional.

La palabra opcional se ha vuelto una máscara para los sustos. Opcional salir. Opcional asistir.

Opcional creer. El miedo aquí no grita; firma descargos.

A media mañana hubo un simulacro de silencio. No lo anunciaron, pero todos lo entendieron.

El guardia caminó el pasillo como quien cuenta fantasmas. Las mochilas se volvieron piedras con cierres. Una profesora cerró la puerta con la suavidad de quien no quiere ofender al aire.

Yo guardé las tijeras. La niña de las trenzas apretó los ojos hasta que el mundo quedara del tamaño de una pestaña.

Desde la ventana, Mike me miró con sus ojos de sirena muda.

—Respira —decía su parpadeo—. Respira como si fueras legal.

Contuve el aire. Aguanté. Me sentí boyita en mar de papeles. El simulacro duró dos minutos, que en idioma de miedo se llaman: toda una infancia.

Al terminar, la maestra tosió una risa.

—Bueno —dijo—. Seguimos.

Y seguimos. Porque la costumbre es el único permiso que no se vence.

En el comedor, unas mesas esperaban niños que ese día eligieron no tener cara. La encargada me ofreció una bandeja con juguitos. Tomé uno. Sabía a paciencia. Ella me contó que el proveedor no mandó lo de siempre "por los tiempos" y que el camión viene menos, que la lista de tal vez es más larga que la de sí.

—Pero hay retrato —dijo, como quien nombra una victoria—. Con retrato, parece que seguimos siendo.

De regreso al aula, los niños se formaron para la foto. Los ausentes eran una forma de geometría: puntos invisibles en el aire. La fotógrafa, una muchacha con sonrisa de velcro, acomodó luces que no alumbraban el hueco. Yo alisé cabellos como quien peina olas de papel.

—A ver —dijo la fotógrafa—. Uno, dos…

—Tres —dije yo. Y pensé que tres también es la cuenta regresiva de los que se esconden.

El niño del cuaderno vacío me miró con solemnidad.

—¿Usted cree que si sonreímos mucho no nos buscan?

—Creo que si sonreímos juntos nos encontramos —respondí. Y, por primera vez en días, me creí una frase.

Salimos al patio a tomar aire sano. Mike seguía en su puesto, con postura de estatua que cobrara en croquetas. Un grupo de niños se acercó a la reja y lo saludó con esa devoción que ni los santos en procesión.

—¿Cómo se llama? —preguntó uno.

—Mike.

—¿De dónde es?

—De aquí —dije.

Los niños se miraron, asombrados, como si les contara que conocía a un dragón con acta de nacimiento.

—Y no lo dejan entrar —observó una niña, seria.

—Reglas de higiene —respondí.

La niña bajó la mirada.

—Ojalá hubiera reglas de ternura.

Mike cerró los ojos como firmando una petición invisible.

—Ciudadanos de primaria —pensó—. Los únicos con derecho a preguntarlo todo.

A la hora de salida, algunos padres no llegaron. La maestra dijo "tráfico", "turnos", "cuidadores", y yo escuché todas las traducciones posibles de la palabra temor. Me quedé un rato, por si hacía falta peinar otra soledad.

Un niño me enseñó su dibujo del futuro: una casa con dos platos en la mesa y un cuadrado pequeño al lado del florero.

—¿Eso es un televisor? —pregunté.

—No —dijo—. Es la jaula del gato.

—¿Tiene gato?

—No. Pero quiero uno con papeles, por si pasa algo.

No supe si reír o abrazar. Hice las dos cosas, en ese orden.

En la dirección, la maestra me ofreció un sobre con billetes arrugados.

—Para los materiales —dijo—. Usted hizo mucho.

—No —respondí—. Solo peiné lo que ya era lindo.

—Hoy hubo ausencias por… usted ya sabe —bajó la voz—. Y lo del cierre, también. Todo se junta. ¿Se nota?

—Sí —dije—. Se nota cuando el silencio llega antes que uno.

Guardé el sobre sin contarlo. En la puerta, el guardia me guiñó un cansancio.

—Gracias —murmuró—. Los tuvo guapos para las fotos.

—Eso sí —respondí—. La belleza no necesita permiso.

Mike bajó del alféizar con el aplomo de un ministro que decide irse caminando. Emprendimos el regreso como dos sobrevivientes de una película pequeña.

—No te dejaron entrar —le dije.

—Pero me dejaron afuera, que a veces es más seguro, respondió su cola.

Pasamos por el salón de belleza para dejar las cosas. El letrero de la puerta, que dice "Se habla inglés con acento y español con orgullo", estaba torcido como un diente de leche. Adentro, las tijeras esperaban como soldados sin guerra.

Puse agua para café. Mike se sentó encima de la caja registradora.

—Hoy recaudamos aplausos, ciudadano —le dije.

—Y papeles invisibles, pensó, mirando hacia donde no había nadie.

Encendí la radio. Una voz neutra anunció que el cierre del gobierno seguía, que lleva tantos días que ya no

parece número sino estación del año. Bajé el volumen.
El silencio volvió con su uniforme de siempre.

—¿Sabes qué aprendí hoy, Mike?

—Que soy más famoso que tú —respondió su bigote.

—También. Pero, además: que, si un país se queda sin
recreo, la gente empieza a jugar a las escondidas con
sus propias ganas. Y eso no sale en la foto.

Mike se estiró, con dos centímetros extra de patria.

—Mientras haya ventana —pensó—, hay presente.

Me senté a hacer la lista de cosas por comprar: ligas,
pasadores, spray, paciencia. Pensé en la niña de las
trenzas largas, en el niño del cuaderno, en la madre que
ensayó sonrisa con sello. Pensé en la puerta sin manija
dibujada en todos los papelitos de ese día.

—Mañana vuelvo a la escuela —me dije.

—Y yo vuelvo a la ventana —aseguró Mike—. Allá
adentro están aprendiendo a existir; aquí afuera yo
practico la materia: pertenecer.

Al caer la tarde, el sol se coló por el vidrio y dejó una franja tibia en el suelo. Mike se acostó en medio, como cruzando una frontera que nadie discute. Le acaricié la cabeza. Ronroneó una respuesta que en mi idioma dice: aquí.

Miré los papeles en la mesa: formularios, cartas, solicitudes, ese pequeño atlas del miedo.

Puse encima la foto instantánea que me regaló la fotógrafa: dos niños con peinados serios, yo al fondo haciendo una mueca para que rieran.

—Salimos bien —dije.

—Salimos vivos —corrigió Mike—. Por hoy, alcanza.

Apagué las luces del salón, una a una, como si fueran pensamientos. Afuera, alguien volvió a bajar una persiana. No sonó a miedo esta vez. Sonó a descanso.

Cerré la puerta. Me guardé la llave en el bolsillo.

Mike se adelantó, con su collar amarillo latiendo.

El barrio aún respiraba. Yo también.

Y mientras caminábamos de vuelta a casa, pensé que, si alguna vez la patria se reduce a una palabra, ojalá esa palabra sea la que entendió hoy un grupo de niños que sonrieron sin permiso: mañana. No "país", no "papeles", no "frontera", no "permiso de trabajo", no "residencia pendiente". Ninguna de esas. Que la patria sea, simplemente, la promesa de que algo puede comenzar otra vez al amanecer.

Porque esos niños, con sus mochilas torcidas y sus risas que desobedecen la gravedad, no saben todavía que viven en un territorio donde el miedo a veces camina más rápido que la esperanza. No conocen las siglas que pesan, ni los silencios que duelen, ni las preguntas que uno aprende a no responder. Pero sí entendieron algo esencial: que mañana existe. Que mañana es una puerta que se abre, aunque hoy haya sido difícil. Que mañana tiene espacio para ellos, para sus juegos, para sus historias recién inventadas.

Los vi correr, tropezarse, inventar un idioma que solo ellos manejan, y pensé que tal vez eso es lo más parecido a una patria real: un grupo de niños que ríe sin que nadie tenga que explicarles qué se siente estar a salvo. Ni siquiera por un rato.

Y mientras avanzábamos por la acera, con el sol escondiéndose detrás de los edificios y Mike siguiendo el paso como si también supiera que el día había sido importante, me di cuenta de que esa palabra —mañana— tiene más peso que cualquier documento. Es liviana, sí, pero sostiene. Es frágil, pero no se rompe. Es pequeña, pero alcanza para un país entero si se pronuncia con fe.

Ojalá, pensé, que cuando crezcan sigan creyendo en esa palabra. Que la cuiden. Que la defiendan. Que no permitan que nadie se las robe, ni se las reduzca, ni se las encierre en un formulario.

Porque si la patria alguna vez se pierde, será mañana lo que la traiga de vuelta. Y si alguna vez la patria se olvida, será mañana lo que la recuerde. Y si alguna vez el miedo quiere ganar, será esa palabra —la más sencilla, la más humana— la que nos vuelva a levantar.

Mañana.

Ojalá sea suficiente.

Ojalá nos alcance.

Capítulo 15: El Salón Patriótico de Mike

El mundo había aprendido un truco humilde: reabrirse por dentro.

Después de tanto encierro, los días volvían cojeando, como animales rescatados del miedo. El barrio amanecía despacio, tanteando su propio pulso, con la sospecha de que el corazón aún no había vuelto del exilio. Las ventanas respiraban con disimulo; las persianas subían un poco y luego se arrepentían, como párpados que temen mirar de nuevo.

El sol, puntual pero burocrático, se filtraba entre las rendijas del salón como si necesitara sellar su entrada con tinta invisible. Era un sol que parecía haber aprendido a vivir bajo reglamentos: entraba a la hora exacta, iluminaba solo lo permitido y se retiraba sin hacer preguntas. Afuera, una sirena se estiraba por las avenidas, no tanto por urgencia como por costumbre, como un hábito sonoro que la ciudad repetía por inercia.

Nadie se inmutaba: la emergencia se había convertido en paisaje, un fondo musical que ya nadie escuchaba con atención.

Encendí la cafetera, esa pequeña patriota que nunca fallaba en su deber cívico de hervir. Era la única institución confiable que tenía a mano, siempre dispuesta a trabajar horas extras sin reclamar un aumento. El primer borboteo sonó como un aplauso tímido a la persistencia, un recordatorio de que incluso las máquinas más cansadas entienden la importancia de empezar el día con algo caliente que despierte la voluntad. El olor a café se expandió despacio, como si también necesitara permiso migratorio para colarse entre los muebles.

Mike, el gato más disciplinado del país, ya estaba en su puesto de observación, recostado sobre el alféizar. Miraba la calle como si fuera un programa de noticias en vivo, analizando cada movimiento con la seriedad de un ministro interino. Llevaba su corbatín de estrellas un poco torcido, pero la dignidad no se le arrugaba, jamás. A veces pienso que ese corbatín es su forma de recordarnos que él también tiene una visa simbólica, que su simple presencia es una nota diplomática a favor de la esperanza.

Observaba el tráfico matutino con aire profesional, como si estuviera evaluando la movilidad ciudadana o dictando un informe reservado para organismos internacionales de felinos migrantes. Cada vez que pasaba un camión de reparto, su cola hacía un pequeño tic nervioso, como quien toma nota mental. Y cuando la sirena volvió a sonar, Mike solo parpadeó una vez, como quien marca "recibido" en un correo sin importancia.

Ahí, entre el vapor del café y la solemnidad de un gato patriota, entendí que ese amanecer, tan simple y tan lleno de gestos pequeños, era otra forma de pertenencia. Un ritual doméstico que sostenía el mundo por un rato. Un instante burocráticamente perfecto donde nada pedía documentos, ni explicaciones, ni disculpas.

Solo vivir.

Solo empezar el día.

—Hoy el aire viene con sabor a trámite —dijo sin mover los labios.

Yo asentí.

—En este país, hasta el viento tiene formulario.

El letrero del local seguía colgado en la puerta, algo descolorido pero firme:

"Se habla inglés con acento y español con orgullo."

El orgullo, últimamente, había aprendido a susurrar. Algunos días, incluso los verbos parecían renuentes a conjugarse: el "ser" y el "estar" se habían vuelto palabras en huelga. Pero ahí estábamos, Mike y yo, cumpliendo el rito civil de abrir persianas como quien levanta párpados cansados.

Mientras la cafetera toqueteaba el aire con su aroma de hogar, puse música suave. Algo instrumental, sin letras, porque las palabras todavía estaban en cuarentena emocional. Me quedé mirando los sillones vacíos, las

322

tijeras alineadas como soldados dormidos, las toallas dobladas en filas disciplinadas. Había belleza en esa calma previa, en ese silencio que parecía decir: "Todavía tenemos la opción de empezar."

Mike bostezó sin pudor y se estiró, dejando marcas de garra en el tapete de entrada.

—Tenemos cita con la realidad —anunció.

—Y sin turno previo —añadí.

A veces, cuando el salón quedaba en silencio, pensaba que todos estábamos aprendiendo un oficio nuevo: el de sobrevivir con delicadeza. No la supervivencia brusca, de golpe y músculo, sino esa otra más compleja que exige tacto, cuidado, memoria. Ese tipo de sobrevivencia que se practica con la misma concentración con que se sostiene un vaso a punto de derramarse. Una suavidad que, lejos de ser debilidad, es una forma avanzada de valentía.

En esos momentos, cuando las tijeras descansaban y el aire olía a spray y a cansancio, me daba cuenta de que el barrio entero estaba ensayando lo mismo: la habilidad de seguir vivo sin herirse, sin herir a los otros, sin dejar que el miedo se convierta en lenguaje oficial. Había algo casi sagrado en ese silencio, como si el salón se transformara en una escuela improvisada donde todos aprendíamos a respirar sin pedir permiso.

Mike decía que la delicadeza era la verdadera forma del coraje. Lo decía con la autoridad moral de un gato que había visto más fronteras que muchos humanos. Yo no siempre le creía —porque la vida me había mostrado demasiadas veces que el mundo premia el ruido, no la suavidad—, pero aun así intentaba practicarla entre corte y corte. Era una especie de coreografía invisible: un movimiento mínimo de manos para que alguien se sintiera un poquito más entero; un comentario ligero para aliviar una preocupación pesada; un silencio bien colocado para que una historia pudiera caer sin romperse.

Y así, sin manuales ni certificados, fui entendiendo que la delicadeza no era un lujo, sino una estrategia de supervivencia. Que sostener el ánimo del barrio, aunque nadie lo pidiera, también era trabajo. Que a veces, la resistencia más profunda se daba en esos gestos que no hacen ruido: en las manos que no tiemblan, en la voz que no sube, en la mirada que dice "aquí estás seguro", aunque sea por veinte minutos.

Porque sobrevivir con delicadeza es eso:

seguir adelante sin perder la humanidad que te trajo hasta aquí.

cuidar lo que se rompe antes de que caiga al piso.

y recordar —como Mike insiste en recordarme—

que la fortaleza no siempre es firmeza.

A veces, la fortaleza es suavidad.

Por las tardes, mientras el sol se derramaba en franjas sobre el piso, algunos vecinos pasaban solo para saludar, sin pedir nada. Dejaban un pan, un gesto, una frase al vuelo, como si el salón se hubiera convertido en buzón emocional del vecindario entero. A veces entraba alguien que no hablaba; otras veces, alguien que no podía dejar de hablar. Mike atendía ambos casos con la misma profesionalidad: un ronroneo firme, un parpadeo lento, la certidumbre de quien sabe que no existe problema que no mejore un poco cuando se comparte al lado de una cafetera honesta.

Una noche, mientras barría los restos del día, pensé que quizá el país no necesitaba héroes ni símbolos nuevos, sino lugares donde la gente pudiera recordar que todavía tenía un nombre que valía la pena pronunciar. Y que, tal vez, ese era el trabajo real del salón: recordarle al mundo su propia voz. Mike, desde la caja registradora, lo confirmó con un gesto solemne de bigote. "Estamos abiertos", dijo sin decirlo. "Y mientras estemos abiertos, algo del país también lo estará."

La noche había dejado un silencio suave, como una tregua firmada entre los ruidos y las ganas.

Cuando llegué al salón esa mañana, el aire olía a café nuevo y polvo antiguo: la mezcla exacta de los lugares que no se rinden. Mike dormía en el mostrador, con una pata sobre la caja registradora, custodiando los ahorros de la república doméstica.

El cartel de la puerta seguía firme:

"Abiertos por costumbre. Cerrados solo por milagro o si llueve muy fuerte."

Nadie había borrado las letras, y eso ya era una forma de resistencia.

A media mañana, el sonido del timbre me sobresaltó.

Entró una mujer envuelta en un pañuelo rojo que parecía llevar el peso de muchas fronteras. Su paso era medido, como quien entra en un templo en el que no sabe si será bienvenida.

—Me dijeron que aquí uno sale más liviano —dijo, sin sonreír.

—Depende del equipaje —contesté, y le señalé la silla.

Sus ojos tenían un brillo de cansancio sostenido. No el de las ojeras comunes, sino el de quienes cargan historias clasificadas. Se sentó, colocó el bolso en el suelo y respiró con el pudor de quien no está acostumbrada a que la escuchen.

—Trabajo en migración —confesó—. O trabajaba. Ya no sé. Desde el cierre solo revisamos archivos vacíos.

Hizo una pausa, breve pero afilada.

—Hoy vine porque necesito olvidar mi nombre un rato.

Mike, al escuchar eso, bajó de su trono con solemnidad de funcionario y se acostó cerca de ella, en silencio, como si entendiera que el dolor también requiere protocolo.

Mientras le lavaba el cabello, le pregunté si tenía familia cerca.

—Sí, pero todos lejos —respondió con precisión burocrática.

El agua tibia corría entre sus dedos como si lavara algo más que polvo.

—¿Sabe qué es lo peor de mi trabajo? —me dijo, mirando al espejo empañado—. Que cuando uno dice "no pasa nadie", en realidad está diciendo "no pasa la compasión".

Su voz era baja, pero cada palabra pesaba más que las tijeras.

—Yo misma he sellado visas con las manos temblando. Le pones el sello y piensas: esta persona cree que empieza su vida. Pero a veces solo empieza su espera.

El silencio se extendió entre los dos, espeso y necesario.

Mike ronroneó, como si quisiera redactar una nota de alivio.

Cuando terminé, le mostré el espejo.

—Mírese —le dije—. Se parece un poco menos al cargo y un poco más a usted.

Ella sonrió apenas, una sonrisa que parecía haber pagado impuestos atrasados.

Dejó un sobre en el mostrador, sin nombre ni dirección.

—Para que escriba algo que sí sirva —dijo, y salió sin mirar atrás.

Adentro del sobre había una hoja en blanco.

La colgué junto al inventario del día y escribí encima, con tiza:

"Servicio esencial: recordarle al país que todavía tiene corazón."

Mike la olió, se sentó frente a ella y dijo:

—Minuta aprobada.

Los días siguientes fueron una colección de repeticiones con variaciones menores. El mismo sol tibio, los mismos ruidos de escoba, el mismo rumor de gente que intenta seguir siendo gente. Pero algo había cambiado:

los clientes ya no venían solo por un corte, venían a probar suerte con la esperanza.

El salón se convirtió, sin plan ni permiso, en una embajada oficiosa de los que no sabían a quién dirigirse. Venían a pedir consejos, favores, recetas, incluso oraciones laicas. Una señora trajo estampitas de santos sin empleo; un hombre vino a dejar un poema para su hija que se había ido; una niña trajo dibujos de gatos con alas.

Yo los recibía a todos con la misma mezcla de tijeras y ternura.

Mike, cada vez más importante, supervisaba los trámites afectivos con la seriedad de un notario.

—Necesitamos más papel —dijo un día—. La esperanza no cabe en formato A4.

Empezamos a pegar frases en la pared. No consignas, sino recordatorios:

"Respirar también cuenta como productividad."

"El silencio no es ausencia: es pausa reglamentaria."

"Sonreír sin motivo no requiere permiso de trabajo."

Poco a poco, el salón se llenó de esas notas hasta parecer un ministerio improvisado del ánimo.

Una tarde de lluvia fina, cuando el barrio olía a ropa húmeda y tierra resignada, la puerta se abrió sin aviso.

Era el inspector.

El mismo que nos había dejado la notificación de "persistencia sospechosa".

Esta vez no traía carpeta ni mirada de funcionario; traía una gorra mojada, un termo bajo el brazo y un cansancio sin uniforme.

—Pasaba por aquí —dijo, casi disculpándose—. Quería saber si siguen abiertos.

—Seguimos vivos, que es parecido —contesté.

Se sentó en una de las sillas del salón.

Mike lo reconoció enseguida, se acercó sin prisa y se acomodó sobre su regazo, sin pedir permiso.

El hombre lo acarició con torpeza.

—Mi esposa dice que huelo a oficina —comentó—. Creo que tiene razón.

Le serví café. No hacía falta hablar demasiado.

El salón tenía esa acústica especial que convierte los silencios en compañía.

Fuera, el sonido del agua golpeando las persianas marcaba el ritmo de la conversación.

—¿Sabe? —dijo el inspector—. Desde que empezó todo esto, mi trabajo se redujo a revisar documentos que no cambian. Sellamos lo mismo cada día: autorizaciones que nadie usa, permisos que nadie pide.

—Aquí también sellamos —respondí—, pero con tijeras.

Él sonrió, por primera vez.

—Me gustaría que el sistema funcionara así: entras, hablas un poco, y sales más liviano.

Mike dio un pequeño cabezazo en su brazo, como si aprobara la moción.

El inspector miró alrededor: los carteles, las frases, las fotos de clientes colgadas con pinzas de ropa, las tazas sin pareja, los peines ordenados con devoción.

—Esto parece un país mejorado —dijo—. Sin fronteras ni formularios.

—Es temporal —advertí—. Como todo lo bueno.

Sacó del bolsillo una hoja doblada, en blanco.

—¿Puedo dejarle esto? —preguntó.

—¿Qué es?

—Un recibo sin monto. Para que lo use como quiera.

Lo miré. En el encabezado decía "Ministerio de Procedimientos Inútiles".

Reí.

—Perfecto. Lo archivaremos bajo "Recursos Humanos del Alma".

Esa noche escribí en él:

"Declaración de existencia: seguimos abiertos hasta nuevo aviso del corazón."

Mike firmó con la huella de su pata.

El rumor de la inspección amable se esparció más rápido que la humedad. Al día siguiente, media docena de vecinos se acercó con curiosidad.

—¿Es cierto que ahora están certificados? —preguntó una señora.

—Más o menos —dije—. Estamos avalados por el sentido común.

Los clientes aumentaron, pero no los precios.

El salón se convirtió en algo más: una especie de consulado sentimental donde el pasaporte era la confianza.

Llegaban con excusas variopintas:

"Vengo a ver si me corta el pesimismo."

"Necesito teñirme la tristeza."

"Solo quiero hablar sin que me corrijan el acento."

Y todos se iban un poco distintos, aunque nadie supiera decir por qué.

Mike los despedía desde el mostrador, con el aplomo de un embajador en misión infinita.

—Anote —me decía cada noche—: un país se sostiene con los buenos saludos.

Los días se sucedieron como páginas de un manual sin título. El barrio, ese pequeño archipiélago de rutinas, volvió a emitir señales de vida. La panadería empezó a hornear pan "con descuento patriótico". El taller de don

Pablo instaló un cartel que decía "Reparaciones emocionales también". Y hasta la farmacia ofrecía consejos gratuitos con cada pastilla.

Un mediodía, Eulalia irrumpió con su nieta y una idea extravagante:

—Vamos a hacer una feria —dijo—. "El Festival del País que Todavía Respira."

—¿Y quién lo organiza? —pregunté.

—Nosotros. ¿Quién más? El gobierno ya tiene suficientes ruinas que inaugurar.

Mike escuchó con atención, sentado en el mostrador como en un consejo de ministros.

—Propongo desfile de negocios sobrevivientes —anunció—. Yo quiero ir en el carro de la dignidad.

Durante los días siguientes, el barrio se transformó. Los vecinos pintaron murales, colgaron banderines, improvisaron puestos de comida. El salón se convirtió en cuartel general: ahí se diseñaban los carteles, se discutía la programación y se tejían los sueños.

Pintamos letreros imposibles:

"Entrada libre, salida esperanzada."

"Se acepta pago con risas o anécdotas verificables."

"No se atienden derrotas sin cita."

Mike se paseaba entre los papeles con aire de ministro de cultura.

—Recuerden: el festival empieza cuando nadie lo prohíbe.

Y nadie lo prohibió, porque ese domingo el país estaba demasiado ocupado mirándose la herida en cadena nacional.

El festival fue una coreografía imperfecta y hermosa.

La panadera repartía bollos gratis "por amor al gluten".

El taller de don Pablo ofrecía diagnósticos gratuitos de bicicletas y corazones.

Los niños vendían dibujos de gatos con alas.

Y en el centro de todo, el salón: un puesto de afecciones y afectos, con Mike como atracción principal.

Los niños lo adoraban. Le pusieron coronas de cartón, medallas de galleta, pancartas que decían:

"Mike Presidente de la ternura."

Él aceptó con modestia fingida.

—El poder no me cambia, solo me mejora el pelaje — dijo.

A media tarde, el inspector volvió, sin carpeta ni órdenes. Traía a su hija, una niña pequeña con coletas.

—Vengo de civil —aclaró.

—Aquí todos lo somos —contesté.

La niña se acercó a Mike con un dibujo.

—Es usted —le dijo—, pero en el espacio.

Mike lo miró con solemnidad y respondió:

—Acepto la promoción interplanetaria.

Eulalia tomó el micrófono improvisado (un altavoz viejo conectado a una batería) y gritó:

—¡Este es nuestro país chiquito, pero al menos este no se cierra!

El aplauso fue un himno espontáneo. La gente coreaba su propia supervivencia.

Mike subió al techo del salón y miró el atardecer.

—Informe oficial —dijo—: la república de las esquinas funciona.

Yo lo observé desde abajo, con el corazón trabajando horas extras.

—Y tiene gato presidente —dije.

Esa noche, cuando todo terminó y el barrio quedó envuelto en la calma posterior a la alegría, me quedé solo en el salón.

El suelo estaba lleno de confeti hecho con papeles viejos, los espejos empañados por la respiración colectiva.

Mike dormía exhausto sobre la caja registradora, rodeado de dibujos infantiles.

Me serví el último café del día y miré el pizarrón:

"Inventario de lo invisible."

Debajo, una lista que ya no cabía:

1 sonrisa legalizada. 3 historias recicladas. 2 inspecciones humanas. 1 gato con ministerio propio.

Apagué las luces una por una.

El silencio se quedó a cargo.

Y entonces comprendí:

El país podía seguir cerrado, los trámites seguir en pausa, la economía seguir fallando…

Pero mientras existiera este salón, este pequeño ministerio del afecto, el corazón colectivo seguía con turno extra.

Mike, medio dormido, murmuró:

—Mañana abrimos.

—Mañana abrimos —repetí.

Y el eco de esa frase, sencilla y luminosa, fue suficiente para sobrevivir otra temporada.

A los pocos días del festival, el barrio volvió a su ritmo, pero algo había cambiado: la gente caminaba más erguida, los saludos eran más largos, los silencios menos pesados. Hasta el aire parecía menos burocrático.

La feria había dejado una especie de resaca luminosa: confeti en los desagües, olor a pan dulce y una sensación inédita de que sí se podía vivir sin pedirle permiso al miedo.

Mike, por su parte, había alcanzado un nuevo estatus social.

La mañana siguiente, al abrir el salón, lo encontré frente al espejo practicando su cara de retrato oficial.

—¿Y eso? —pregunté.

—Tengo agenda —dijo—. Los medios me quieren para una nota sobre liderazgo comunitario.

—¿Otra vez?

—No me busques, Ale, el carisma es un servicio público.

Sonreí y le serví café.

—No te olvides de quién eras antes de la fama.

—Un gato con hambre —respondió—. Sigo igual, pero con departamento de prensa.

El fenómeno comenzó en redes. Alguien había subido un video del festival: Mike con su corbatín, los niños cantando, la pancarta que decía "La república de las esquinas funciona". En menos de una semana, el video acumuló miles de reproducciones, comentarios, hashtags:

#MikePresidente, #CiudadaníaFelina, #ElPaísQueTodavíaRespira.

Los noticieros lo llamaron "el milagro mínimo", los analistas políticos debatieron su simbolismo ("¿Es el gato una crítica al sistema o una metáfora de resiliencia civil?"), y los humoristas comenzaron a usarlo en monólogos.

Yo lo miraba todo con mezcla de ternura y susto.

—Nos están convirtiendo en meme —le dije.

—Mejor eso que en decreto —respondió Mike, sin levantar la vista del espejo.

Una mañana llegó una periodista con micrófono y sonrisa profesional.

—Queremos conocer al gato que devolvió la fe al país —dijo.

—Yo solo peino cabellos —contesté.

—Y almas, según las redes.

Mike se acercó con paso solemne.

—Pregunte, pero cite bien mis palabras. No quiero titulares con comillas falsas.

La periodista lo observó fascinada.

—¿Cuál es su mensaje para la nación, señor Mike?

Él pensó un segundo.

—Coman bien, duerman suficiente y no esperen salvadores. El futuro se alimenta con croquetas y coherencia.

El reportaje se transmitió esa misma noche.

Los titulares:

"El gato que inspira a un país dividido."

"Mike, símbolo de una nueva ciudadanía afectiva."

"El héroe que ronronea esperanza."

Yo no sabía si reír o esconderme bajo la cama.

El salón empezó a recibir visitas de curiosos, políticos, estudiantes, turistas urbanos.

Todos querían una foto con Mike, un mechón simbólico, una frase para compartir.

Para mantener el orden, improvisamos una especie de protocolo:

• Prohibido el flash.

• Se permite una sola caricia por visitante.

• Donaciones opcionales a cambio de un recibo de ternura.

Mike aceptó su fama con un profesionalismo sorprendente.

—Los líderes no eligen el momento —decía—. Solo se peinan para él.

La fama, sin embargo, atrae lo que el polvo a los trajes.

Una tarde llegaron tres hombres de traje oscuro y sonrisa calibrada.

—Venimos del Ministerio de Comunicación —dijo el primero.

—Y del ego, supongo —murmuró Mike.

Querían organizar una gira: "El Tour de la Esperanza Felina".

—El país necesita símbolos positivos —explicó uno—. Su gato podría ser el rostro amable de la recuperación.

—El país necesita pan y techo, no mascotas mediáticas —respondí.

Mike los escuchó con paciencia.

—Agradezco el interés —dijo al fin—, pero mi contrato con la realidad es exclusivo.

Los hombres insistieron.

—Podemos imprimir su imagen en afiches, camisetas, tazas. Recaudar fondos.

—Si me imprimen en taza, cobro regalías —aclaró Mike—. En croquetas premium.

Se fueron ofendidos.

Al día siguiente, apareció en la prensa un titular ambiguo:

"El gato rebelde que rechazó colaborar con el gobierno."

Y debajo: una foto de Mike bostezando.

La reacción popular fue inmediata.

El hashtag #MikeLibre se volvió tendencia.

Hubo memes, caricaturas, pancartas.

Una abuela en el sur pintó su retrato en una pared con la frase:

"Hasta los gatos saben decir no."

El gobierno, en su infinita torpeza, respondió con una campaña oficial: "Adopta la esperanza".

Usaron un logo con un gato genérico, sin permiso.

La red estalló.

—¡Ese no es Mike! —gritaban los comentarios—.

—¡Es un impostor con Photoshop!

Yo observaba todo con mezcla de orgullo y vértigo.

El salón, mientras tanto, seguía abierto, ajeno al ruido digital.

Los vecinos venían como siempre: por un corte, un café, una conversación.

Solo que ahora traían también noticias sobre "nuestro gato nacional".

Mike, imperturbable, seguía su rutina.

—No me interesa la fama —decía—. Pero me agrada la influencia. Es útil para conseguir donaciones de atún.

Una noche, mientras cerrábamos, me dijo:

—¿Sabes qué es lo peor de todo esto?

—¿Qué?

—Que el país se emociona con gatos porque no puede confiar en humanos.

—Tal vez sea un comienzo —respondí.

—Sí, pero no me alcanza para un partido político.

Nos reímos, con esa risa cansada que suena a esperanza disfrazada de ironía.

Después se subió al mostrador y se quedó mirando la calle vacía.

—Mañana volverán a hablar de otra cosa —dijo.

—Seguro —respondí—. Pero por ahora, nos toca ser el tema del día.

Efectivamente, la fama duró lo que duran los respiros en este país.

Pronto otro escándalo desplazó a Mike de los titulares: una crisis de suministros, un discurso torpe, una tormenta en las redes. Así funciona el país: la indignación tiene la vida útil de una batería barata. Los hashtags se mudaron a nuevos temas, como pájaros migratorios buscando temperatura más caliente, y el mundo siguió girando sobre su eje imperfecto. La atención pública es un carrusel que nunca se detiene; apenas alguien empieza a comprender lo que pasó, ya pasó otra cosa.

Mike, que semanas antes había sido trending topic, héroe involuntario, símbolo internacional y meme oficial de la angustia nacional, simplemente volvió a ser un gato gris con corbatín. En el barrio, su fama se desinfló como un globo de cumpleaños olvidado en la sala. Pero él no parecía afectado: seguía pidiendo comida a la misma hora, siguiendo rayos de luz por el piso, durmiendo en posiciones que desafiaban la física. Mientras el país cambiaba de escándalo como quien cambia de canal, él seguía su rutina con la tranquilidad de quienes saben que la verdadera importancia no depende del ruido.

A veces pienso que la memoria colectiva es un animal caprichoso: muerde un tema con furia durante una semana y luego lo suelta para perseguir otro más brillante. Y en ese vaivén frenético, la historia se escribe a retazos, saltando de crisis en crisis, sin tiempo para digerir lo vivido. Pero en el salón, en el barrio, en el mundo pequeño que sostienen las manos comunes, las cosas no se olvidan tan rápido. Allí, lo que pasó sigue respirando, aunque ya no aparezca en ninguna portada.

Quizá por eso Mike caminaba por el salón con esa calma que yo envidiaba: porque él nunca perteneció al frenesí. Mientras afuera los titulares eran borrados por otros titulares, él recordaba lo que importa de verdad: que la vida, incluso en el caos, es más estable en los rincones que en las pantallas. Que el ruido pasa. Que la historia continúa. Que lo esencial —aunque no sea trending— permanece.

Yo respiré aliviado.

Mike también.

—Ya era hora —dijo—. Los héroes espontáneos envejecen mal.

Sin embargo, algo había quedado.

La gente seguía viniendo al salón no por curiosidad, sino por pertenencia.

Habíamos pasado de ser noticia a ser rutina, que es la forma más honesta de trascendencia.

Un viernes, justo cuando el sol se filtraba entre las cortinas como un funcionario jubilado, apareció el inspector otra vez.

Traía la misma gorra, la misma mirada cansada, pero ahora con una sonrisa leve.

—Pasaba a saludarlos —dijo.

—¿De oficio o de corazón? —pregunté.

—De costumbre, que es mejor.

Sacó del bolsillo una pequeña libreta.

—Mire —me dijo—. Desde aquel día, empecé a anotar cosas que funcionan. Pequeñas. Tontas.

La abrió. En las páginas, frases escritas con letra apretada:

"La señora del puesto de flores volvió a reír."

"Un vecino compartió pan."

"Mi hija me pidió que la peine como al gato del barrio."

—Antes solo contaba fallas —dijo—. Ahora cuento supervivencias.

Mike lo observaba con aire aprobatorio.

—Informe favorable —dijo—. Ascenso emocional inmediato.

El inspector rió.

—Ustedes me curaron de la desesperanza. No lo ponen en los formularios, pero deberían.

Nos quedamos los tres un rato en silencio, escuchando el ruido de la calle, ese murmullo cotidiano que suena a motor cívico.

Esa tarde, mientras limpiaba los peines y cerraba la caja, Mike se acercó a la ventana y miró el mural del festival, ya un poco desgastado por el sol.

—Todo se borra —dijo—, pero algo siempre queda.

—¿Qué?

—La costumbre de seguir.

Esa noche escribí en el pizarrón una nueva línea:

"Inventario de la persistencia."

Y debajo:

1 gato. 1 barrio. Incontables razones para seguir abriendo.

Los meses pasaron como lo hacen los buenos vecinos: discretamente.

El país seguía en su vaivén, entre anuncios y retrocesos, pero el barrio se mantenía vivo.

El salón ya no era solo un lugar de trabajo, sino un refugio emocional.

Había tazas que no pertenecían a nadie, fotos en las paredes, plantas que sobrevivían por pura terquedad.

Los clientes traían noticias, chismes, recetas, versos, cartas.

A veces también traían silencio, y eso estaba bien.

Mike envejeció un poco. Le salieron canas en el hocico y un aire de filósofo retirado.

Seguía atendiendo su escritorio de cartón con seriedad:

—La esperanza tiene que pasar por ventanilla, pero sin demora —decía.

Un día me trajo una hoja vieja, amarillenta, que había estado usando como cama. Era la notificación original: "Inspección por persistencia sospechosa."

—Creo que ya la cumplimos —dijo.

La guardé en un marco.

Debajo escribí:

"Dictamen final: culpables de no rendirse."

A veces, por las tardes, cuando el barrio se adormece y la luz entra con paso lento, me siento frente a la ventana y pienso en todo lo que sobrevivió.

Los ruidos del mercado, los niños jugando, el olor a pan, el eco lejano de una risa.

Y pienso que tal vez ese sea el verdadero país: no el que se anuncia, sino el que se improvisa cada día.

Mike suele subirse a mi regazo en esos momentos.

Ronronea con el ritmo de un tren que no se rinde.

—¿Sabes algo, Ale? —me dice—. La patria no está en el mapa. Está en los gestos que no caducan.

—Entonces somos ciudadanos permanentes.

—Por fin algo sin fecha de vencimiento.

Nos quedamos así, mirando el barrio que lentamente se ilumina.

A lo lejos, un grupo de niños dibuja con tiza sobre el asfalto.

Escriben:

"Mañana abrimos."

Y pienso que sí, que quizás esa frase sea la constitución más honesta que nos queda.

Porque al final, reabrirse por dentro no es un gesto romántico: es supervivencia pura, oficio de los que siguen creyendo.

Y mientras quede café, luz y un gato que reclame su lugar en la historia mínima de los persistentes, habrá país.

No el que prometen los discursos, sino el que se construye con tijeras, pan y ternura.

El que se defiende con humor, se sostiene con manos y se firma con ronroneo.

Apago las luces del salón.

Mike me sigue hasta la puerta.

Nos quedamos mirando el letrero:

"Abiertos hasta nuevo aviso del corazón."

Cierro con llave.

El viento mueve suavemente la persiana.

Y aunque allá afuera la noche siga indecisa, aquí adentro, entre los restos del día, algo sigue respirando con obstinación.

Mike se estira, bosteza y sentencia, con voz de patriota cansado pero feliz:

—Mañana abrimos.

Y yo asiento.

Porque ese simple acuerdo, diario y pequeño, es nuestra forma de gobernar el mundo.

Capítulo 16: Mike en el Tiempo

La primera vez que Mike viajó en el tiempo fue un lunes de polvo, de esos lunes que parecen un invento administrativo para recordarnos que el milagro tiene horario. El aire estaba tan quieto que se podían oír los pensamientos tratando de ordenar la semana. Eulalia había dejado sobre el mostrador un pan tibio con forma de nube, y el barrio entero bostezaba en su rutina de siempre: las persianas abriéndose con resignación, la radio recitando malas noticias con voz de tía lejana y el reloj del salón marcando las 9:03 con su exactitud de filósofo cansado.

Yo barría sin convicción, dejando que el polvo formara pequeños remolinos de domingo atrasado. Mike estaba sobre el alféizar, en posición de esfinge doméstica, observando el espejo como si esperara una respuesta. Tenía esa mirada que a veces le daba, una mezcla de sabiduría antigua y aburrimiento cósmico, y un leve temblor en la punta del bigote como antena de frecuencia desconocida.

—¿Estás bien? —pregunté, con ese tono que se usa para los seres que podrían desaparecer.

—Depende de qué siglo me preguntes —respondió sin mirarme. Sonreí, acostumbrado a sus enigmas matinales, pero esa vez su voz tenía un eco distinto, como si viniera desde otro pasillo del tiempo. El aire se volvió más denso, el espejo comenzó a empañarse sin motivo y entonces ocurrió. No hubo relámpagos ni máquinas: solo un bostezo.

Un bostezo tan largo que pareció abrir una grieta entre las horas. Mike se estiró, dio un salto breve —de esos que hacen los gatos cuando deciden ser metáforas— y de pronto el espejo lo absorbió con la naturalidad de una puerta que siempre estuvo ahí. No hizo ruido. El vidrio ni siquiera tembló. Solo quedó suspendido en el aire un leve olor a café tibio y a pregunta sin respuesta. Me quedé inmóvil, sosteniendo la escoba como si fuera un arma simbólica.

Esperé unos segundos, luego unos minutos. Nada. El espejo devolvía mi cara confundida, mi mano a medio gesto, mi sombra indecisa. Detrás, el cartel de siempre:

"Mañana abrimos." Esa frase, que tantas veces había sido promesa, esa mañana sonaba a epitafio luminoso. Durante los primeros minutos creí que era una alucinación causada por el cansancio o por el reflejo del sol en el vidrio. Le hablé al espejo, con voz baja, como quien llama a un niño escondido:

—Mike… si esto es otra de tus metáforas, avísame antes de limpiar.

Nada. Ni un maullido, ni una sombra, ni un sarcasmo. Solo mi propio reflejo, pálido y torpe, sosteniendo la escoba en el salón vacío. El silencio tenía la textura del polvo flotando, ese polvo que parece registrar la historia con más exactitud que cualquier archivo oficial.

Las horas siguientes fueron un desfile de incredulidades. Revisé cada rincón: detrás del mostrador, bajo las toallas, incluso dentro de la caja registradora, como si un gato pudiera esconderse entre los recibos del día anterior. Nada. Ni huella, ni pelo, ni sombra. El espejo, en cambio, parecía más brillante, más vivo, como si estuviera recién despertado. Salí a la puerta. El sol del mediodía tenía la impertinencia de los días que ignoran lo extraordinario. El barrio seguía su curso sin saber que acababa de perder una de sus leyes naturales. Eulalia cruzaba la calle con su canasto de panes, Don Pablo discutía con su moto y la niña del pañuelo rojo practicaba equilibrios sobre la vereda rota. Todo igual. Y, sin embargo, faltaba algo. Faltaba él, que no era solo un gato, sino la brújula moral de todo lo improbable. Por la tarde, Eulalia notó el cambio sin necesidad de explicaciones.

—El aire pesa distinto —dijo al entrar con su pan.

—Se fue —respondí.

—¿Quién?

—Mike.

Ella suspiró, pero sin sorpresa.

—Ah, sí… lo sospechaba.

—¿Cómo lo sabes?

—El pan no subió igual esta mañana. Eso solo pasa cuando hay movimientos de tiempo.

Don Pablo llegó más tarde con un radio transistor colgado del hombro.

—Mira —dijo—, está sonando tango viejo y boletín del futuro al mismo tiempo. Interferencia cronológica.

—¿Y tú crees que…?

—No creo. Sé. Ese gato cruzó un umbral. Seguro que regresa. Los buenos viajeros siempre regresan —lo dijo con la calma de quien arregla motores y milagros por igual. Esa noche no dormí. Me quedé en el salón, frente al espejo, con una taza de café y la escoba aún apoyada en la pared, como si el orden físico pudiera convencer al tiempo de comportarse. La luna se coló por la ventana, y en su reflejo el espejo pareció vibrar. Me acerqué.

Durante un segundo juraría haber visto algo: una silueta difusa, un movimiento, una cola que cruzaba la superficie. Toqué el vidrio: frío. El aire olía a tinta vieja y a ausencia. Pensé en los años, en los lugares donde el tiempo se enrosca sobre sí mismo igual que un gato buscando la posición perfecta para dormir. Pensé que quizás Mike no se había ido, sino que simplemente se había acomodado en otra curva del tiempo, descansando en alguna fisura donde el calendario aún no decide existir del todo.

Los días siguientes fueron un intento de normalidad. El salón abrió sus puertas, los clientes vinieron, los peines sonaron como si nada, pero había una vibración distinta, una latencia invisible. El espejo ya no era solo espejo: era una promesa. Y yo, sin quererlo, me había convertido en su guardián. A veces creía oír un maullido lejano, como filtrado desde otro siglo, o una carcajada en el momento exacto en que alguien contaba una historia. Eulalia decía que era mi imaginación, Don Pablo insistía en que el gato estaba "ajustando el reloj universal", y la niña del pañuelo aseguraba que lo había visto dormido dentro de una gota de lluvia. Quizá todos tenían razón. Mike siempre había tenido la capacidad de estar en varios lugares al mismo tiempo, especialmente en los que no existían.

Una tarde, mientras el sol declinaba en su oficio de luz, el espejo cambió. No mucho: apenas una ondulación en la superficie, un temblor minúsculo. Y luego, ahí estaba: una sombra con forma de gato, sentada en un sillón que no existía. Sus ojos brillaban como relojes diminutos. Su voz, cuando habló, parecía venir desde una estación sin trenes:

—Volví.

—¿De dónde? —pregunté, conteniendo el corazón.

—Del futuro pasado.

No supe si reír o llorar. Mike, desde el otro lado del espejo, tenía un aire distinto: llevaba un pequeño cuello blanco, como de clérigo ilustrado, y un gesto de quien ha visto demasiadas eras y ninguna le pertenece.

—Estuve revisando los planos de la primera máquina de peinar el alma —dijo con tono de informe técnico.

—¿Y funcionaba?

—Por supuesto que no. Pero era hermosa.

Y en ese instante entendí que los viajes de Mike no eran para huir, sino para recuperar lo perdido del tiempo: las ideas que nunca se terminaron, las frases que no llegaron a decirse, los gestos que el olvido archivó sin firma. El espejo brilló, el reflejo se desvaneció y el pan de Eulalia, en la mesa, comenzó a subir otra vez. La campanilla sonó tres noches seguidas sin que nadie la tocara.

El primer repique fue tan leve que pensé que era el viento buscando conversación. El segundo me despertó a las tres de la madrugada, justo cuando el reloj, fiel a su tradición, seguía detenido en las 11:11. El tercero fue distinto: no sonó en el aire, sino en mi sueño. Soñé con el salón lleno de agua. Las tijeras flotaban como peces disciplinados, el espejo era un lago y en el fondo, muy al fondo, se veía a Mike nadando despacio, con su cinta morada brillando como una constelación portátil. Cuando emergió, no habló: soltó una burbuja donde cabía una palabra. Al estallar, la palabra quedó escrita en el aire: "Despierta."

Me levanté con esa sílaba pegada al pecho. La campanilla colgaba inmóvil, pero todavía vibraba un poco, como si hubiera tenido un sueño propio. A la mañana siguiente, Eulalia llegó con los ojos húmedos.

—Soñé con el gato —dijo, dejando el pan sobre el mostrador—. Me estaba enseñando a amasar en otra gravedad. La masa flotaba, pero el pan salía igual.

Don Pablo asintió sin sorpresa:

—Yo también. Lo vi revisando motores del tiempo. Usaba un destornillador hecho de rayo de luna. Me dijo que el futuro solo se atora por miedo.

No eran los únicos. Cada vecino traía un fragmento distinto del mismo sueño. Una mujer juró haber escuchado al gato maullando una melodía que luego reconoció en su radio. Un niño contó que Mike le había enseñado a no temerle a los relojes: "Son solo gatos redondos", le dijo en el sueño. Y todos, sin excepción, despertaron con una palabra en la boca que apuntaban después en el Pasaporte de Conversaciones. Las nuevas entradas eran extrañas y bellas: "flotar", "gravedad amiga", "despertar lento", "motor de calma", "reloj redondo", "espera útil". El salón empezó a parecerse a una catedral doméstica: campanilla, pizarrón, espejo, palabras, pan. Y en el aire, esa vibración de algo que no se va del todo.

369

Una tarde de calor imposible, el espejo volvió a cambiar. Esta vez no mostró reflejos ni sombras, sino luz líquida, una marea de tonos que parecía moverse al compás del corazón. Eulalia dejó el pan en el horno y se acercó.

—No lo mires fijo —advirtió—, se te puede ir el pensamiento.

Pero era inevitable. Dentro de la luz se adivinaban escenas: el barrio, el salón, la mesa larga, nosotros mismos viéndonos desde otro tiempo. Y, entre todo eso, Mike caminando de un lado a otro, como si inspeccionara un archivo infinito. Cuando la luz bajó, quedaron sobre el mostrador tres objetos: una pluma, un botón y una hoja seca.

—Recuerdos de tránsito —dijo Eulalia—. Se le caen en los viajes.

Los guardamos en un frasco, al que Mike llamó, cuando volvió, "el Museo del Instante". Dentro había aire de tres siglos y olor a pan recién hecho. Esa noche volví a soñar, y esta vez no estaba solo. Todo el barrio estaba ahí: Don Pablo con su radio reparada, Eulalia amasando nubes, Milena ordenando palabras, el inspector jubilado anotando nombres en una libreta que no terminaba nunca. Y en medio, Mike, sobre una mesa, explicando con tiza cósmica los diagramas del tiempo: líneas que se doblaban, se cruzaban, se hacían espirales y finalmente formaban una especie de corazón alado.

—Esto es el calendario verdadero —dijo—. Los días no se suceden: se visitan.

Yo le pregunté si alguna vez se terminaba el viaje.

Él sonrió, o algo parecido:

—No. El tiempo es un gato que siempre encuentra el camino de vuelta a casa.

Cuando desperté, el Pasaporte tenía una nueva palabra escrita con letra desconocida: "volver". Durante semanas, el salón se volvió un centro de coincidencias. La gente venía no solo por cortes o café, sino por señales. Decían que en la esquina el viento traía olor a tinta, que el pan se horneaba solo cuando el reloj marcaba 11:11, que en las sombras de la tarde se veía pasar una cola morada doblando las esquinas. Los periódicos locales escribieron una nota: "Fenómeno en el barrio: gato viaja en el tiempo y deja palabras." Nadie lo desmintió. Tampoco lo explicó. Simplemente siguieron viniendo, como quien acude a misa sin saber en qué cree. El espejo ya no devolvía reflejos exactos; mostraba versiones posibles: uno con menos miedo, otro con más paciencia, otro que simplemente respiraba mejor.

Era un espejo pedagógico. Y la campanilla, su compañera, tocaba apenas cada vez que alguien se reconocía un poco. Un día, mientras limpiaba el mostrador, encontré una nota diminuta doblada entre las páginas del Pasaporte. No tenía firma, pero la letra era inconfundible, una escritura que se deslizaba como si maullara. Decía:

"No hay futuro sin pan ni espejo.

No hay espejo sin quien mire con cariño.

No hay quien mire sin haber sido mirado antes.

—M."

La pegué en la pared, justo sobre el cartel de siempre: "Mañana abrimos." Y por primera vez, esa frase pareció responder: "Ya estamos abiertos." Esa noche, el barrio soñó lo mismo. Todos. El salón estaba lleno de luz. El espejo no separaba: unía. Mike caminaba entre nosotros, saludando, entregando pasaportes en blanco. Nos dijo, con voz calma:

—El tiempo está bien. Ya aprendió a ronronear.

Y al amanecer, el reloj del salón, que había permanecido inmóvil por tanto tiempo, avanzó un minuto. Solo uno. Las 11:12. Nadie lo tocó. La campanilla sonó suave, tres veces, como un aplauso discreto. Al día siguiente, Eulalia trajo un nuevo cartel. Lo clavó en la puerta, justo debajo del viejo. Decía: "Abrimos también en los sueños." Desde entonces, el salón no ha cerrado. Ni una sola noche. Y, de vez en cuando, alguien dice que ha visto a Mike, en un sueño, en un reflejo, en una taza de café, revisando que todo funcione, corrigiendo el tiempo con la paciencia de siempre. El país portátil sigue ahí, invisible pero intacto, latiendo en la costura de cada rutina. Y cada vez que la campanilla suena sin viento, sabemos que hay una palabra nueva que llegó desde otro siglo, buscando su sitio en la conversación que no termina.

Inventario de lo que queda abierto: hay mañanas que no empiezan, simplemente siguen, como si la noche, cansada de cerrarse, decidiera quedarse a tomar café. Esa mañana fue una de ellas. El sol entraba sin empujar, el reloj marcaba 11:12, todavía fiel a su minuto ganado, y el aire tenía olor a pan y a promesa. El salón estaba igual que siempre y sin embargo distinto. El espejo parecía más profundo, como si se hubiera ensanchado hacia adentro. La campanilla colgaba quieta, pero con un brillo que no conocía el polvo. Eulalia llegaba en silencio, con su pan de cada día y un gesto de eternidad cotidiana. Don Pablo entró detrás, sosteniendo la radio que ahora solo emitía canciones sin fecha. Milena traía una flor envuelta en un recibo.

El inspector jubilado dejó sobre el mostrador su libreta vacía, como quien entrega la última multa al olvido. Nadie hablaba, pero todo decía.

El Pasaporte de Conversaciones estaba lleno. Tanto, que las últimas palabras se escurrían por los bordes buscando espacio entre las páginas. Las leí una a una, despacio, como quien pasa lista al milagro: "pan", "gracia", "seguir", "aquí", "despertar", "flotar", "valentía", "sombra amiga", "volver" … Cada palabra parecía un corazón diminuto latiendo en su propio idioma. Tomé la pluma que Mike había dejado la última vez, esa que olía a siglo y a gato, y escribí en la página final: "Hemos aprendido a abrir. Y eso, a veces, basta." La tinta tardó en secar, como si también quisiera quedarse un poco más.

El espejo vibró leve, casi con pudor. No mostró rostros ni paisajes esta vez, solo una luz que respiraba. Y dentro de esa luz, la silueta conocida: Mike, sentado, tranquilo, con su cinta morada brillando como idea fija del universo.

—¿Así que ahora sí? —pregunté.

—Ahora sí —respondió, con la serenidad de quien terminó de ordenar su eternidad.

—¿Y nosotros?

—Ustedes siguen. Siempre siguen. Eso fue el trato.

Hizo una pausa, miró alrededor —a Eulalia, a Don Pablo, al salón entero— y añadió:

—Ya no me necesitan, pero me van a encontrar igual. En el ruido del secador, en la miga del pan, en el minuto que se repite, en el espejo cuando se ría de ustedes.

Se estiró, bostezó el último bostezo del tiempo y dijo:

—Voy a hacer ronda. El universo también tiene horarios.

El espejo se iluminó un instante y luego volvió a ser solo vidrio. Nada triste. Solo un regreso al silencio, al de verdad: ese que no duele, ese que acompaña. Esa noche, al cerrar, el barrio entero pareció suspenderse. Las luces no parpadeaban, los perros dormían con la calma de los sabios y hasta el viento parecía caminar de puntillas. Encendí la cafetera, más por costumbre que por fe. Sirvió su último suspiro en taza pequeña. Apoyé la mano sobre el mostrador y sentí el calor antiguo del pan, la música de los días, la ternura organizada en turnos. Afuera, la ciudad seguía igual de imperfecta, pero algo había cambiado: la gente saludaba más lento, las risas duraban dos segundos más, los semáforos parecían meditar antes de cambiar. Era como si el país portátil se hubiera filtrado en todo, como si cada quien llevara un pedacito de salón en el bolsillo.

El último acto fue simple. Saqué del cajón el cartel viejo, ese que había viajado por todos los siglos con nosotros. El mismo que Mike había colgado el primer día, con su caligrafía de funcionario místico. Lo limpié, le pasé un trapo y lo devolví a su sitio, justo sobre el espejo. "Mañana abrimos." Y por primera vez entendí su gramática secreta: no era una promesa comercial, ni un consuelo, ni un aviso. Era una oración. Un modo de estar en el mundo. Una declaración de resistencia.

"Mañana abrimos": porque aún hay pan que amasar, porque alguien va a llegar cansado y necesitará café, porque el espejo todavía no ha mostrado su última versión de nosotros, porque el tiempo, como el amor, se sostiene a fuerza de volver a empezar. Cerré la puerta.

El reloj marcaba 11:13. La campanilla sonó una vez, despacio, como un "hasta luego" en idioma de luz. El aire estaba lleno de lo invisible, pero ya no daba miedo. Me quedé un momento en la vereda. El barrio respiraba. Y pensé, sin tristeza, sin euforia, solo con gratitud, que quizá ese era el verdadero milagro: haber vivido lo suficiente para ver cómo el tiempo aprendía a ronronear. Me fui caminando despacio, sintiendo que, detrás de mí, el salón seguía abierto y que, en algún lugar del futuro, un gato con cinta morada revisaba los relojes, se estiraba y murmuraba, como siempre, antes de cerrar los ojos:

—Mañana abrimos.

Capítulo 17: El barrio en Modo Supervivencia

El país seguía cerrado, aunque nadie sabía exactamente quién había guardado la llave. Las oficinas públicas parecían museos de la burocracia, las ventanillas dormían bajo capas de polvo y las líneas telefónicas solo servían para escuchar música en espera. Los noticieros lo llamaban "una pausa administrativa", pero en el barrio todos sabíamos su verdadero nombre: hambre con recibo.

Las calles amanecían más largas, más vacías, más desconfiadas; parecía que la ciudad entera había aprendido a caminar en puntillas. El tráfico bajó, los autobuses pasaban medio llenos y los semáforos parecían dudar antes de cambiar de color, como si tampoco quisieran tomar partido. Mike lo resumió una mañana mientras miraba por la ventana:

—El país está en ahorro de movimiento, Ale. Hasta el viento pidió permiso para soplar menos.

El cierre del gobierno trajo su propio manual de instrucciones absurdas. Las escuelas del distrito mandaron cartas a los padres: "Debido a la falta de fondos federales, el menú escolar se ajustará temporalmente." El "ajuste" consistía en que los niños debían llevar su propia comida, aunque muchos apenas podían llevar cuadernos. La maestra del edificio de al lado, una mujer que ya parecía hecha de tiza y paciencia, me contó que tenía más sillas vacías que alumnos. "Las familias se están yendo", dijo, como quien confiesa que se está quedando sin voz. Algunos padres habían sido detenidos, otros simplemente desaparecieron una noche, sin despedirse, sin cerrar la puerta. Mike escuchaba desde su rincón y comentó:

—Los humanos siempre hablan de futuro, pero les encanta dejarlo huérfano.

En el mercado del barrio las cosas no iban mejor. Don Emiliano, el carnicero, redujo su horario. "No por miedo —dijo—, sino porque ya no hay a quién venderle." Las neveras lucían tristes, con más eco que carne. La gente compraba lo mínimo: pan, arroz, resignación. El dinero no alcanzaba y la confianza costaba demasiado. Hasta los perros callejeros empezaron a pelear menos, como si también hubieran entendido que ya no hay sobras suficientes para todos. El barrio entero se movía como un animal herido, lento, desconfiado, tratando de no llamar la atención de nadie. Cada día que pasaba sin respuesta oficial era un recordatorio silencioso de que el país podía seguir respirando sin nosotros, pero nosotros no sin él. Las persianas se abrían tarde, las conversaciones empezaban bajito y terminaban en susurros. Y, sin embargo, en medio de ese paisaje de escasez, seguía habiendo una terquedad mínima: la de levantarse, la de saludar al vecino, la de preparar café, aunque fuera aguado.

El cierre también trajo ingenio. En la lavandería, Doña Clara cambió los letreros de "Se lava y plancha" por uno nuevo que decía: "Se conversa mientras espera." Y fue un éxito. La gente llegaba con una camisa y un tema pendiente. Un día discutían sobre el clima, otro sobre los sueños, otro sobre el último rumor del vecindario. Doña Clara decía que era su manera de lavar culpas.

"Total, el jabón y la conversación quitan manchas distintas." Mike la escuchó y asintió, satisfecho:

—Esa mujer debería ser ministra del ánimo.

De a poco, la lavandería se volvió consultorio, confesionario y sala de espera del futuro. Allí se cruzaban historias que no entraban en ningún informe: la abuela que no sabía usar Zoom para ver al nieto, el joven que tenía miedo de manejar porque la policía paraba "por chequeo", la mujer que aprendía recetas nuevas para que el arroz pareciera otra cosa. Entre detergente y chisme, el barrio se sostenía entero sobre la espalda de esa conversación continua, como si hablar en voz baja fuera la última forma de democracia posible.

No todos tuvieron tanta suerte. El pequeño café de la esquina cerró después de treinta años. El dueño, Don Héctor, pegó un cartel en la puerta: "Cerrado por falta de café, no de fe." Los bancos ya no daban crédito, los clientes ya no daban confianza y las calles ya no daban tema. Solo quedaba el silencio, ese ruido que se pega como sombra. Yo pasaba frente al café todas las mañanas y aún podía oler el recuerdo del pan tostado. Mike, sobre mi hombro, decía:

—Así huele la nostalgia recién horneada.

A veces me quedaba quieto frente a la puerta cerrada, tratando de recordar cuántas conversaciones habían empezado allí con un "¿cómo estás de verdad?". Era como mirar una foto en la que uno ya no sale. El barrio, poco a poco, se iba llenando de esas vitrinas muertas: locales con historia reducidos a un papel pegado con cinta, promesas que se quedaban golpeando del otro lado del vidrio. Lo terrible no era solo que cerraran, sino lo rápido que aprendíamos a pasar frente a ellos sin detenernos, como si la costumbre de perderlo todo viniera incluida en el paquete de ciudadanía de segunda.

El cierre del gobierno también cerró el humor. Las fiestas se suspendieron, los cumpleaños se celebraban por videollamada y hasta los curas predicaban por streaming, porque nadie quería reunirse en grupo: "por si acaso." El país parecía un experimento social sin consentimiento. La gente se volvió más cortés, pero también más distante. Nadie quería hacer nuevas amistades, porque cada nueva amistad era una posible pérdida futura. Mike lo explicaba así:

—Los humanos se están vacunando contra el cariño. Pero como toda vacuna, tiene efectos secundarios: soledad.

Las bromas se hicieron más cortas, las risas más discretas, los abrazos casi delitos. La intimidad se volvió sospechosa. Y, sin embargo, en los pasillos del edificio, a veces se cruzaban miradas que decían más que cualquier conversación prohibida: "yo también tengo miedo, pero sigo aquí." En esas miradas pequeñas se sostenía algo que ningún decreto podía cerrar: la capacidad de reconocerse en el otro, aunque fuera a distancia.

Un mediodía, el correo dejó de llegar. El cartero, un hombre amable que conocía a todos por nombre y apodo, vino al salón con su uniforme arrugado y un sobre vacío. "Vine a avisar que no habrá entregas por un tiempo —dijo—, pero no sé por cuánto." Me sentí obligado a ofrecerle café. Se sentó, cansado, y agregó: "Nos dijeron que el sistema está en pausa. Pero yo llevo

384

veinte años repartiendo cartas y nunca había visto un país quedarse sin dirección." Mike, desde la caja, se estiró y respondió:

—Eso pasa cuando las cartas dejan de tener destinatario. Los humanos ya no escriben para hablar, escriben para olvidarse de lo que callan.

El cartero sonrió con tristeza, como si alguien le hubiera puesto palabras a un peso que llevaba años cargando sin nombrarlo. Cuando se fue, el salón se quedó con una sensación rara, como de correo extraviado en el aire. Ya no llegaban cartas, pero las noticias malas seguían encontrando la manera de entrar sin timbre ni remitente.

Las noticias hablaban de "afectaciones temporales", pero el barrio sabía que lo temporal siempre dura más de lo que promete. La rutina se adaptó. El miedo ya no era noticia, era parte del mobiliario. Y la esperanza se volvió un lujo que se compraba al por menor. Las iglesias empezaron a llenarse otra vez, pero no de fe: de miedo compartido. Los rezos se parecían más a quejas, y los santos parecían cansados de tanto escuchar lo mismo: "que no se lo lleven, que no toquen la puerta, que no suene el teléfono." Mike solía dormir al pie del altar cuando yo lo llevaba a misa los domingos. Decía que el incienso le recordaba al champú caro, pero que las oraciones humanas tenían "demasiado trámite".

—Demasiadas palabras para decir miedo —me explicó un día, mientras un coro desafinado cantaba "Ven Espíritu Santo" y un niño lloraba en la última fila.

El efecto dominó siguió su curso. Cuando las redadas empezaron, los niños dejaron de ir al parque. Cuando las camionetas sin logo se estacionaron cerca, los vendedores ambulantes se disolvieron como humo. Y cuando la escuela cerró una semana "por mantenimiento", nadie preguntó cuándo abriría. El barrio empezó a parecer un álbum de fotos al que le arrancaron la mitad de las páginas. Faltaban rostros en las ventanas, voces en los balcones y risas en las esquinas. Yo trataba de mantener el salón abierto, más por obstinación que por ingresos. Era mi manera de decirle al país: "Todavía hay tijeras, aunque falten respuestas." Mike lo sabía. Me acompañaba cada mañana, como si custodiar la rutina fuera su forma de patriotismo.

—La resistencia también se barre, Ale. Cada cabello que recoges es una bandera limpia.

Y tenía razón. En tiempos así, barrer era un acto de fe. Cada mechón que caía al suelo era una prueba silenciosa de que alguien seguía viniendo, de que todavía había cuerpos que necesitaban reconocerse en el espejo, aunque afuera todo insistiera en borrarlos.

Un día, mientras cerrábamos, escuchamos sirenas lejanas. No las de emergencia, las otras. Las que suenan cuando el miedo se disfraza de orden. Mike se subió al mostrador, erizó el lomo y susurró:

—Otra cacería nocturna. Los humanos tienen extraños hobbies.

Yo apagué las luces. El barrio se quedó en silencio, pero el aire temblaba, como si respirara por miedo. Pensé en Doña Rema, en el muchacho del taller, en las sillas vacías de la escuela, en las calles que ya no eran nuestras. Y entendí que sobrevivir también cansa. Mike me miró, tranquilo, y dijo:

—No te acostumbres, Ale. Los humanos confunden adaptarse con rendirse.

Esa noche escribí en el pizarrón del salón:

Inventario de Supervivencia

• 2 cortes a crédito

• 3 cafés compartidos

• 5 vecinos ausentes

• 1 gato con paciencia histórica

• 1 esperanza en observación

Apagué la radio. El silencio volvió a llenarlo todo. Pero esta vez no dolía tanto. Era un silencio cansado, sí, pero no vacío. Un silencio que respiraba con nosotros, esperando el próximo amanecer. Los días empezaron a confundirse. El calendario colgado en la pared ya no servía para contar el tiempo, sino para recordar lo que se estaba yendo. Nadie sabía si era martes o domingo, porque todo se parecía a un lunes eterno. En el barrio ya no se escuchaban gallos ni radios, solo el murmullo de un país que parecía contener la respiración. Y cuando el silencio es tan largo, hasta los relojes aprenden a mentir. Mike, en su estilo implacable, lo resumió con precisión quirúrgica:

—El país no está en crisis, Ale. Está en pausa publicitaria. Solo que olvidaron volver al programa principal.

El cierre del gobierno cumplía ya más de un mes. En la televisión, los presentadores sonreían con la serenidad del que cobra a fin de mes, mientras explicaban que "todo volverá pronto a la normalidad". Pero en el barrio, la normalidad era un lujo importado. La escuela cerró oficialmente "por falta de fondos". El aviso en la puerta decía: "Reanudaremos clases apenas sea posible." Las letras eran firmes, pero el papel temblaba con el viento. Los niños, sin escuela, pasaban el día jugando en los pasillos o escondidos detrás de los autos. Algunos cargaban mochilas vacías, como si todavía quisieran convencer al mundo de que seguían aprendiendo. Una tarde, un grupo de ellos se acercó al salón. Querían usar los espejos. "Para vernos, por si mañana no estamos", dijo uno, sin reír. Mike se subió a la repisa y los observó con solemnidad.

—Estos pequeños son más sabios que el Congreso entero —me dijo, sin ironía—. Ellos sí entienden lo que es estar ausente antes de desaparecer.

El cierre también tocó los hospitales. Las enfermeras del centro comunitario seguían trabajando, pero sin sueldo y con medicinas contadas. Una de ellas, Celia, venía al salón a cortarse el cabello cada vez que necesitaba desahogarse. "Los pacientes no preguntan si hay medicinas —me dijo un día—, solo si los van a encontrar. A veces llegan sin nombre, sin papeles, sin historia. Y cuando se van, tampoco dejan constancia." Mike la escuchó, atento.

—Debe ser triste curar cuerpos cuando el país está enfermo de alma —comentó.

Celia río con cansancio:

—Peor es ver cómo algunos disfrutan la fiebre ajena.

El efecto dominó continuaba. Don Julio, el mecánico del callejón, tuvo que cerrar su taller. "Ya nadie arregla autos —explicó—, porque ya nadie se atreve a manejarlos lejos." Vendió las herramientas, guardó las fotos de su familia y se marchó de madrugada. Solo dejó un cartel pintado a mano: "No me fui. Me desapareció la necesidad." Mike se acurrucó junto a ese cartel durante tres días. No quiso comer. Solo dormía allí, sobre la acera, como si custodiara el último testimonio de dignidad. Cuando volvió al salón, traía polvo en las patas y ojos viejos.

—Los humanos siempre confunden irse con rendirse —dijo, lamiéndose con desgano—. Pero irse también es una forma de sobrevivir.

El país entero parecía encogerse. Las fronteras se volvieron interiores. Ya no se trataba de pasar un muro, sino de atravesar el miedo de la puerta de tu casa. Una tarde, en la bodega, escuché una conversación entre dos vecinas.

—Dicen que están pagando por denunciar —susurró una.

—Yo no creo.

—Yo sí. A la comadre de mi primo le ofrecieron dinero por decir quién se fue y quién volvió.

—¿Y aceptó?

—No sé. Pero dejó de saludar.

El rumor creció como maleza. De pronto todos sabían algo, todos sospechaban algo. Y lo peor no era el miedo, sino la desconfianza. El barrio empezó a hablar en clave. Las despedidas eran más cortas, las conversaciones más cautelosas. Mike lo notó primero.

—El aire cambió, Ale. Huele a delación.

Y tenía razón. El olor del miedo es inconfundible: una mezcla de café recalentado, sudor y secretos mal guardados.

Un día, Doña Rema volvió al salón, la misma que todos sospechaban que daba "informes". Venía con un pastel en la mano y una culpa que no sabía dónde esconder. "Lo hice por necesidad —dijo sin que nadie le preguntara—. No me siento orgullosa. Pero el hambre tampoco firma contratos." Mike se subió a su regazo. Ella lo acarició temblando. El gato no se movió. Solo ronroneó con ese sonido entre motor y consuelo que parecía decir: te entiendo, pero no te absuelvo. Cuando se fue, dejó una moneda sobre la mesa. No era pago por el corte, sino por el silencio. Las noticias anunciaban que el cierre del gobierno se prolongaba. Los analistas debatían en pantallas divididas, mientras el país se desarmaba por fuera del cuadro. Decían que era "la crisis más larga en la historia moderna". Nosotros ya lo sabíamos: la historia moderna siempre tiene hambre vieja.

Los niños jugaban a contar camiones. El nuevo pasatiempo del barrio: identificar si el vehículo que doblaba la esquina era uno de "los otros". El juego consistía en no perder la calma. Si el camión pasaba de largo, todos respiraban. Si se detenía, todos apagaban las luces. Mike observaba desde el balcón, majestuoso, inmóvil.

—Parece que los humanos confunden vigilancia con esperanza —me dijo un día—. Creen que, si miran mucho, el peligro se cansa de existir.

A veces, para distraernos, organizábamos pequeñas reuniones en el salón. Las llamábamos "cortes colectivos", aunque nadie se cortaba el pelo. Traían comida, música y un poco de alegría enlatada. Era nuestra versión de la resistencia. Una noche, mientras sonaba una canción vieja de Los Panchos, Doña Clara alzó su vaso y brindó:

—Por seguir aquí, aunque el país se haya ido.

Todos rieron, incluso Mike, que maulló como si diera su aprobación. Yo pensé que esa risa, esa pequeña burbuja de humanidad, valía más que cualquier discurso presidencial. Pero no todo era ternura. El miedo también se volvía negocio. Una compañía empezó a vender "botones de emergencia para comunidades vulnerables". Se anunciaban en la radio: "Por solo 19.99 al mes, protéjase y proteja a los suyos." Era la nueva economía del pánico. Hasta el miedo tenía plan de suscripción. Mike escuchó el anuncio, se relamió una pata y dijo:

—Si inventan una app para medir la dignidad, te aseguro que también la monetizan.

El barrio comenzó a organizar su propia red de ayuda. Nada oficial, nada heroico. Solo una cadena invisible de favores. Un plato compartido, un mensaje de aviso, una señal convenida por si alguien necesitaba esconderse. Era solidaridad clandestina. Yo ofrecía el salón como refugio. No cabían muchos, pero sí el miedo de varios. Mike dormía en la puerta, como guardián de la dignidad. Y aunque nadie lo decía, todos sabíamos que, si las cosas se ponían feas, él sería el único con derecho a quedarse. Una tarde llegó una carta sin remitente. El sobre era blanco, sin timbre, sin nombre. Dentro, una hoja con una sola frase escrita a máquina: "Cuando todo se apague, siga cortando." No había firma. Ni falta hacía. Era el tipo de mensaje que solo puede venir de alguien que también está resistiendo en silencio. Mike olfateó la carta, la rasguñó y dijo:

—Parece un poema disfrazado de advertencia.

Y la dejó sobre el mostrador, como si fuera una bandera.

Los días siguieron su marcha lenta. El país aún no reabría, pero en el barrio algo había cambiado. La gente ya no se escondía tanto. Los niños volvían poco a poco al parque, los vecinos intercambiaban saludos breves pero sinceros y hasta las paredes parecían haber recuperado color. No era optimismo. Era instinto. La certeza de que, aunque todo se desmorone, si uno sigue abriendo la puerta y encendiendo la luz, ya está ganando una batalla pequeña, pero digna. Mike, sobre la caja, resumió la filosofía del barrio en una sola frase:

—La supervivencia no se grita. Se ronronea.

Y tenía razón. Habíamos aprendido a existir en voz baja, a sostenernos unos a otros sin hacer ruido, a convertir el miedo en una especie de coreografía discreta donde nadie se soltaba del todo. El país podía seguir cerrado, pero nosotros, sin permiso de nadie, habíamos abierto otra cosa: la costumbre de no dejar solos a los que temblaban.

El día que el barrio decidió salir, el cielo amaneció sin opinión. Ni sol ni lluvia. Solo una calma incómoda, como si el clima también dudara de qué lado ponerse. No hubo convocatoria, ni líderes, ni volantes. Solo un murmullo que corrió de puerta en puerta, una cadena de suspiros convertidos en decisión: "A las seis. En la esquina del mercado. Sin carteles. Sin ruido." Nadie sabía quién lo había dicho primero, pero todos lo habían entendido. Era hora de dejar de esconderse. Mike lo notó desde temprano. Pasó toda la mañana inquieto, saltando de una silla a otra, mirando por la ventana como si esperara señales. Cuando le pregunté qué le pasaba, respondió sin mirarme:

—Hoy va a pasar algo que los humanos no van a poder repetir en voz alta.

A las seis en punto, las puertas comenzaron a abrirse. Una, luego otra, luego todas. El barrio, que llevaba meses encerrado en sí mismo, empezó a caminar. Hombres, mujeres, ancianos, niños, todos avanzando en fila lenta, sin gritar, sin aplaudir, sin exigir. Solo caminaban. Algunos llevaban velas, otros, fotos, otros nada: solo las manos vacías, que a veces pesan más que cualquier pancarta. Nadie hablaba. El silencio era la consigna. Y el sonido de los pasos era más fuerte que cualquier discurso. Mike iba adelante. No sé cómo ocurrió, pero cuando salí del salón lo vi allí, caminando con elegancia de diplomático cansado, la cola en alto, los ojos firmes, como si entendiera que representaba algo más grande que su especie.

—No te quedes, Ale —dijo, volviéndose un instante—. Hoy no soy tu gato. Hoy soy el ciudadano que te falta.

Y siguió andando.

La marcha avanzó por la avenida principal. A cada paso, más puertas se abrían. La gente se unía, sin preguntar por qué. Era como si el miedo hubiera decidido rendirse por un rato. Las tiendas cerradas encendían una luz. Los balcones dejaban caer pétalos o papelitos con frases cortas: "Aquí seguimos." "Todavía somos." "No nos borraron." Las sirenas sonaban a lo lejos, pero nadie corrió. Por primera vez, el barrio no huyó. Los agentes no sabían qué hacer. No había delito. No había protesta. Solo un desfile de humanidad negándose a desaparecer. Mike se detuvo frente al edificio de la antigua escuela, subió a un muro y miró hacia la multitud. El silencio era absoluto. Solo se oía el viento, ese que parecía haber estado conteniendo la respiración por semanas. Entonces, sin aviso, Mike maulló. Una sola vez. Un sonido claro, largo, lleno de una mezcla extraña de ternura y furia. Y como si fuera señal, todos levantaron la mano. No un puño, no una bandera. Solo una mano abierta. Un gesto tan simple como poderoso: "Aquí estoy."

Esa imagen quedó grabada. No por los medios, que no la cubrieron, sino por la memoria colectiva del barrio. Fue la primera vez, en mucho tiempo, que nadie se sintió invisible. Cuando regresamos al salón, el aire era distinto. El silencio ya no pesaba. Sonaba. Era un silencio lleno de cosas. Encendí la radio. Solo había noticias sobre "la inestabilidad política", "el impacto económico del cierre" y "la incertidumbre migratoria". Palabras huecas, redactadas desde lejos. Mike se tumbó sobre la caja y dijo:

—Hablan del país como si fuera un rompecabezas roto. No entienden que el problema no son las piezas, sino que nadie quiere tocarlas con las manos sucias.

Esa noche, el barrio no durmió. En cada casa había una vela encendida. Nadie lo acordó, pero todos lo hicieron. Una vigilia espontánea, una manera de recordarse vivos. Desde mi ventana vi a los niños del edificio de enfrente. Jugaban con sombras en la pared, formando siluetas de animales. Uno hizo la figura de un gato y los otros se rieron. Mike los observó y comentó, medio dormido:

—Mira, Ale. Hasta la luz quiere jugar otra vez.

Los días siguientes trajeron algo parecido a calma. No paz, no normalidad. Solo una tregua. El gobierno seguía cerrado, las redadas no paraban, pero la gente ya no bajaba la mirada al cruzarse. Había nacido una forma nueva de comunidad: la complicidad del que ha resistido sin hacer ruido. Los saludos volvieron, los "buenos días" sonaban sinceros y hasta el panadero volvió a hornear, aunque solo para regalar. "Por gratitud —dijo—, porque comer juntos es la única frontera que no se defiende." Mike, satisfecho, ronroneó:

—Este barrio entendió la verdadera economía: la del cariño no declarado.

Un día vino la periodista del canal local, la misma del reportaje. Traía su micrófono, su sonrisa y un nuevo discurso.

—Dicen que organizaron una protesta. ¿Fue así?

—No —le respondí—. Fue un paseo. Solo queríamos vernos las caras.

Ella miró a Mike, que dormía sobre el mostrador, y preguntó:

—¿Cree que este gato se convirtió en símbolo de esperanza?

—No —dije—. Mike solo nos recordó que no hace falta hablar para decirlo todo.

La periodista sonrió, anotó algo y se fue. El reportaje nunca salió. Tal vez porque no había conflicto, y la calma no da rating. Esa noche, Mike se subió a mi regazo. Estaba tranquilo, como si supiera que su tarea había terminado.

—Hoy fue un buen día, Ale.

—Sí.

—¿Sabes por qué?

—Porque nadie tuvo miedo.

—No.

—¿Entonces?

—Porque el miedo también se cansó de ganar.

Sonreí. Lo acaricié despacio. El salón olía a café, a champú, a humanidad. Y por primera vez en mucho tiempo sentí que el país, o al menos nuestro pedacito de él, había encontrado su voz. Una voz hecha de silencio, de dignidad y de un gato que, sin proponérselo, nos enseñó a caminar de nuevo.

Capítulo 18: El Eco del Spa

El barrio empezó a cambiar sin hacer ruido. No hubo sirenas, ni comunicados, ni anuncios en la televisión. Solo una especie de silencio disciplinado, como el que se aprende a fuerza de mirar hacia otro lado. Era un silencio que caminaba con la gente, que se colaba por debajo de las puertas y se acomodaba en los rincones, igual que el polvo, pero con miedo.

Las calles ya no olían a pan por la mañana ni a gasolina a mediodía. Olfateaban, más bien, a precaución, esa fragancia agria que deja el peligro cuando se disfraza de normalidad. Los autos dejaron de estacionarse frente al salón. Al principio pensé que era casualidad. Luego, que tal vez el vecindario estaba ahorrando gasolina por el cierre. Pero con el paso de los días, noté que algunos coches pasaban dos o tres veces, lentos, como si midieran la distancia entre el miedo y la sospecha. Las clientas llamaban con excusas cada vez más elaboradas: que el perro se había enfermado, que la abuela soñó algo malo, que el clima no era propicio para el cabello.

Una hasta dijo que el horóscopo le había aconsejado no salir. Yo asentía, con esa educación que da el cansancio, pero sabía la verdad: no era superstición, era supervivencia. Porque en el barrio empezaba a crecer un rumor viscoso, una sombra sin nombre que se repetía de boca en boca como una oración sin santo: "Alguien anda cobrando por avisar."

Primero fue un murmullo, una historia de esquina contada entre dos que no confiaban el uno en el otro. Después, un mensaje reenviado sin firma. Finalmente, una certeza compartida en susurros: que había dinero de por medio, que los rumores ya no eran gratuitos, que el miedo cotizaba mejor que el dólar.

Mike fue el primero en entenderlo del todo. Los gatos —decía él— son expertos en detectar cacerías, y esto olía a eso: a trampa, a recompensa, a caza autorizada. —El aire cambió de dueño —me dijo una mañana—. Antes era de todos; ahora parece que hay que pagarlo por respiración. —¿Y tú cómo lo sabes, Mike? — Porque los pájaros ya no cantan. Y cuando los que vuelan se callan, es porque el suelo empezó a cobrar por las alas. Una noche, mientras cerraba el salón, vi una figura parada frente al poste de luz. No se movía. Solo observaba, con las manos en los bolsillos y una calma sospechosa. Me miró un segundo y después cruzó la calle sin apuro. Al día siguiente, el panadero me contó que varios vecinos habían recibido llamadas extrañas: voces sin nombre que preguntaban cosas imposibles de responder bien. "¿Cuántas personas viven en su casa?", "¿Ha visto movimientos raros en el edificio de enfrente?", "¿Podría confirmar si esa familia sigue allí?" Y aunque nadie lo decía en voz alta, todos sabían lo mismo: que esas preguntas no venían de curiosos, sino de gente pagada para preguntar. Los días siguientes fueron una sucesión de ausencias.

La familia del 4B dejó el apartamento una madrugada. El joven del colmado cerró con candado y no regresó. La señora que planchaba uniformes ya no encendió su radio. Cada desaparición era un silencio más en la sinfonía del barrio. Mike, desde la ventana del salón, observaba como quien mira un funeral sin música. —El miedo se está organizando —dijo una tarde—. Hasta las sombras hacen fila para registrarse. Y tenía razón. Las sombras ahora parecían llevar planillas. Había una nueva economía en marcha: una donde la información era el único producto en oferta. Una vecina, doña Trini, me contó llorando que alguien había denunciado a su sobrino. "Por error", dijo. Pero el error ya estaba hecho. Los agentes llegaron en la madrugada, y cuando se fueron, el niño pequeño quedó abrazado al perro, sin entender por qué su padre no volvía. —¿Y quién lo denunció? —pregunté. Ella se encogió de hombros, mirando al suelo. —Dicen que fue alguien del mismo edificio. Pero aquí ya nadie sabe quién es quién. Hasta las paredes parecen tener oídos nuevos. Mike, que la escuchaba desde su trono sobre la caja, bostezó con tristeza. —Los humanos han inventado una nueva profesión: cazadores de espejos. —¿Por qué de espejos? —Porque solo delatan lo que temen ver en sí mismos.

Las noches se hicieron largas. El ruido de los helicópteros sustituyó al canto de los grillos. Los perros ladraban con menos convicción, como si también tuvieran miedo de hacer demasiado ruido. El barrio se convirtió en un teatro de sombras: todo el mundo actuaba, nadie vivía. Algunos decían que todo era invento, otros que había "informantes civiles" cobrando por cada aviso. Unos hablaban de "bonos de productividad", otros de "patriotismo incentivado". Yo solo sabía que cada vez que alguien desaparecía, el silencio duraba más. Mike comenzó a dormir menos. Daba vueltas por el salón, se subía a los estantes, miraba por la rendija de la puerta y maullaba bajito, como si contara a los ausentes uno por uno. A veces llegaban nuevos clientes, pero no buscaban corte ni tinte. Solo querían un lugar donde respirar sin culpa. Gente temblando, con las manos frías, que pedía una taza de café más que un servicio.

Yo los atendía igual, porque a veces lo único que un ser humano necesita es sentirse mirado sin sospecha. Una mujer, con acento extranjero y ojos tristes, entró un mediodía y me dijo: —Aquí todavía se habla bajito, ¿verdad? Asentí. Ella suspiró y agregó: —Allá afuera ya no se puede. Hasta los árboles parecen informantes. Mike saltó a su regazo, se acurrucó y cerró los ojos. —

Ella entiende —dijo en su idioma de ronroneo—. El miedo no necesita traducción. Y así fue como el barrio se volvió un mapa de susurros. Cada ventana, un rumor. Cada puerta, una posibilidad de traición. La desconfianza creció tan rápido que las miradas ya no saludaban: se medían. "El país está en pausa", repetían los noticieros. "La situación, bajo control", decían las autoridades.

Pero los que vivíamos aquí sabíamos otra verdad: que el país no estaba en pausa, sino en sospecha. Y la sospecha, cuando se instala, ya no se muda. Una noche, mientras barría los cabellos del día, Mike me miró y dijo con esa calma que da el cansancio lúcido: —¿Sabes qué es lo más peligroso de todo esto? No los que cazan. Sino los que aplauden desde la ventana. Me detuve. Porque entendí. Porque tenía razón. Y porque, de algún modo, todos estábamos en esa ventana. El miedo, como el polvo, se instala. Pero también se barre. Esa fue la noche en que decidí no cerrar el salón. Si el país iba a quedarse sin voz, al menos aquí seguiría sonando el secador, esa pequeña tormenta doméstica que nos recordaba que aún existía electricidad, ruido y vida. Y Mike, con una media sonrisa, dijo antes de dormirse: — Entonces que empiece el turno nocturno del valor.

Esa decisión cambió el ritmo del barrio. La gente empezó a venir después del anochecer, no tanto por el corte, sino por el alivio. Llegaban con pasos sigilosos, como quien entra a un santuario clandestino. A veces se sentaban en silencio, otras hablaban en susurros, como si temieran despertar a la ciudad entera. El salón se volvió una especie de cuartel emocional, un lugar donde la dignidad encontraba refugio en una taza de café y un corte parejo. Había noches en que el miedo parecía más grande que las tijeras, pero aun así seguíamos. Porque cerrarle la puerta a la esperanza hubiera sido perder la única batalla que sí podíamos ganar.

Mike lo sabía. Se paseaba entre las sillas con solemnidad de vigilante nocturno, como si estuviera tomando lista de las almas que resistían. A veces se sentaba frente a la puerta, otras justo al lado de la ventana, observando las sombras que pasaban como si pudiera traducirlas. Y cada tanto, antes de quedarse dormido, alzaba la cabeza y me decía con voz dormida pero firme: —No te preocupes, Ale. Mientras aquí siga la luz, nadie se pierde del todo. Y yo le creía. Porque a pesar de todo, había una verdad que el país no podía confiscar: que mientras un barrio decide seguir respirando junto, ninguna sospecha —por grande que sea— puede apagar del todo la vida.

Una tarde gris, cuando el sol parecía haberse tomado vacaciones sin aviso, entró al salón doña Rema, la viuda que vendía empanadas los domingos. Llevaba el cabello cubierto con un pañuelo desteñido, una bolsa de supermercado vacía en la mano y una mirada que no miraba a nadie. La puerta se cerró tras ella con un sonido seco, como si el aire se negara a salir. Mike la observó desde el mostrador, inmóvil, con esa seriedad felina que uno aprende a temer más que cualquier palabra. —Buenas tardes, Ale —dijo ella, con una voz que apenas le pertenecía—. ¿Todavía hace cortes económicos? Asentí. No porque creyera que iba a pagar, sino porque algunas personas necesitan ser atendidas para no desaparecer. Le señalé la silla frente al espejo.

Se sentó despacio, con los dedos enredados entre sí, y miró su reflejo como si estuviera viendo a otra persona.

—Quiero que me lo corte corto —dijo—. Bien corto. Como para empezar otra vida. Empecé a peinar su cabello, despacio, en silencio. El sonido del cepillo contra el cabello seco era el único diálogo posible. Afuera, el barrio respiraba con ansiedad. Adentro, el tiempo parecía haberse detenido. De repente, ella habló, sin levantar la vista: —¿Usted cree que uno puede hacer algo malo sin ser mala persona? —Depende —dije—. A veces el hambre tiene más argumentos que la moral. Ella sonrió con tristeza. —Eso pensé yo también. Hasta que dejé de dormir.

Entonces empezó a contar. Dijo que hacía meses no podía pagar la renta. Que el hijo la había dejado sola y que la pensión nunca llegaba. Que a veces comía una vez al día y que había aprendido a oler los puestos de comida para sentirse llena. Una tarde, en la parada del bus, un hombre se le acercó. No llevaba uniforme ni placa, solo una sonrisa amable y una voz limpia, de esas que inspiran confianza precisamente porque no deberían. Le habló del "programa comunitario", de "colaborar con las autoridades", de "mantener seguro el vecindario". Palabras grandes, envueltas en patriotismo de bolsillo. Y luego, la frase que la torció por dentro: "Cada aviso confirmado, cincuenta dólares." —Cincuenta dólares —repitió ella, como si la cifra fuera una oración. —¿Y aceptó? —No ese día. Pero lo pensé. Lo pensé tanto que el pensamiento empezó a oler a pan caliente. Volvió a verlo dos días después. El hombre estaba en el mismo sitio, con el mismo abrigo. Le dijo que, si conocía a alguien "sin papeles", podía avisar discretamente. Nada grave, solo una ayuda, un "acto de responsabilidad cívica". Ella dudó. Pero la necesidad no duda: firma. Le entregó un papel con un nombre y una dirección. Ni siquiera lo conocía bien. Un muchacho del edificio de enfrente que trabajaba en un taller. "Seguro ni lo van a ir a buscar", pensó. Pero fueron. Esa misma noche. A las tres de la madrugada. —Vi las luces desde mi ventana —dijo—. Vi cómo se lo llevaban. No gritó. Solo miró hacia arriba, como si buscara estrellas y encontrara mi culpa.

Su voz se quebró. El espejo frente a ella parecía empañado, pero no había vapor, solo lágrimas invisibles. —Desde entonces no duermo. Siento que el muchacho me mira desde todos los reflejos. Hasta el agua del fregadero me lo devuelve. Guardé las tijeras. No era momento de cortar nada. Mike saltó al suelo, caminó despacio hacia ella y se sentó a sus pies. Ella lo miró, con un miedo infantil. —¿Sabe, Ale? A veces sueño que alguien me apunta con el dedo. Y cuando me despierto, soy yo misma. Mike levantó la cabeza, mirándola con ternura implacable. —No la juzgues — dijo—. Todos venden algo. Ella solo vendió lo único que el país todavía compra: el miedo. Yo me quedé mudo. Porque la verdad, dicha por un gato, duele más.

Esa noche, doña Rema se fue con el cabello corto, casi rapado. Dijo que así se sentía más liviana. Que el peso no estaba en el cuerpo, sino en la conciencia. Le regalé el corte. Era lo menos que podía hacer. Aunque, si soy sincero, fue también un intento de redención prestada. Uno a veces intenta salvarse ayudando a los demás, aunque llegue tarde. Mike la siguió con la mirada hasta que dobló la esquina. —Hay dos tipos de pobreza —dijo—. La que te quita el pan y la que te quita el alma. —¿Y cuál crees que duele más? —La segunda. Porque de la primera a veces se sale. De la otra, se sobrevive en cuotas.

Durante las semanas siguientes, el nombre de doña Rema desapareció de las conversaciones. Nadie la mencionaba, como si nombrarla fuera peligroso. Pero todos sabían. Y todos, en el fondo, comprendían demasiado bien. A veces la veía de lejos, vendiendo empanadas otra vez, más delgada, más silenciosa. Ya nadie compraba. No por maldad, sino por superstición. Temían que al morder la masa se les pegara en el paladar un poco de culpa ajena. Mike la observaba desde la ventana del salón, con esa paciencia que tienen los gatos cuando miran lo inevitable. —Mira cómo la soledad cobra con intereses —dijo un día—. Aquí el miedo tiene oficina, horario y lista de clientes. Yo lo miré, con la impotencia de quien ve venir una tormenta y solo tiene una toalla. —¿Y qué hacemos, Mike? —Nada. Solo seguir abiertos. El valor no siempre hace ruido. Una tarde, alguien pegó en los postes del barrio un cartel anónimo: "SE BUSCA INFORMANTE. RECOMPENSA POR INFORMACIÓN." Las letras eran grandes, torpes y estaban impresas en un papel barato. Debajo, una frase a mano: "Los traidores también duermen, pero sueñan en blanco y negro." Nadie supo quién lo puso. Algunos decían que fue el hijo del muchacho desaparecido. Otros, que fue alguien del mismo edificio.

Yo sospeché que fue la culpa misma, tratando de escribir su propio retrato. Mike solo comentó: —Qué curioso. Ahora pagan por señalar y también por descubrir a los que señalan. El miedo está haciendo negocio redondo. Días después, doña Rema dejó de aparecer. Ni en la iglesia, ni en el mercado, ni en la parada del bus. Un rumor dijo que se había mudado con una sobrina lejos, donde nadie la conociera. Otro rumor decía que alguien la había denunciado también. Y así, la rueda siguió girando. En el barrio, las delaciones se volvieron ecos. Cada nombre pronunciado generaba otro nombre, cada silencio, otra sospecha. Era como si todos hubiéramos sido contratados por la misma empresa invisible: el miedo, S. A.

Esa noche, mientras cerraba el salón, Mike se subió al mostrador y me miró fijo. —¿Sabes qué fue lo peor de todo, Ale? —¿Qué cosa? —Que ya nadie se atreve a hablar de bondad sin pedir recibo. Me reí, pero no supe si era por tristeza o resignación. Apagué las luces. El barrio dormía con las ventanas cerradas, pero con los ojos abiertos. Y pensé que quizás el verdadero milagro de Mike no era haber nacido con papeles, sino mantener la dignidad en un país que los confunde con permisos.

El miedo, cuando se asienta, ya no avisa: decora. Empieza a colgarse de los balcones, a colarse por los buzones, a saludar a los vecinos en la mañana. Y lo peor no es cuando llega, sino cuando se vuelve costumbre. En el barrio ya nadie preguntaba "¿cómo estás?", sino "¿todavía estás?". Las calles parecían de otro país. Los negocios abrían a medias, como si el día también necesitara permiso para amanecer. En la panadería, el letrero decía "cerrado por inventario", pero todos sabíamos que el único inventario que hacían era de clientes desaparecidos. El ruido de los niños jugando se había ido, reemplazado por el zumbido constante de motores lejanos, los mismos que hacían a los perros esconderse bajo los autos. Hasta el viento parecía sospechoso, como si trajera chismes en lugar de hojas.

El salón se convirtió, sin que nadie lo planeara, en un refugio improvisado, un pequeño país dentro del país. La gente ya no venía a cortarse el cabello, sino a recordar que todavía podía hablar sin permiso. Cada corte era una excusa para confesar algo, como si las tijeras tuvieran poder de absolución. Llegaban con frases truncas: —"Usted no me vio, ¿verdad?" —"Si preguntan, no diga que vine." —"¿Aquí se puede llorar sin cita?" Yo asentía y ponía música suave, porque el sonido del secador disfrazaba las lágrimas mejor que cualquier discurso. Mike caminaba entre ellos con la solemnidad de un sacerdote sin sotana. Saltaba a los regazos, ronroneaba despacio y los clientes se quedaban callados, como si esperaran su bendición. "Este gato tiene alma de embajador", dijo un día un anciano con la voz hecha ceniza. "Representa al país que todavía no se ha olvidado de ser gente." La paranoia crecía afuera. Dentro, resistíamos con cafecito y humor. Habíamos aprendido a reír en voz baja, como quien comparte un secreto con el destino. Doña Olga, la costurera del barrio, decía que ahora todos vestían con los mismos colores, por si había que mezclarse con la pared. El señor Pacheco, el zapatero, contaba que su hijo se fue a trabajar lejos porque aquí ya no se reparaban zapatos, solo pasos rotos. Y en medio de todo, Mike —el gato con papeles— era el único ciudadano que no tenía miedo de salir a la calle. —A mí no me pueden deportar —decía con ironía felina—. Aunque últimamente sospecho que a los gatos también nos quieren revisar el árbol genealógico. Yo me reía, pero por dentro entendía su tristeza. Porque en el fondo, Mike sabía que los papeles son solo excusas para distinguir quién puede respirar tranquilo y quién no.

El miedo se sofisticó. Antes era visible: uniformes, luces, sirenas. Ahora era administrativo. Venía disfrazado de encuesta, de mensaje anónimo, de "control rutinario". Hasta los teléfonos parecían trabajar para el enemigo. Había aprendido a hablar con menos palabras y a pensar sin pensar en voz alta. —La paranoia es el nuevo idioma nacional —me dijo Mike un día—. Y lo peor es que se entiende sin traducción. Tenía razón. La paranoia era contagiosa, más rápida que los rumores y más barata que la esperanza. Una tarde, mientras llovía, llegó una mujer joven, empapada, sin cita y con la mirada rota. Tenía los labios temblando, pero no por frío. Me pidió solo un secador encendido. —Para escuchar algo que no sea silencio —dijo. Le di café, le presté una toalla y no pregunté nada. Estuvo dos horas sentada sin hablar. Cuando se fue, dejó en el mostrador una servilleta con una frase escrita en lápiz: "Mi madre desapareció ayer. Si viene alguien preguntando, dígale que sí existió." La guardé en el cajón, junto a las facturas y los recibos, porque al final todo eso era lo mismo: pruebas de existencia. Mike la miró irse bajo la lluvia. —Los humanos siempre dejan notas como si el papel los salvara. Yo, en cambio, entierro mis recuerdos bajo el sofá. —¿Y eso funciona? —No, pero al menos nadie los encuentra.

Poco a poco, el barrio se volvió un tablero de ajedrez. Todos se movían con cautela, esperando que nadie gritara "jaque". Las amistades se enfriaron, los saludos se redujeron a un gesto y los ojos se convirtieron en interrogatorios andantes. Un día, doña Trini (la misma que perdió a su sobrino) vino al salón con un pastel. Dijo que era su manera de agradecer por mantener la puerta abierta. Cuando se fue, vi a varios vecinos mirarla desde las ventanas. No con envidia, sino con sospecha, como si la bondad también necesitara documentos. —Ya ni las sonrisas son confiables —dijo Mike—. Demasiado baratas para ser auténticas. El miedo empezó a tener jerarquías. Estaban los que temían ser descubiertos, los que temían perder el trabajo, los que temían quedarse solos y los que simplemente temían no tener a quién temer. Los niños jugaban a las redadas. —"¡Tú eres el agente!" — gritaban, y los otros corrían riendo. Hasta el juego se volvió entrenamiento. Y el barrio, escenario. Mike los miraba desde la ventana. —La inocencia es la primera en pagar impuestos —susurró—. Y este país ya la tiene en deuda desde hace años.

Dentro del salón, intentábamos conservar un simulacro de normalidad. Cada corte era una pequeña victoria. Cada conversación, una resistencia. A veces, cuando no venía nadie, encendía la radio solo para sentir que el mundo seguía. Las noticias hablaban del "cierre prolongado", de "problemas presupuestarios", de "conflictos en el liderazgo". Palabras grandes para cosas pequeñas. Nadie decía que el país se había quedado sin pulso. Mike bostezaba. —El idioma oficial del poder es el eufemismo —dijo—. Los humanos son maestros en disfrazar el desastre con sinónimos de calma. Esa noche, el barrio parecía dormido, pero era un sueño con los ojos abiertos. En el cielo, el ruido lejano de helicópteros recordaba que la paz todavía necesitaba escolta. Las luces del salón parpadeaban con la tormenta y yo, entre sombras, pensé que, si el país colapsaba, mi única herencia sería una silla giratoria y un gato con ciudadanía. Mike, medio dormido, murmuró: —No subestimes eso, Ale. Las sillas giran, pero los humanos repiten. Y eso sí es peligroso.

En medio de esa oscuridad, el salón resistía. Era como un farol encendido en una calle donde todos habían decidido apagar sus lámparas. Venía gente de lejos, de otros barrios, solo para sentarse un rato, tomar café y escuchar el ruido del secador. Decían que allí el aire era distinto. Más humano, más tibio, menos vigilado. — Aquí no hay política —les decía yo—. Solo champú, tijeras y algo de fe. Y ellos reían, como quien se acuerda de que reír también es una forma de ciudadanía. Mike caminaba entre las sillas, se subía al mostrador y, con esa autoridad silenciosa que solo tienen los gatos que han visto demasiado, decretó: —Este salón es la última embajada del sentido común. No le faltaba razón.

Al principio, nadie entendió cómo ocurrió. Un día éramos solo un salón con más telarañas que clientes y, al siguiente, una nota de portada en todos los noticieros locales. Todo empezó con una periodista del canal comunitario, una muchacha entusiasta, de voz dulce y sonrisa automática. Dijo que había escuchado "una historia esperanzadora entre tanto caos": un gato con papeles y un dueño sin ellos que juntos mantenían abierto un pequeño salón en un barrio donde todo lo demás cerraba. Le abrí la puerta por educación, pero también porque el silencio empezaba a pesar. Entró con su camarógrafo, un joven con más tatuajes que paciencia, y en menos de diez minutos ya estaban acomodando luces, micrófonos y algo que llamaron "la toma de humanidad". Mike se quedó quieto sobre la caja registradora, observando con esa mezcla de interés y desprecio que solo los gatos y los poetas saben manejar. —¿Podemos filmarlo, ¿verdad? —preguntó la reportera. —Si él quiere. —¿Y usted cree que entiende? —Él entiende más de lo que parece. Mike me miró, bostezó y se acomodó de espaldas a la cámara. Su modo elegante de decir: "No soy mascota de nadie." El reportaje duró tres minutos. Pero tres minutos de ternura televisada bastan para que un país entero crea haber encontrado su conciencia.

Esa noche, mi teléfono no paró de sonar. Mensajes, felicitaciones, solicitudes de entrevista. Hasta un número desconocido me escribió: "Queremos llevar al gato al programa matutino. Sería inspirador."

Inspirador. Esa palabra que usan los que nunca han tenido miedo, pero adoran emocionarse con el de los demás. A la mañana siguiente, el salón amaneció lleno. No de clientas, sino de curiosos. Gente con cámaras, micrófonos y esas sonrisas que no llegan a los ojos. Una influencer con pestañas postizas y una taza reusable entró filmándose: —Aquí estoy, en el famoso spa de la esperanza. Un lugar donde la solidaridad aún existe. ¡Y todo gracias a un gato inmigrante con papeles! Mike la observó como quien contempla una cucaracha filosófica. —Dijo "inmigrante con papeles". Eso es como decir "pecado bendito". Yo me limité a sonreír. La muchacha se agachó, lo quiso alzar. Mike se dejó, solo para que las cámaras obtuvieran la foto. Luego, con elegancia quirúrgica, le arañó el brazo. —¡Ay! —Debe de ser su forma de decirle gracias —le respondí.

En pocos días, el "Mike's Citizenship Spa" se convirtió en santuario mediático. Venían reporteros de todas partes, políticos en campaña de empatía y asociaciones con nombres imposiblemente largos: "Fundación para la Inclusión Felina y la Convivencia Multicultural". Traían donaciones, volantes, promesas. Una empresa de champú quiso patrocinar al gato: "Queremos lanzar una línea inspirada en él: Patriot Cat by Mike." Mike, al escucharlo, cerró los ojos con resignación. —Van a venderme en frascos, Ale. Y lo peor: con aroma a hipocresía. Las cámaras mostraban solo lo que convenía: el letrero del salón, las paredes color menta, el gato dormido, el dueño amable. Pero nunca mostraban la calle vacía, ni los rostros que se escondían detrás de las ventanas, ni las miradas que aún temblaban cuando pasaban los carros sin logo. La televisión no transmite miedo: lo censura con música inspiradora.

Una mañana, llegó al salón un hombre de traje oscuro y sonrisa de estatua. Venía escoltado por dos asistentes con carpetas y una fotógrafa. —Venimos en nombre de la Oficina de Imagen Nacional —dijo—. Queremos incluir su historia en nuestra campaña: "Unidad en tiempos difíciles." Le respondí que nosotros no éramos campaña de nada. —Pero su mensaje es poderoso — insistió—. "Un gato con papeles y un ciudadano de corazón." Representan lo mejor del país. El espíritu de superación, la mezcla, la empatía… Mike lo interrumpió: —Y la desmemoria. No se olvide de la desmemoria. El hombre lo miró, sin entender. Yo fingí toser. —Él está un poco sensible —expliqué. —Perfecto —dijo el funcionario, anotando algo—. Eso vende. En menos de una semana, ya había camisetas con su cara, memes, canciones, incluso un cómic digital titulado "Mike, el gato patriota". En las redes lo llamaban "el símbolo de la unión". Un canal internacional me ofreció traducir su historia al inglés. Y mientras más crecía el fenómeno, menos reconocía mi propia vida. El barrio seguía igual de roto, pero en televisión parecía curado. Decían que el gato había devuelto la esperanza, que ahora todos los vecinos convivían en armonía. Ni siquiera podían pronunciar el nombre del joven desaparecido, pero sí repetían el de Mike con hashtags y emojis. #MikeElCiudadano, #ElGatoQueUne, #HopeInFur. Mike los miraba en la pantalla y suspiraba: —Parece que ahora soy trending topic. El país se parte en dos y yo salgo en medio, para decorar la grieta.

Los reporteros preguntaban siempre lo mismo: —¿Qué mensaje quiere dejar con su historia? Y yo, cansado, respondía lo que sabían que querían oír: —Que aún hay esperanza, que la humanidad resiste, que los gatos nos enseñan a convivir. Mentiras útiles. Pequeñas anestesias para un país con insomnio moral. En realidad, quería decirles otra cosa: que la esperanza no es un eslogan, que el miedo sigue cobrando sueldos, que las redadas no salieron de vacaciones, que la calle sigue contando ausentes. Pero nadie entrevista verdades que no se pueden monetizar. Mike empezó a recibir cartas. Sí, cartas. Niños que le escribían pidiéndole consejos, mujeres que le mandaban fotos con frases como "Gracias por recordarnos lo que importa." Hasta un grupo de monjas le tejió una bufanda tricolor con la inscripción: "Para el felino que unió la nación." La bufanda era demasiado grande. Mike se dejó ponerla un momento, luego se tumbó sobre ella, mirándome con ironía. —Ya tengo mi bandera, Ale. Ahora solo me falta el territorio. Y mientras tanto, las redadas seguían. Solo que ahora nadie las cubría. El país estaba ocupado celebrando a su gato símbolo.

427

Un día, mientras una cadena internacional transmitía un documental titulado "El milagro de Mike", yo miré por la ventana y vi pasar otra furgoneta blanca. Sin luces, sin logo. Solo el ruido del motor y el silencio del barrio bajando las persianas. Mike se giró hacia mí. —Mira qué eficiente es la distracción. Mientras todos me aplauden, los fantasmas hacen horas extra. El gobierno local organizó un acto público. Querían entregarme una placa. "Por su ejemplo de resiliencia ciudadana." Me negué. Dije que no éramos ejemplo de nada, solo un gato y un hombre intentando no enloquecer. Aun así, enviaron la placa por correo. Venía con una carta firmada y una foto del presidente sonriendo. Mike la olfateó. —Huele a marketing. —¿La tiro? —No, déjala. Así recordaremos que hasta los gatos pueden ser propaganda si ronronean en el momento correcto.

Con el tiempo, el fenómeno empezó a enfriarse. Los medios encontraron nuevas distracciones. El gato del momento fue reemplazado por un perro que detectaba billetes falsos. Así de breve es la fama en un país donde el olvido se vende al por mayor. Volvimos al silencio. A los clientes intermitentes, al café tibio, a la radio temblando de estática. El barrio seguía medio vacío, pero al menos el eco de las cámaras se había ido. Mike volvió a dormir sobre la caja. Yo barría los cabellos del día. Y en el pizarrón, donde antes anotábamos las citas, escribí con tiza blanca:

Inventario final:

3 cortes de cabello.

2 promesas sin cumplir.

1 país confundido.

1 gato lúcido.

0 ilusiones televisadas.

Esa noche, antes de apagar la luz, Mike me dijo: —¿Sabes cuál es el verdadero eco del spa, Ale? No el ruido de los secadores. Es el silencio de los que ya no pueden venir. Y luego, antes de dormirse, añadió: —No te preocupes. El país olvidará esta historia pronto. Y eso, aunque duela, también es descanso. Apagué la radio. El barrio respiraba despacio. Y por un momento, el mundo pareció detenerse en el ronroneo tranquilo de un gato que, sin quererlo, había desenmascarado la humanidad entera.

Capítulo 19: Mike, "Influencer Patriótico"

El silencio del barrio no duró mucho. Ningún silencio dura en un país que necesita ruido para no pensar. Una semana después de la marcha, alguien subió un video. No se sabía quién. Solo se veía una calle llena de gente caminando sin hablar y, al frente, un gato gris con mirada de embajador cansado.

El video duraba cuarenta y siete segundos, suficiente para incendiar las redes. En cuestión de horas, los titulares decían: "El gato que inspiró una nación", "Símbolo de esperanza en tiempos oscuros", "Mike, el felino que unió a un país dividido." Y otra vez, la ironía se instaló en nuestras vidas. Mientras la gente compartía el video con corazones y emojis, las redadas seguían llevándose vecinos en la madrugada. Mike, sin saberlo, había vuelto a ser famoso. Y ahora lo llamaban "patriota".

Los noticieros lo describían como "el animal que nos recuerda que todos pertenecemos", y cada vez que

431

decían eso, el barrio se encogía un poco más. Porque si algo habíamos aprendido era que "pertenecer" no siempre significaba "estar seguro". En la televisión, una presentadora sonreía con voz de azúcar: "Mientras algunos se quejan, este gato enseña que la unión es posible." Mike la miró desde la pantalla y dijo:

—Qué fácil es predicar unión cuando nadie te pide tus papeles en la frontera del supermercado.

Yo reí sin ganas. El país había convertido su historia en eslogan, y los medios, otra vez, se quedaron con la metáfora y se olvidaron del mensaje. Empezaron a aparecer programas especiales, mesas redondas con expertos explicando lo que "representaba" el gato, como si un felino de barrio necesitara interpretación simultánea. Mientras tanto, el barrio seguía en modo supervivencia, pagando el precio de cada titular con madrugadas en vela. Era como ver tu vida transformada en campaña motivacional para gente que nunca pisaría tu calle.

Mientras en las pantallas todo era ternura en alta definición, abajo seguía la otra película. Las redadas aumentaban. Ya no eran solo de madrugada: ahora llegaban a los parques, a los mercados, a las paradas de autobús. Y no eran "criminales" los que se llevaban. Eran trabajadores. Hombres y mujeres con las manos curtidas de tanto sostener al país. Don Julio, el mecánico, lo había dicho antes de irse: "Este país no sabe lo caro que le saldrá quedarse sin quien le arregle las ruedas." Tenía razón. En los campos faltaban brazos, en los restaurantes faltaban cocineros, en las obras faltaban manos. Pero las cámaras no filmaban eso. Filmaban a Mike. El gato se había vuelto más visible que las personas que le daban sentido a esa visibilidad. Era como si el país necesitara una excusa peluda para hablar de humanidad y, al mismo tiempo, seguir olvidándola.

En la escuela, los niños empezaron a llevar collares con números de teléfono escritos con marcador. Era una nueva política: "En caso de emergencia, llamar a este contacto." Pero todos sabían que "emergencia" significaba otra cosa. Las madres del barrio, las que aún estaban, organizaron un sistema. Cada una tenía una "madre sustituta": una mujer con papeles o residencia que recogería a los niños si algo pasaba. Era un pacto de sombras, una red invisible de amor y miedo. Doña Clara lo explicó así: "No hay ley que nos proteja, pero tampoco hay ley que nos prohíba cuidar a los hijos de otra." Mike las observaba mientras hacían las listas. Nombres escritos a mano, con letra temblorosa. Teléfonos. Direcciones. Planes para un futuro que se había vuelto impredecible.

—Los humanos son los únicos animales que planean su ausencia —dijo Mike—. Y aun así creen que son libres.

Cada tarde, a la salida de la escuela, el barrio parecía un campo minado de emociones. Algunos niños salían corriendo a los brazos de sus madres. Otros miraban alrededor, buscando un rostro que no aparecía. Había días en que una silla quedaba vacía y nadie preguntaba. Las maestras lo sabían, pero no podían decir nada. Solo anotaban en un cuaderno invisible: "Ausente", y seguían la clase como si nada. Una de ellas, Celia, me confesó una tarde, mientras se cortaba el cabello:

—A veces siento que enseño a fantasmas.

—¿Por qué lo dice?

—Porque los niños siguen viniendo, pero la mitad ya vive con miedo. Y el miedo aprende más rápido que las matemáticas.

Mike se estiró y dijo:

—Deberían incluirlo en el plan de estudios. "Miedo 101: Introducción práctica a la supervivencia moderna."

Celia rió, pero con lágrimas. Era la risa de quien sabe que la broma es una forma decente de no gritar.

El gobierno, mientras tanto, seguía cerrado. Los políticos discutían frente a cámaras, los noticieros debatían quién tenía la culpa, y el país real, el de los que trabajaban sin nombre, seguía funcionando a medias, como un reloj sin manecillas. Los restaurantes empezaron a cerrar temprano. Las cosechas se quedaron sin recoger. Las constructoras retrasaban obras. Y nadie parecía entender por qué. "Falta mano de obra", decían los analistas. Pero nunca mencionaban a quién habían echado. Como si las manos trabajaran solas, sin cuerpo, sin historia, sin miedo. Mike lo veía en la televisión y murmuraba:

—Cuando las manos se van, el país se rasca la cabeza. Y aun así no entiende nada.

En el salón, las clientas hablaban bajito. Las conversaciones ya no eran sobre cortes de pelo, sino sobre sobrevivir.

—Si no vuelvo mañana, dile a mi hija que la amo —me dijo una vez una mujer mientras le lavaba el cabello.

—Va a volver.

—Nadie puede prometer eso.

Le puse acondicionador con cuidado, como si el gesto pudiera protegerla del destino. Mike se subió a su regazo y ronroneó, como un acto administrativo de consuelo. Las noticias hablaban de "operativos exitosos". Mostraban filas de personas esposadas, como si fueran trofeos de un juego macabro. Decían que se trataba de "criminales". Pero yo reconocí a uno: era el panadero del barrio vecino, el mismo que regalaba pan a los niños del parque. Mike miró la pantalla y dijo, seco:

—Qué eficientes son para criminalizar el hambre.

Una noche, al cerrar el salón, encontré una nota debajo de la puerta. Decía: "Si mañana no llego a casa, que mi hija se quede con ustedes. Usted sabrá qué hacer." No venía firmada, pero reconocí la letra. Era de una clienta que venía cada semana, una madre que siempre decía: "Mientras tenga mis hijos, nada me falta." Guardé la nota en el mismo cajón donde aún estaba la servilleta vieja: aquella que decía "Mi madre desapareció ayer." Mike se acostó encima de ambas y dijo en voz baja:

—Este cajón pesa más que todo el país.

A veces pienso que Mike entiende más de leyes que muchos abogados. Tal vez porque la suya es simple: "nacer en el lugar correcto." Y esa, para los humanos, parece ser la diferencia entre dormir tranquilo o despertar con miedo. Mike, el gato con papeles, se convirtió en el espejo más cruel del país. Mientras su dueño miraba por la ventana, esperando no ver luces azules, él dormía plácidamente, con la certeza de quien pertenece.

—Yo no tengo miedo, Ale —me dijo una vez—. Pero me da vergüenza tener papeles en un país que los usa para medir el valor de los sueños.

Esa noche, el barrio volvió a llenarse de sirenas. Otra redada. Otro silencio obligatorio. Pero algo era distinto. En varias ventanas, vi brillar pequeñas luces. Velas. Otra vez. No era vigilia ni protesta. Era costumbre. Una manera de decir: "Seguimos aquí. Aunque el miedo cobre impuestos." Mike subió al alféizar y miró el cielo.

—Mira, Ale —dijo, con tono solemne—. El país está oscuro, pero las casas siguen encendidas. Y eso, créeme, es más revolucionario que cualquier discurso.

El video de la marcha se convirtió en un fenómeno global. Los hashtags se multiplicaron. La gente compartía imágenes de Mike con frases inspiradoras, como si el país entero necesitara un gato para sentirse humano. "Be like Mike." "United We Purr." "Papeles para todos (menos para el gato, que ya los tiene)." Las marcas no tardaron en llegar. Una cadena de comida rápida lanzó un combo con su nombre. Un canal de televisión propuso un reality: "Mike & Friends: La vida del gato ciudadano." Y hasta un banco sacó un anuncio con el lema: "Si Mike confía en nosotros, tú también puedes." Era oficial: la tragedia se había convertido en tendencia. A mí no me hacía gracia. Cada nuevo titular me sonaba a burla. La gente aplaudía a Mike en los noticieros mientras afuera seguían los arrestos, las deportaciones, las familias deshechas por la madrugada. Una vecina, al verme en la calle, me dijo sonriendo:

—Tu gato es famoso.

—Y el país, cada día más triste.

Mike lo escuchó y murmuró:

—A los humanos les encanta ponerle filtro a la miseria. Mientras haya likes, no duele tanto.

Las cosas se salieron de control. Un influencer famoso subió una foto con Mike que alguien había recortado de una imagen vieja y escribió: "Este gato representa la libertad." El post alcanzó millones de reproducciones.

En los comentarios, la gente discutía si Mike era republicano o demócrata, como si un gato pudiera tener partido.

—Ahora soy bipartidista —dijo Mike—. El doble de hipócrita, el mismo de cansado.

Un periodista vino al salón. Quería hacer un documental. Trajo cámaras, luces, drones y una voz de narrador que sonaba a sermón.

—Queremos mostrar el contraste —me explicó—. El gato que representa esperanza en un país que parece haberla perdido.

—No me interesa su metáfora —le respondí.

—¿Por qué no?

—Porque mientras ustedes editan el video, van a deportar a tres de mis vecinos.

El periodista sonrió con esa sonrisa vacía de quien cree que la compasión se graba en 4K.

—Eso lo arreglamos en postproducción.

Mike saltó al mostrador y dijo:

—Yo cobro regalías en dignidad. Pero parece que ustedes ya están en quiebra.

El periodista no lo entendió, claro. Nadie entiende a los gatos que hablan en serio.

La fama trajo imitaciones. Aparecieron gatos patrióticos en todas partes: camisetas, tazas, memes, hasta uno animado que daba consejos de inmigración en TikTok. "Si Mike puede, tú también." El sarcasmo nacional había alcanzado su punto máximo. En la tienda del barrio vendían peluches con su cara. Hechos en China, por supuesto. En la etiqueta decía: "Símbolo oficial de la esperanza americana." Mike los miró con lástima.

—Al menos a ellos los fabrican con papeles —dijo—. Yo tuve que ganármelos.

Hubo incluso quien organizó una marcha "en honor a Mike", con pancartas brillantes y camisetas nuevas, pero sin una sola consigna que hablara de redadas, deportaciones o familias rotas. Era el colmo de la reutilización emocional: usar un gato de barrio para tranquilizar conciencias en zonas postales donde la policía solo sirve para poner multas de estacionamiento. Desde la pantalla, el país se veía unido. Desde la calle, se veía vacío.

Mientras tanto, el barrio se vaciaba. Cada semana desaparecía alguien. La panadería cerró, la lavandería dejó de abrir y la escuela redujo su horario. El país seguía funcionando, pero el alma se había ido por deportación. El miedo ya no se hablaba. Se respiraba. Era un gas invisible, un perfume institucional. Las madres seguían dejando notas por si acaso. Los niños memorizaban rutas alternativas a sus casas. Y en los parques, las risas eran cada vez más breves, como si también tuvieran fecha de salida. Mike lo veía todo, en silencio. Pasaba horas mirando por la ventana, con esa mirada que mezcla ternura y decepción. Una noche me dijo:

—¿Sabes qué es lo más triste, Ale? Que los humanos aprendieron a vivir sin ausentes. Los reemplazan con recuerdos en Facebook.

El gobierno reabrió al fin. Las noticias lo celebraban como una victoria. Pero en el barrio, nadie aplaudió. El cierre había dejado cicatrices que ningún decreto podía borrar. Mike estaba distinto. Más callado, más distante. Comía poco, dormía mal. Parecía cansado de ser símbolo.

—¿Qué te pasa, Mike?

—Nada que una dosis de realidad no empeore — respondió.

Empezó a pasar más tiempo en la calle, recorriendo las esquinas, como si buscara algo que había perdido. A veces lo veía "hablando" con los perros callejeros. Sí, hablando. Ellos lo escuchaban con respeto. Quizás porque sabían que él era el único con papeles.

Un día no volvió. Lo busqué por todo el barrio. Pregunté en la tienda, en la iglesia, en el parque. Nadie lo había visto. Algunos decían que lo habían llevado para una entrevista en la capital. Otros juraban que lo habían visto cruzar la frontera, como un mito en cuatro patas. Pasaron días. Luego semanas. En el salón, el silencio era insoportable. Su silla seguía vacía. Y la caja registradora, su trono, parecía un altar sin santo. Hasta que una noche, bajo la puerta, encontré una hoja de papel. Escrita con mi vieja máquina, en tinta azul, con una sola frase: "No me busques. Quiero ver si el país puede seguir sin metáforas."

La noticia corrió como fuego. "Desapareció el gato de la esperanza." Los canales transmitían imágenes de su cara, la misma que ahora adornaba tazas, mochilas y campañas solidarias. Había recompensas, vigilias, homenajes. En el barrio, la gente encendió velas otra vez. No por el símbolo, sino por el amigo. Una niña, hija de una de las madres sustitutas, dejó una carta en la puerta del salón: "Si Mike vuelve, dígale que no se preocupe. Ya sabemos ronronear sin miedo." La guardé junto a las otras, en el cajón donde viven los ausentes. Y por primera vez, sentí que algo se había cerrado. No el país. Ni el miedo. Sino el ciclo de dependencia: necesitar un gato para entender que la dignidad no se negocia.

Desde entonces, nadie volvió a ver a Mike. Algunos dicen que se fue al norte. Otros, que vive escondido en algún refugio. Yo prefiero creer que sigue aquí, entre los callejones, mirando desde las sombras. A veces, cuando el viento sopla con olor a champú, siento que pasa cerca y me dice:

—Tranquilo, Ale. No se necesita ciudadanía para tener conciencia.

Entonces sonrío, cierro el salón y escribo en el pizarrón:

Inventario nacional:

• 1 país cansado

• 1 barrio resistente

• 0 ilusiones televisadas

• 1 gato libre

• millones de sueños en espera

Y debajo, con tiza nueva:

"El que se fue no se perdió. Solo dejó de fingir que todo está bien."

Capítulo 20: Los Días sin Ronroneo

Desde que Mike se fue, el barrio suena distinto. El silencio no es igual. Ya no es miedo, pero tampoco paz. Es una pausa sostenida, como si todos respiráramos al mismo ritmo, esperando una señal que nunca llega. Las mañanas empiezan sin su desfile habitual por el mostrador, sin el maullido que marcaba el inicio del día ni la cola enredándose entre las piernas buscando atención. Solo queda el zumbido del ventilador, el olor del café y la costumbre de mirar al suelo antes de salir, por si acaso vuelve. Aun así, el barrio sigue. Porque eso hacen los barrios cuando pierden algo: siguen. No por esperanza, sino por inercia.

A veces, cuando abro la cortina del salón, me parece escuchar sus pasos invisibles saltando al mostrador, acomodándose en su puesto de inspector del mundo. Pero solo es el ruido de la calle despertando a medias: un camión que arranca, una radio lejana, un par de voces discutiendo precios. Hay sillas que nadie volvió a ocupar, chistes que se quedaron a medio contar, tazas de café que ahora se enfrían sin testigo felino. Las clientas todavía preguntan por él, pero ya no con la urgencia del principio, sino con esa curiosidad suave que se tiene por los que empiezan a convertirse en leyenda. "¿Y qué será de Mike?", dicen, y yo me encargo de inventar futuros posibles: que está viajando, que está supervisando otros barrios, que se cansó de ser símbolo y ahora descansa en una ventana anónima. Es más fácil darle un destino que admitir la ausencia.

Por las noches, cuando cierro, el barrio suena como si caminara descalzo. Ya no se oyen sirenas todo el tiempo, pero hay un rumor bajo, una especie de murmullo que mezcla cansancio y costumbre. Las luces de las ventanas se apagan a destiempo, como si cada casa llevara su propio duelo retrasado. A veces me siento en el sillón donde él dormía y repaso mentalmente los días: las marchas, los sustos, las risas que sobrevivieron a pesar de todo. Me doy cuenta de que, desde que Mike se fue, todos hablamos un poco menos y miramos un poco más, como si nos hubiera dejado de tarea aprender a escuchar lo que no se dice. El barrio sigue, sí, pero ahora camina con un hueco pequeño y persistente, un espacio reservado para ese gato ciudadano que nos enseñó, sin proponérselo, que incluso los lugares más cansados pueden ronronear cuando se atreven a seguir vivos.

Los rumores llegaron rápido. Algunos decían que lo habían visto en Texas ayudando a cruzar a gatos sin collar. Otros juraban que estaba en Canadá organizando una fundación para animales sin papeles. La radio local abría cada mañana con la misma pregunta: "¿Dónde está Mike?", como si su ausencia fuera un programa de concurso. Pero en el barrio sabíamos que no se trataba de encontrarlo, sino de entender por qué se había ido. Doña Clara lo dijo mejor que nadie: "Mike se cansó de ser símbolo. Quería que aprendiéramos a ronronear solos". Y en cierto modo, lo hicimos.

Con el tiempo, la gente dejó de buscar explicaciones mágicas y empezó a leer su ausencia como una especie de instrucción tácita, un manual silencioso que él había dejado repartido por las ventanas y los portales. Aprendimos a observarnos entre vecinos, a reconocernos la fatiga, a compartir el pan sin necesidad de ocasión. Mike había sido un puente, un idioma común en un país que cada día hablaba más raro. Sin él, nos tocó traducirnos unos a otros. Y aunque al principio dolía, después descubrimos que ese esfuerzo era, en realidad, una forma torpe pero real de comunidad. No llenaba el vacío, pero lo hacía llevadero.

Las noches también cambiaron. Ya no esperábamos un maullido en la puerta ni su sombra cruzando la vereda con gesto de funcionario nocturno. Pero en su lugar apareció algo distinto, una especie de disciplina emocional: la certeza de que, si queríamos sobrevivir sin perder la ternura, teníamos que cuidarnos entre todos. Los niños comenzaron a inventar historias sobre él, como si fuera un héroe que seguía patrullando el país. Los adultos, que ya no creían en cuentos, fingían hacerlo para no romperles la ilusión. Y así, entre fantasías y silencios, el barrio encontró un ritmo nuevo: un ronroneo colectivo, imperfecto y frágil, pero propio. Porque tal vez ese era el punto: que Mike no regresara hasta que supiéramos sostener el ruido del mundo sin que se nos cayera el alma.

Con el tiempo, esa costumbre de inventarle aventuras se volvió una especie de ritual nocturno. Algunas noches alguien juraba haberlo visto en un tejado, iluminado por la luna, como si estuviera supervisando los sueños del barrio. Otras, un niño aseguraba que Mike le había dejado una pluma o una piedrita "de buena suerte" en el alféizar. Y todos sonreían, aunque supieran que era mentira, porque esas pequeñas fantasías sostenían algo más grande que la verdad: sostenían la esperanza. A veces, en medio del silencio, se escuchaba un golpe leve en una ventana o un ruido entre los arbustos, y por un segundo todos creían que era él. Nadie lo decía en voz alta, pero todos lo pensaban: ojalá.

Y mientras tanto, el barrio seguía construyendo una valentía tranquila. Las madres caminaban juntas al anochecer, los abuelos dejaban la luz del portal encendida por si algún niño necesitaba entrar corriendo, y los jóvenes patrullaban la esquina sin hacer preguntas. Era una red sin jefes ni instrucciones, una estructura nacida del miedo, pero mantenida por el cariño. Mike ya no estaba, pero su ausencia había hecho que cada uno encontrara una pequeña porción de coraje que ni sabía que tenía. Y aunque dolía no verlo regresar, también había algo justo en esa espera: un aprendizaje lento, casi animal, de cómo seguir viviendo sin que la humanidad se nos desgaste en el intento. Porque al final, esa fue su última lección: que no basta con sobrevivir; hay que hacerlo sin perder la suavidad. Y el barrio, contra todo pronóstico, lo logró.

Las madres del barrio continuaron su red secreta. Cada semana se reunían, ya sin miedo a esconderse, en lo que llamaban "La hora de los papeles invisibles". Ninguna tenía documentos, pero todas tenían propósito. Organizaron rutas seguras para recoger a los niños, llenaron libretas viejas con direcciones y teléfonos, y convencieron a un pastor de abrir su iglesia como refugio temporal en caso de redadas. Nadie hablaba de política, solo de supervivencia y de amor, porque en este país seguir queriendo a tus hijos ya es una forma de rebeldía.

Con el tiempo, esas reuniones se volvieron un ritual. Llegaban con termos de café, pan dulce y un cansancio compartido que no pedía explicación. Algunas llevaban a los bebés dormidos sobre el hombro; otras aparecían directo del trabajo, con el uniforme todavía oliendo a jabón o a cocina. "La hora de los papeles invisibles" no tenía agenda: empezaba cuando se cerraba la última puerta y terminaba cuando alguna madre, entre risas y lágrimas, decía "Bueno, ¿y ahora qué inventamos para seguir?". Allí practicaban lo que el país les negaba: planear un futuro. Decidían quién recogería a los niños si alguna no volvía, quién tenía el número de un abogado, quién podía ofrecer un sofá, una cama, un abrazo. Incluso tenían códigos: tres toques en la ventana significaban "todo bien"; dos, "no salgas". Era un sistema tan frágil como un suspiro, pero funcionaba porque estaba sostenido por algo más fuerte que cualquier ley: el instinto de proteger.

A veces, al final de la reunión, cuando quedaban solo migas de pan sobre la mesa y el café ya estaba frío, se permitían un momento para hablar de lo que dolía. De lo que no podían decir fuera de esas paredes. Una contaba que su esposo había sido detenido, otra que su hijo lloraba cada vez que veía una patrulla, otra que soñaba con una casa donde no hubiera que dormir con los zapatos puestos "por si acaso". Y en ese pequeño círculo, las lágrimas no eran debilidad, sino una parte más del inventario de resistencia. Mike, cuando pasaba por allí en sus tiempos de embajador del barrio, se sentaba en medio del grupo como si entendiera que estaba presenciando la forma más pura de valentía: la que no presume, la que no grita, la que solo sigue, día tras día, sin garantías, pero con amor. Porque al final, lo que tejían esas madres no era una red de protección, sino una patria portátil. Una que cabía en un cuaderno, en una mirada cómplice, en el simple acto de no dejar que nadie se quedara sola.

Un día, una niña llegó al salón con una caja de cartón. Dentro había un gato pequeño, flaco, con una oreja rota. "Se llama Milo", dijo. "¿Por Mike?", pregunté. "No. Por Mil Oportunidades. Eso dijo mi mamá, que es lo que nos hace falta". Lo dejamos quedarse. No hablaba como el otro, pero tenía la misma mirada mezclada de desconfianza y esperanza que solo tienen los que han sobrevivido. Milo no reemplazó a Mike, nadie reemplaza un símbolo, pero llenó el espacio como una canción nueva que respeta el silencio anterior.

Las clientas volvieron poco a poco. Ya no traían el mismo brillo, pero sí otra clase de fuerza. Algunas llegaban con historias de miedo, otras con historias de resistencia. Una contó que había logrado abrir su propio negocio de limpieza. Otra, que, aunque deportaron a su esposo, seguía enviándole cartas escondidas entre los cuadernos de los hijos. Mike habría dicho algo sarcástico, algo como que el amor también desafía fronteras, pero sin visa, y seguramente habría tenido razón.

Los niños inventaron juegos nuevos. Jugaban a "ser Mike": se escondían, vigilaban, ronroneaban fuerte para espantar el miedo. Una tarde, uno de ellos me dijo: "Cuando me da miedo, pienso como Mike". Le pregunté cómo pensaba Mike. "Piensa que el miedo solo gana si lo dejas dormir en tu cama", respondió. No

454

supe qué decirle. Solo lo abracé. El país seguía igual, pero el barrio ya no. Había aparecido una dignidad recién aprendida. Nadie esperaba salvadores, ni gatos milagrosos, ni políticos con promesas de justicia. La justicia se cocinaba en las casas, en las ollas compartidas, en los saludos sinceros y en los niños que seguían jugando.

Mike se había ido, pero su ronroneo seguía vibrando en las paredes. De vez en cuando alguien decía haberlo escuchado: un maullido en la madrugada, un ruido en el techo, una sombra que se movía raro. Nadie se tomaba el trabajo de comprobarlo, porque nadie quería arruinar la posibilidad. Eso tienen los mitos, no necesitan pruebas, solo fe. Mike ya no era un gato, era una idea. Una forma de recordar que incluso quienes no tienen voz pueden cambiar un país si se atreven a mirar sin bajar la cabeza.

Con el paso de los días, la ausencia de Mike se volvió una especie de brújula emocional. Cada vez que algo extraño ocurría en el barrio, alguien decía "ese es Mike", y con eso bastaba para que el miedo retrocediera un centímetro. Una mañana, Doña Clara juró que una lata cayó sola del estante de su lavandería. "Ese travieso está revisando inventario", dijo riendo. Don Pablo contó que su radio, de pronto, sintonizó una canción sin fecha ni autor, y él afirmó que solo podía ser obra del gato. Hasta los niños, al jugar en los pasillos, gritaban "¡Cuidado, que Mike está patrullando!", como si su espíritu velara por ellos. No importaba que nadie lo viera: Mike seguía moviéndose entre las cosas, acomodando silencios, empujando un poquito la esperanza para que no se desplomara.

Y así, el barrio empezó a vivir con una presencia ausente que lo sostenía todo. A veces, al cerrar el salón, creía sentir una brisa leve, un roce en el tobillo, un murmullo que no era viento. No era miedo, era otra cosa: una compañía suave, discreta, hecha de memoria y cariño. Con el tiempo entendí que Mike no necesitaba volver en cuerpo para seguir guiándonos. Se había vuelto un rito cotidiano, un recordatorio de que la dignidad puede tomar la forma más humilde y aun así iluminar. Y mientras el país seguía debatiéndose entre leyes, redadas y discursos vacíos, en el barrio todos teníamos claro algo que nadie podía quitar: que a veces un gato —o lo que queda de él cuando trasciende— puede enseñarte a no rendirte. Porque eso era Mike ahora: un rumor que abrazaba. Un mito útil. Una valentía que no hacía ruido.

Un domingo cualquiera, la iglesia amaneció llena. El pastor empezó hablando de perdón, pero terminó diciendo otra cosa: "Hay quienes nacen con papeles y quienes nacen con propósito. Los primeros tienen derechos. Los segundos, razones para luchar". El barrio aplaudió. Por un instante, juraría que se escuchó un ronroneo lejano, como si Mike estuviera en la última fila aprobando el sermón. Esa noche, encendí una vela y la puse junto al viejo letrero sobre la caja registradora: "Aquí se corta el miedo gratis". Por primera vez, sentí que el letrero decía la verdad.

El país siguió su curso como si nada hubiera pasado, porque así son los países grandes: aprenden a seguir funcionando incluso cuando se están desmoronando por dentro. Los noticieros cambiaron de tema. El video de

Mike quedó enterrado bajo nuevos escándalos, nuevos discursos, nuevos desastres. Las redes se llenaron de otros gatos, otras causas, nuevos símbolos de temporada. Pero el barrio seguía ahí, respirando despacio, mendigando normalidad en un mundo que ya ni recordaba cómo se sentía.

La ausencia de la gente dolía más que su presencia. Los campos, antes llenos de voces, eran territorios mudos. El viento arrastraba pedazos de plástico y memoria. El maíz no se recogía, las frutas se pudrían sobre la tierra y los camiones pasaban vacíos, como si cargaran fantasmas. Un viejo jornalero me dijo un día en el salón: "El país se quedó sin manos, Ale, y ahora no sabe cómo aplaudirse a sí mismo". Tenía razón. Las fábricas cerraban turnos, los restaurantes ofrecían bonos por empleados que nunca llegaban, los dueños de los campos lloraban sin cámaras. El país había logrado lo que decía querer: un territorio sin "ilegales". Y descubrió tarde que la legalidad no planta, no cosecha, no cocina, no limpia.

Pero lo que más impresionaba no era la falta de trabajo, sino la falta de vida. El silencio de los campos parecía contagiarlo todo: se extendía a los caminos, a las bodegas, a los mercados donde antes el bullicio era señal de comunidad. Los árboles, que solían ser refugio de conversaciones improvisadas, se quedaron sin sombra humana. Hasta los pájaros parecían cantar más despacio, como si temieran interrumpir un duelo nacional. En el salón, cuando alguien hablaba de ello, bajaba la voz sin darse cuenta, como si nombrar la ausencia pudiera empeorarla. Y los que aún quedaban entendían que la verdadera crisis no era económica, sino emocional: un país que se había vaciado de sí mismo, uno donde el trabajo se podía sustituir con máquinas, pero la humanidad no.

A veces pasaba por los campos camino al mercado y veía los surcos intactos, esperando unas manos que ya no volverían. Era como mirar un cuaderno lleno de páginas en blanco: un proyecto interrumpido, una historia suspendida. Los granjeros, orgullosos y tercos, trataban de hacer el trabajo entre dos o tres, forzando el cuerpo más allá de lo sano. Algunos dormían en los porches, otros lloraban en los tractores sin apagar la radio. Una mujer me confesó que hablaba sola mientras recogía tomates, "para que la tierra no se sienta tan sola". Y entendí entonces que lo que faltaba no era solo fuerza laboral, sino presencia humana: la risa, el canto, el chisme, las manos que acomodan la vida. Porque un país sin sus trabajadores esenciales no es un país: es un mapa vacío tratando de fingir que sigue respirando.

En la escuela, la mitad de los asientos seguían vacíos. Algunos niños habían sido llevados lejos, otros se quedaron con familiares, otros simplemente desaparecieron sin registro. Celia, la maestra, escribió en la pizarra: "Ausente no significa olvidado". La frase se quedó allí semanas, hasta que la dirección le pidió borrarla porque "creaba incomodidad". Ella la borró de la pizarra grande, pero la escribió de nuevo, más pequeña, debajo de la fecha. Invisible para algunos, clarísima para los que sabían mirar. En los parques, los columpios se oxidaban y las bancas quedaban vacías. La vida se había mudado a la memoria.

Pero algo empezó a cambiar. El silencio del miedo se transformó en ruido de dignidad. Ya no había gritos ni grandes protestas, solo pequeñas acciones. La gente comenzó a ayudarse: compartían comida, se cuidaban los hijos, abrían la puerta cuando alguien tocaba. No era caridad, era supervivencia con amor. Y sin darse cuenta, el barrio empezó a parecerse al país que todo el mundo decía buscar.

Mientras tanto, la economía nacional se resentía. Los expertos hablaban de cifras, porcentajes y "impactos laborales en sectores específicos", pero nadie decía lo obvio: las manos que faltaban eran las que habían echado. Los supermercados subieron precios, los restaurantes recortaron menús, las empresas agrícolas declararon pérdidas históricas. Un reportero entrevistó a un empresario que decía: "No encontramos quién recoja las cosechas". Al final, el periodista cerró con: "Una crisis inesperada". Mike habría hecho una mueca. "Inesperada", habría dicho. "Llevan años barriendo el país con escoba nueva y se sorprenden de que ya no quede polvo que limpiar".

Y mientras los expertos discutían en paneles bien iluminados, el barrio veía la realidad en tiempo real. Las colas en las bodegas se hacían más largas y los estantes más cortos. Los precios cambiaban cada semana, como si las etiquetas también tuvieran miedo. Los dueños de restaurantes venían al salón con ojeras profundas, diciendo que ahora ellos mismos lavaban platos, atendían mesas y cocinaban, todo en un mismo turno. "Esto no es negocio, es supervivencia con propina", decía uno, con la voz partida. Pero los noticieros preferían mostrar gráficas coloridas en vez de manos agrietadas. Las gráficas no lloran, ni se queman, ni se cansan. Las personas sí. Y justamente esas personas eran las que ya no estaban.

El gobierno, como siempre, reaccionaba tarde y mal. Proponían soluciones imposibles, como programas de capacitación para trabajos que el país entero llevaba décadas evitando hacer. "Los ciudadanos deben ocupar esos puestos", repetían políticos que no sabían distinguir una mata de yuca de un poste de luz. Mike, desde donde estuviera, seguramente habría soltado un bufido. Él entendía lo que ellos no: que un país no se sostiene con discursos, sino con músculos, sudor y ganas. Y los que tenían ganas ya no dormían aquí. Por eso la economía no solo se caía: se desmoronaba con un sonido lento y triste, como una casa abandonada. Un país sin quienes lo alimentan es un país que se muerde la cola. Y aunque los analistas no lo dijeran, en el barrio lo sabíamos: el verdadero colapso no se mide en dólares, sino en ausencias.

Las madres del barrio no esperaban soluciones oficiales. Habían aprendido que el país escucha mejor los silencios que las súplicas. Organizaron cooperativas pequeñas: cocinas, costureras, grupos de cuidado infantil. Todo sin papeles, pero con una eficacia que ningún ministerio podría copiar. Una de ellas me dijo mientras se peinaba: "Nos quitaron los trabajos, pero no las ganas de trabajar. Seguimos, aunque no nos vean". En esa frase estaba todo: el milagro invisible de las mujeres que sostienen lo que el país descuida.

Algunos hombres empezaron a volver, cruzando otra vez, arriesgándolo todo. Volvían de noche, por los mismos caminos que los habían visto irse. Contaban que afuera también había vacío, que las ciudades del norte estaban llenas de soledad y que los trabajos ya no se parecían a los sueños. Un día, Don Julio, el mecánico, regresó cubierto de polvo, con las manos agrietadas y una sonrisa rota. "Fui ciudadano de un lugar que me necesitaba y extranjero en uno que me olvidó", dijo. Mike no estaba, pero si hubiera estado, habría ronroneado con respeto.

En la televisión, el tono cambió. De pronto ya no hablaban de "criminales", sino de "escasez de trabajadores". Ya no decían "ilegales", sino "fuerza laboral esencial". El lenguaje se recicló, como si bastara cambiar las palabras para limpiar culpas. Una tarde, una periodista entrevistó a un político que dijo, sin pestañear: "Necesitamos atraer de nuevo a los buenos trabajadores". Apagué la tele; el cinismo daba náusea. Era el mismo discurso de siempre, solo que ahora aderezado con hambre.

Lo más grotesco era la velocidad con la que cambiaron de traje moral. Durante meses habían repetido que "sobrábamos", que "estorbábamos", que "no aportábamos nada". Ahora, con los campos vacíos y los platos medio llenos, hablaban de nosotros como si fuéramos un recurso natural escaso. Ya no éramos una amenaza; éramos una necesidad. Pero no por humanidad, sino por conveniencia. El país había descubierto que la dignidad era desechable, pero las cosechas no. Y esa revelación, lejos de aliviar, escocía. Porque sabíamos que no buscaban justicia, sino mano de obra urgente, gente que no pudiera protestar, que no tuviera opción más que aceptar lo que hubiera. Era un reclutamiento disfrazado de disculpa.

Mike, desde su ausencia precisa, lo habría resumido mejor que nadie: "Qué fácil es cambiar de opinión cuando te lo pide el estómago". Y tenía razón. Esa era la raíz de todo. No se trataba de un despertar moral, sino de una necesidad fisiológica: el país tenía hambre. Hambre de frutas, de verduras, de servicios, de trabajos que nunca quiso hacer. Hambre que no se calmaba con discursos ni con promesas recicladas. Y mientras los políticos hablaban de "traer de vuelta a los buenos trabajadores", en el barrio todos sabíamos la verdad: los buenos trabajadores nunca se fueron; los echaron. Y ahora, en su ausencia, el país aprendía la lección más cara de todas: que ningún muro, por alto que sea, puede cosechar maíz.

Mientras tanto, en el barrio pasaba algo hermoso. Los niños, esos pequeños ciudadanos por nacimiento, empezaron a hablar con una mezcla de idiomas y sueños. Dejaron de disculparse por su acento y por sus madres. Aprendieron a decir "nosotros" sin bajar la voz. Una tarde, en la escuela, uno de ellos leyó una redacción titulada "Mi gato tiene papeles". Escribió: "Mi gato tiene papeles, mi mamá no. Pero mi gato no sabe leerlos y mi mamá sí sabe leer el miedo. Yo creo que los dos deberían compartirlos". El aula entera aplaudió. Celia lloró en silencio. Afuera, en el patio, el viento olía a champú y a justicia.

El barrio dejó de ser solo un lugar de miedo para convertirse en escuela. El miedo se volvió algo útil: un instinto de cuidado, una alerta que los mantenía vivos sin paralizarlos. Las calles, aunque más tranquilas, recuperaron alma. Las tiendas reabrieron, los niños volvieron a jugar sin pedir permiso y por las noches, cuando el viento soplaba fuerte, parecía que el ronroneo de Mike seguía ahí, vigilando desde algún tejado.

Una noche, la radio local emitió un programa especial sobre él. Lo llamaron "El gato que nos enseñó a mirar". Hablaron de la marcha, de lo viral, del mito. Al final, la locutora dijo: "Tal vez Mike nunca se fue. Tal vez solo cambió de forma. Quizás ahora vive en cada acto de coraje anónimo, en cada familia que sigue aquí sin ser vista". Apagué la radio, miré al techo y en el reflejo del espejo del salón creí ver una sombra gris moverse despacio.

Por un segundo pensé que era mi imaginación, ese truco cansado que hace el cerebro cuando quiere consuelo. Pero la sombra tenía algo suyo: ese modo de deslizarse sin prisa, como quien inspecciona el mundo para asegurarse de que aún no se cayó del todo. Me quedé inmóvil, atento, esperando un maullido o un roce. No hubo nada. Solo la respiración del salón, esa mezcla de noche, polvo y esperanza que flotaba desde que él se fue. Aun así, sentí una presencia, un pequeño tirón en el pecho, como si alguien te tocara el hombro desde un sueño.

Me acerqué al espejo. La luz del pasillo se filtraba en franjas y la sombra parecía jugar entre ellas. No la seguí. No quise romper el encanto ni pedir explicaciones. Hay cosas que solo se sostienen si uno no las mira de frente. Pensé en la frase de la locutora y, por primera vez, no me pareció cursi. Tal vez Mike sí había cambiado de forma: tal vez ahora era ese impulso que te hace abrir la puerta cuando tienes miedo, ese gesto de ofrecer comida a un desconocido, esa risa que sale incluso en días donde no cabe ninguna.

Respiré hondo. El salón estaba en silencio, pero no era un silencio vacío. Era un silencio acompañado. Un silencio que parecía decir: "Sigue." Caminé hacia la ventana, corrí un poco la cortina y dejé entrar el aire de la calle. Y mientras el viento movía la tela, juraría que oí algo. No un maullido. No un ruido claro. Un ronroneo apenas, como un hilo de sonido que venía desde muy lejos y también desde muy cerca, desde algún lugar entre la memoria y el presente.

Entonces entendí. Mike no necesitaba volver para estar. Porque en cada rincón donde alguien resiste sin hacer ruido, en cada pequeño acto de humanidad que se mantiene pese al miedo, él sigue rondando. Invisible, sí. Pero intacto. Como todos los que nunca tuvieron papeles, pero siempre tuvieron alma.

A veces me pregunto si el país recordará este tiempo. Si alguien, dentro de veinte años, leerá los titulares y entenderá lo que realmente pasó. Si sabrán que mientras algunos hablaban de muros, otros levantaban hogares. Que mientras unos contaban cifras, otros contaban ausencias. Quizás no. Pero el barrio recordará, porque los barrios no tienen amnesia, solo cicatrices que laten como memoria.

A veces pienso que esa será la verdadera historia: no la que se escriba en libros de texto, sino la que se quede atrapada en las paredes desconchadas, en los portales donde una madre esperó noticias, en el parque donde un niño jugaba mirando de reojo por si venían por su familia. Las cicatrices del barrio no se borran con discursos ni con nuevas administraciones. Se quedan, silenciosas, como grietas que no quieren cerrarse porque están sosteniendo algo: la verdad. La verdad, cuando no la quiere el país, la guardan los que sobreviven.

Quizá dentro de veinte años un joven preguntará por qué esa casa está vacía, por qué esa tienda jamás volvió a abrir, por qué en esa esquina las velas aparecen cada cierto tiempo. Alguien, algún vecino, contará la historia sin adornos: "Aquí se perdió alguien. Aquí esperamos. Aquí resistimos". Esa es la forma en que los barrios archivan la historia: no en documentos, sino en rituales. Cada pan compartido, cada puerta vigilada, cada mirada que no se baja. El país olvidará porque el olvido es rentable, pero el barrio, que se alimenta de afectos y heridas, seguirá recordando lo que el resto prefirió no ver.

A veces imagino a un historiador hablando de este periodo como "una crisis migratoria". Me río, con amargura, porque ese término no alcanza. No dice nada del olor a miedo en las madrugadas, del silencio después de las sirenas, de los niños que aprendieron a no llorar fuerte. No cuenta que mientras las noticias hablaban de leyes, nosotros aprendíamos a hacer cadenas humanas para cuidar a los nuestros. No explica cómo un barrio entero se convirtió en refugio, ni cómo un gato con papeles nos enseñó a caminar con dignidad incluso cuando el país nos negaba el suelo.

Por eso sé que, pase lo que pase, el recuerdo vivirá aquí, entre nosotros. Porque los barrios tienen una memoria que no se negocia: guardan lo dulce, lo terrible, lo que duele y lo que sostiene. Y aunque el país cambie de discurso, de rostro o de dueño, nuestras cicatrices seguirán contando la historia verdadera. Esa que no cabía en ninguna estadística. Esa que sobrevivió porque nosotros también lo hicimos.

Hoy el salón sigue abierto. La caja registradora volvió a sonar, los espejos reflejan caras nuevas y el letrero de la entrada sigue diciendo: "Aquí se corta el miedo gratis". A veces, cuando cierro al final del día, escucho un maullido leve, lejano, como si el viento trajera un mensaje cifrado. Entonces pienso que Mike, donde quiera que esté, sabe que el barrio aprendió la lección: que el miedo no se vence con discursos, sino con amor compartido; que tener papeles no es lo mismo que tener patria; y que ningún país está completo hasta que todos los que lo sostienen pueden dormir sin miedo a que los despierten con sirenas.

Con los días, el salón se ha convertido en algo más que un lugar para arreglar el cabello. Es un pequeño refugio donde la gente llega buscando alivio, compañía o simplemente un respiro del ruido del mundo. Muchas veces, mientras corto, escucho historias que se parecen unas a otras: ausencias repetidas, sueños postergados, promesas que tiemblan en la voz. Sin quererlo, me descubro repitiendo gestos que Mike solía hacer: acomodar una toalla con cuidado, dejar un plato de agua cerca de la puerta, mirar por la ventana antes de apagar las luces. Como si el oficio de cuidar se hubiera quedado impregnado en las paredes y ahora fuera parte de la rutina, tan esencial como el café de la mañana.

A veces, algún cliente se sienta en la silla de siempre, la que Mike reclamaba como trono, y me dice en voz baja: "Yo sé que él va a volver". No lo dicen con esperanza ingenua, sino con ese tipo de fe que nace cuando el corazón se aferra a las cosas que le hicieron bien. Y yo no los contradigo. Porque, aunque sé que Mike quizá esté recorriendo otros barrios, enseñando a otros a sobrevivir, también sé que hay presencias que no obedecen al tiempo ni al espacio. Entonces cierro el salón, bajo la cortina y me quedo un minuto en la vereda, respirando el aire que huele un poco a pan, un poco a cansancio y un poco a dignidad. Pienso que quizá esa es la verdadera herencia que nos dejó: un barrio que aprendió a sostenerse, incluso cuando el símbolo decidió seguir caminando.

Esa noche escribí una última nota y la pegué en la ventana: "Mike, si algún día vuelves, trae noticias del país que soñamos". Por primera vez no sentí tristeza. Solo gratitud. Porque entendí que, en el fondo, no se trataba de un gato, ni de un barrio, ni siquiera de nosotros. Se trataba de un país que, sin saberlo, empezaba a aprender a ronronear de nuevo.

Capítulo 21: El País que Ronronea

Han pasado años desde que Mike se fue. El país también cambió, aunque a veces finja no saberlo. Hay nuevos rostros en las calles, nuevos acentos, nuevos silencios. Pero el aire sigue teniendo ese mismo olor a mezcla de esperanza y cansancio. A veces me pregunto si el país respira, si exhala sus miedos o solo los recicla. Tal vez sí respira, pero con dificultad, como un gigante que todavía no ha aprendido a vivir con su propio peso de culpa.

El barrio sobrevivió, no como antes, sino como los árboles que crecen torcidos después del viento. Las casas viejas fueron reparadas, los negocios reabrieron y las voces regresaron a las esquinas. Ya no se escuchan sirenas con la misma frecuencia. Ahora se escuchan risas, risas breves, tímidas, pero reales. La escuela volvió a llenarse. Los niños que antes temían salir ahora llegan solos, con mochilas más grandes que sus sueños. Muchos de ellos son hijos de los que se fueron y nietos de los que nunca pudieron regresar. En el muro del patio hay un mural nuevo: un gato gris con alas pequeñas, rodeado de niños que ríen. Debajo, una frase pintada con letras desiguales dice: "No se necesita permiso para volar". Celia, la maestra, asegura que fue un proyecto de fin de año, pero yo sé que lo pintaron como promesa.

En el salón también hay cambios. Las clientas ya no hablan en voz baja; ahora las conversaciones suenan a vida, a chisme y a futuro. Las que antes tenían miedo ahora tienen negocio. Las que antes lloraban hoy enseñan a otras a no hacerlo. Y en cada palabra hay una nota nueva: la melodía del orgullo. En la repisa, junto a los cepillos y tijeras, conservo una foto vieja de Mike, tomada el día de la marcha, con su mirada seria y su cola alzada. Cada tanto la limpio con un paño, como quien limpia un altar. No por nostalgia, sino por respeto. Porque aquel gato, con su ciudadanía impresa y su sarcasmo natural, terminó siendo más patriota que muchos humanos con discursos.

El país, por su parte, se acostumbró a los cambios. El miedo ya no tiene el mismo sabor; la gente se cansó de vivir con el corazón encogido. En las noticias ya no hablan de redadas, ni de cierres, ni de muros. Ahora hablan de "escasez de manos" y "necesidad de inclusión". Es gracioso, o triste, ver cómo cambian las palabras cuando el dinero empieza a doler. Las deportaciones dejaron de suceder en masa, pero las cicatrices quedaron. Las familias siguen partidas, mitad aquí, mitad allá, unidas por videollamadas y promesas aplazadas. Algunos regresaron, otros jamás volvieron, y algunos, como Mike, se quedaron en la frontera de la memoria, vigilando desde el otro lado del sueño americano.

Una tarde recibí una carta sin remitente. Solo decía: "Gracias por cuidar el salón. Aquí, los gatos también tienen miedo, pero ronronean igual". Venía firmada con una huella en tinta. No supe si reír o llorar. La guardé junto a todas las otras cartas del cajón: las de madres, las de niños, las que hablaban de miedo y las que hablaban de amor. Ese cajón, que alguna vez fue símbolo de pérdida, ahora parece un archivo nacional del coraje.

Con cada nueva carta, el cajón empezó a sonar distinto, como si adentro hubiese un pequeño latido que no quería apagarse. Antes abría el cajón con temor, como quien revisa una herida que todavía arde. Ahora lo abro despacio, casi con respeto, y me encuentro con papeles doblados, dibujos de crayola, notas escritas a medianoche, promesas escritas con mala letra. Es raro: ese montón de papeles irregulares pesa más que cualquier documento oficial. Es que allí no hay cifras ni slogans, solo humanidad cruda, lo que la gente escribe cuando el país no escucha. Cuando necesito recordar por qué sigo abriendo el salón cada mañana, basta con sacar una hoja cualquiera: todas tienen un eco de dignidad.

A veces pienso que, si algún día alguien quisiera entender de verdad lo que pasó aquí, no tendría que leer discursos ni editoriales. Bastaría con abrir ese cajón. Bastaría con leer el temblor de una madre que escribe "No quiero que mis hijos me olviden", o la valentía de un niño que firma: "Cuando sea grande quiero ser valiente como Mike". Bastaría con ver la mezcla de miedo y gratitud en cada trazo. Porque ese cajón no guarda papeles: guarda supervivencias. Guarda los fragmentos que el país dejó caer, y que el barrio, como siempre, recogió. Y aunque a veces duele abrirlo, también es ahí donde se confirma lo único que nos mantiene de pie: que incluso en el miedo más profundo, alguien todavía encuentra la fuerza para escribir. Eso, en un país que nos quiso en silencio, ya es un acto de victoria.

Los años trajeron nuevas generaciones. Los hijos de los deportados crecieron en un país que aprendió a mirar distinto. Ya no se esconden cuando escuchan sirenas ni bajan la voz cuando dicen su apellido. Hablan alto, sin pedir perdón por existir. Son bilingües, biculturales y bivalientes: pueden sobrevivir en cualquier lado. Una joven que solía venir con su madre al salón ahora estudia derecho. Dice que quiere ser abogada de inmigración. "Para que ningún niño vuelva a escribir 'mi mamá desapareció ayer'", me dijo. Yo, sin saber qué responder, solo le ofrecí un corte gratis. Mike habría hecho un comentario ingenioso, algo como:

"Mira tú, Ale… el futuro se fue ilegalmente, y aun así regresó a salvarnos".

El país sigue dividido, sí, pero ahora las grietas son otras. Ya no separan a los de arriba de los de abajo, ni a los nacidos de los llegados. Separan a los que sienten de los que fingen. Y esa división, aunque invisible, es la más profunda. A veces me detengo en el umbral del salón, miro la calle y me sorprende ver rostros nuevos con la misma mirada cansada que teníamos nosotros años atrás. Los saludo, les ofrezco café y, cuando les corto el cabello, les cuento la historia de Mike. No como fábula, sino como advertencia y esperanza. Les digo: "Aquí, hace años, un gato nos enseñó a no temerle al miedo". Ellos sonríen, como si entendieran, aunque no digan nada.

El país también aprendió a escuchar. Lento, torpe, pero aprendió. Ya no se ríe del acento ni pregunta "de dónde eres" con sospecha, sino con curiosidad. Las radios locales tienen programas en español, mixteco y creole. Los restaurantes anuncian "autenticidad" como si la autenticidad estuviera de moda. Mike tendría algo que decir sobre eso: probablemente "Al final, todos los países terminan aprendiendo el idioma de sus fantasmas".

Hace poco vino un periodista al salón. Quería hacer un reportaje: "Diez años después del gato con papeles". Tenía la misma voz melosa de siempre. Yo le serví café y lo dejé hablar. "¿Cree que el país cambió gracias a él?", preguntó. "No", le dije. "El país cambió porque se cansó de no cambiar. Mike solo fue el espejo". Él sonrió y tomó nota, como si la frase estuviera escrita en el guion. Antes de irse, me pidió una foto junto al mural del gato. Posé con una sonrisa cansada, no porque creyera en su reportaje, sino porque entendí que algunas historias necesitan repetirse para no morir.

Esa noche, mientras cerraba el salón, una ráfaga de viento abrió la puerta. No fue fuerte, pero sí lo suficiente para mover el viejo letrero de la ventana: "Aquí se corta el miedo gratis". El viento lo hizo sonar como una campanita. Y juro que escuché un ronroneo lejano, grave y pausado. No miré atrás. Solo sonreí.

Porque entendí que, en el fondo, Mike nunca fue un gato con papeles. Fue una metáfora que se negó a morir.

Hoy, el país ronronea. No siempre, no perfecto, pero lo hace. Cada vez que una madre abraza a su hijo sin mirar el reloj. Cada vez que alguien cruza una frontera con más sueños que maletas. Cada vez que un niño pronuncia su nombre sin miedo. Cada vez que el panadero abre al amanecer. Cada vez que alguien se atreve a quedarse. Ronronea, porque aprendió que la esperanza no hace ruido, pero vibra. Aunque todavía hay sombras, también hay música. Mientras esa música suene, el país —este, de carne y polvo, de miedo y ternura— seguirá vivo.

Ronronea también cuando un vecino toca la puerta solo para preguntar si necesitas algo, aunque él tampoco tenga mucho. Ronronea cuando las madres del barrio dejan platos compartidos en los pasillos, cuando los niños inventan héroes que parecen gatos con capa, cuando los jóvenes prometen quedarse un año más, aunque el futuro no esté asegurado. El país ronronea en cada gesto diminuto que no sale en los titulares, en cada conversación susurrada que mantiene juntas las costuras del barrio. No es un ronroneo triunfal, es un sonido pequeño, casi tímido, como de motor que arranca después de mucho tiempo detenido. Pero es vida, y la vida insiste incluso cuando las leyes no.

Ronronea, sobre todo, cuando nos encontramos sin buscarnos. Cuando alguien sostiene la puerta para un desconocido, cuando una anciana deja pan en la ventana del salón "por si alguien lo necesita", cuando las sirenas pasan lejos por primera vez en semanas y todos respiramos un poco más hondo. Es un ronroneo imperfecto, intermitente, lleno de cicatrices, pero es nuestro. Un sonido que no viene del gobierno ni de los discursos, sino del corazón cansado de un país que aprendió a sobrevivir con ternura. Mientras ese ruido suave siga vibrando en las esquinas, en los pasillos, en los bolsillos de quienes no se rinden, entonces este país —tan roto, tan necio, tan humano— seguirá encontrando razones para despertar.

La última vez que soñé con Mike, no dijo nada. Caminó hacia mí, saltó al mostrador y se recostó como antes. Le acaricié la cabeza y él, con la serenidad de quien ya no pertenece a un solo lugar, cerró los ojos y ronroneó. Ese sonido llenó la habitación, como si el país entero respirara al mismo tiempo. Y entonces lo supe: el sueño americano no estaba en los papeles, ni en las fronteras, ni en los discursos. Estaba en eso: en un gato dormido que ya no teme, y en un pueblo que, por fin, aprendió a soñar despierto.

Epílogo: El Último Ronroneo

El país sigue en pie, pero a veces, cuando amanece demasiado quieto, uno puede escuchar cómo cruje, como si sus cimientos estuvieran hechos de respiraciones contenidas. Desde lejos parece sólido, grande, ordenado. Pero los que vivimos debajo sabemos que cada ladrillo está sostenido por las manos de alguien que duerme con miedo. Dicen que las cosas mejoraron, que hay más trabajo, que los números sonríen en los noticieros. Pero nadie habla de las sillas vacías en las cocinas, ni de las camas que siguen tendidas por si alguien vuelve, ni del eco de las voces que se fueron sin despedirse. El país presume estabilidad, pero la estabilidad también puede ser un disfraz: el orden del cansancio, la calma del que aprendió a no llorar en público.

Porque la estabilidad de un país no se mide en gráficos, sino en miradas; no en discursos, sino en ausencias. Basta caminar por cualquier barrio al amanecer para sentir el temblor suave de lo que ya no está: la mesa donde antes comían cinco y ahora solo uno, la ventana que se abre cada mañana "por costumbre", esperando una sombra conocida que no cruza más la calle. Los noticieros celebran cifras, pero nadie menciona los nombres que se han ido borrando como si nunca hubieran sostenido este país con sus manos. Es fácil hablar de crecimiento cuando no se vive el vacío. Pero aquí, donde el silencio sabe a despedida y el viento arrastra recuerdos en vez de hojas, uno aprende que lo que llaman estabilidad muchas veces es solo una forma elegante de no mirar de frente la fractura.

Sin embargo, incluso entre tanta grieta, la vida insiste. Las vecinas siguen barriendo el frente de sus casas como si la normalidad regresara con cada escoba. Los niños juegan en la acera con la risa prestada de días mejores, y los hombres que salen al alba cargan herramientas no solo para ganarse el día, sino para sostener una ilusión colectiva: la de que todavía tiene sentido seguir. A veces pienso que somos como ese país que se niega a derrumbarse: rotos, cansados, llenos de miedo, pero tercamente de pie. Y quizá esa sea nuestra fuerza: que incluso cuando el país finge estar mejor, nosotros sabemos leer sus sombras. Porque los que vivimos abajo conocemos la verdad que nunca sale en los informes: que lo que mantiene en pie a un país no es su estabilidad, sino la gente que, aun temblando, decide quedarse.

A veces, cuando cierro el salón, camino por el barrio solo para escuchar los sonidos del regreso: las risas de los niños, el murmullo de las madres que cuentan los pasos de sus hijos desde la ventana, el olor a pan que vuelve a las esquinas. Y pienso que este país no se reconstruyó con leyes, ni con discursos, ni con promesas. Se reconstruyó con manos. Con esas mismas manos que intentaron borrar y que regresaron con más fuerza, con más amor, con más silencio. En el mural del colegio, el gato gris sigue allí, con sus ojos pintados mirando al horizonte como si esperara algo. Cada tanto, alguien deja flores debajo, o cartas escritas con letra de niño: "Gracias por enseñarnos a no tener miedo". "Prometemos no correr". "Aún te escuchamos, Mike".

Y aunque las flores se marchitan, las cartas siguen llegando. Porque el miedo puede cansar, pero la memoria no.

Una noche soñé con él otra vez. Estábamos en una frontera que no reconocía. No había letreros, ni muros, ni agentes. Solo una línea dibujada en la arena. Mike la cruzó sin prisa, se detuvo al otro lado y me miró. "¿Qué hay allá?", le pregunté. "Nada", respondió. "Solo espacio para que la gente se abrace sin permiso". Luego se sentó y empezó a ronronear. Un sonido largo, profundo, como si viniera de todos los que alguna vez tuvieron miedo. Desperté con lágrimas en los ojos y con la sensación extraña de que aún no se ha escrito el final de esta historia.

Porque mientras existan niños que nacen en un país que no sabe si los quiere, mientras existan madres que enseñan a sus hijos a no abrir la puerta si tocan fuerte, mientras existan hombres que construyen casas donde nunca podrán dormir, esta historia seguirá latiendo. Y en cada rincón donde alguien pronuncie la palabra esperanza, habrá un ronroneo suave, invisible, recordándonos que la dignidad no se deporta. Nadie supo nunca si Mike regresó, pero a veces, cuando el viento pasa por la ventana, hace vibrar el viejo letrero del salón: "Aquí se corta el miedo gratis". Y el sonido se parece tanto a un ronroneo que cierro los ojos y juro que lo escucho decirme: "No llores, Ale. Este país, por fin, está aprendiendo a ronronear solo". Entonces sonrío, apago las luces y dejo la puerta entreabierta, por si decide volver.

Porque al final, uno aprende que las ausencias también tienen voz. No hablan en palabras, hablan en corrientes de aire, en puertas que se cierran solas, en una luz que tarda un segundo más en apagarse. A veces siento que Mike se esconde entre esos detalles, vigilando sin mostrarse, esperando el momento en que realmente dejemos de necesitarlo para recordar quiénes somos. En noches de lluvia, cuando el barrio huele a tierra mojada y nostalgia tibia, escucho pasos pequeños en la escalera. No son de nadie, pero tampoco del viento. Pienso que quizá algunos regresos no se anuncian: simplemente se cuelan entre los ruidos cotidianos, como si formaran parte del mobiliario emocional del país.

Es que este país, tan lleno de heridas y de cansancio, está aprendiendo a hablar un idioma nuevo. No es inglés ni español: es un idioma hecho de gestos, de miradas que no se apartan, de manos que se tienden sin papeles de por medio. Un idioma que dice "aquí sigo", "aquí estamos", "aquí resistimos". Cada vez que un vecino se queda un rato más conversando, cada vez que una madre respira aliviada al ver a su hijo entrar por la puerta, cada vez que alguien ayuda a otro sin pedir explicaciones, el país practica esa lengua recién nacida. Aunque todavía comete errores, aunque a veces tartamudea y se contradice, cada día se atreve un poco más a pronunciar lo que antes callaba: que el valor no vive en los discursos oficiales, sino en los rincones donde la gente se cuida sin permiso. Por eso dejo la puerta entreabierta. No solo para Mike, sino para todo lo que aún puede volver cuando el país, por fin, termine de aprender a amar sin miedo.

Mensaje final del autor: "Mientras el país duerme, alguien sueña por él".

Este libro nació del miedo, sí, pero también de la necesidad urgente de seguir creyendo. Porque detrás de cada historia de deportación hay un corazón que aún no se rinde, una madre que no apaga la luz hasta escuchar la llave en la puerta, un niño que sueña con un mañana donde su nombre no suene sospechoso, un trabajador que sigue construyendo un país que no sabe pronunciar su apellido. No escribí estas páginas para señalar culpables. Los culpables cambian de traje, de bandera, de discurso. El miedo, en cambio, siempre lleva el mismo uniforme: el del silencio.

Escribí este libro para recordar que la patria no se mide en papeles, sino en ausencias. Que un país no se define por sus leyes, sino por lo que hace con los que tienen menos defensa que un papel arrugado. Que la frontera más peligrosa no está en el mapa, sino en el corazón de quien deja de mirar al otro como un igual. He visto cómo la gente desaparece sin morir, cómo los niños aprenden a no preguntar, cómo las madres esconden sus

491

lágrimas detrás de la tarea escolar, cómo la dignidad se vuelve un lujo y cómo el silencio se convierte en una forma de sobrevivir.

También escribí este libro para dejar constancia. Para que nadie pueda decir mañana que no sabía, que no vio, que no escuchó el sonido de un país partiéndose en dos. Porque hay dolores que no salen en los noticieros y porque, aunque algunos prefieran las estadísticas, este libro está hecho de voces: voces que fueron calladas, voces que temblaron, voces que se atrevieron a hablar cuando todo parecía perdido. Es un mapa emocional, hecho de grietas y de gestos pequeños, donde cada capítulo es un testimonio de quienes resistieron sin aplausos y sin micrófonos. De quienes siguieron adelante porque era la única forma de no caer.

Lo escribí, sobre todo, para quienes sienten que no pertenecen, para quienes caminan con miedo, pero igual caminan, para quienes dejaron un país detrás y encontraron otro que a veces los abraza y a veces los hiere. Para que sepan que no están solos, que la herida que llevan no es un fallo, sino una cicatriz compartida.

Este libro es un puente entre esas ausencias y las presencias que todavía sostienen el mundo. Es un recordatorio de que la patria verdadera no se hereda, se construye; y que, aunque el miedo apriete y el silencio pese, siempre habrá alguien —una madre, un niño, un vecino, un gato— que nos recuerde que la dignidad puede temblar, pero jamás desaparece.

He visto también lo otro: la ternura que resiste, la solidaridad que florece en los lugares más áridos, las manos que se ofrecen sin preguntar de dónde vienes y el milagro cotidiano de seguir amando, aunque toda duela. Eso también es Estados Unidos: una tierra que hiere, pero que a veces cura con el mismo gesto. Una nación de promesas rotas y corazones que aún insisten en cumplirlas.

Mike nació como un símbolo, pero se volvió una voz. Su ronroneo no es de un gato: es el sonido de todos los que alguna vez sintieron miedo de existir. Representa al obrero que trabaja con las manos limpias y el nombre manchado, a la madre que enseña a su hijo a tener esperanza sin papeles, al joven que creció jurando lealtad a una bandera que no lo reconoce, al anciano que no pide justicia, solo tiempo para despedirse. Y también representa al otro lado: al ciudadano que mira, que escucha, que se pregunta si tanta distancia era necesaria.

Al final, este libro no trata solo de inmigrantes. Trata de todos los que alguna vez fueron invisibles en su propia casa. Lo escribí con el corazón en los huesos, con las manos temblando, con la certeza de que cada historia que callamos es una historia que vuelve a repetirse. Si al cerrar estas páginas alguien se pregunta qué pasaría si mañana fuera él quien temiera no volver, entonces Mike habrá cumplido su tarea. Y si alguien se atreve a mirar con ternura al que teme, sin pedirle papeles, sin exigirle pruebas, entonces este libro habrá dejado una huella.

Porque este libro también nace de la necesidad de romper la costumbre de mirar hacia otro lado. Todos hemos sido invisibles alguna vez: en la mesa de nuestra familia, en un país que no nos comprende, en un trabajo donde nadie pregunta cómo estamos. Esta invisibilidad cotidiana —la que no aparece en titulares ni provoca marchas— es la que quise nombrar. Porque cuando uno se vuelve invisible para los demás, empieza también a volverse invisible para sí mismo. Esa es la herida más difícil de cerrar. Aquí, entre estas páginas, intenté rescatar esas presencias silenciadas, devolverles un nombre, un relato, una respiración.

Si estas palabras logran que alguien, aunque sea una sola persona, se detenga unos segundos antes de juzgar, si logra que una mano que iba a cerrarse prefiera abrirse, si despierta, aunque sea una pizca de compasión en un país acostumbrado a endurecerse, entonces habrá valido la pena cada noche de insomnio. Mike no se fue para ser mito: se fue para que aprendiéramos a mirar sin miedo. Si al terminar este libro alguien levanta la vista y reconoce al otro —al vecino, al trabajador, al niño que cruza la calle— como parte indispensable de la misma historia, entonces no será una huella lo que quede, sino un comienzo.

No sé si alguna vez el país entenderá que los sueños también pagan impuestos, que el amor también cruza fronteras y que la empatía no necesita visado. Pero sé que mientras haya una vela encendida, una puerta entreabierta, un niño que diga "mi mamá va a volver", mientras haya alguien que se niegue a rendirse, Mike seguirá ronroneando. Ronroneará por los que se quedaron, por los que se fueron sin despedirse, por los que aún esperan y por los que, sin saberlo, construyen cada día un país mejor desde la sombra del miedo.

Este libro nació del dolor, pero termina en la ternura. Porque incluso el miedo más cruel se arrodilla ante la esperanza. Y porque en cada historia pequeña —como la de un gato con papeles— late un recordatorio inmenso: nadie es ilegal cuando sueña, nadie sobra cuando ama y ningún país es libre mientras haya alguien escondido para poder vivir. Así que, si alguna noche el silencio se vuelve demasiado grande, escucha bien. Entre los ruidos del mundo, habrá un ronroneo suave, persistente, humano. Será Mike. Será todos nosotros. Recordándote que la dignidad no tiene frontera. Y que el sueño americano —el verdadero— no era llegar, sino quedarse. Sin miedo.

Y es que la ternura también es una forma de resistencia. Crece en los lugares donde parecía imposible, se instala en las grietas del miedo y hace hogar en los rincones donde nadie la esperaba. La ternura es lo que queda cuando lo demás falla: cuando las leyes son injustas, cuando el país olvida a los que lo sostienen, cuando la noche pesa más que el día. La ternura es la mano que se extiende sin preguntar, el café que se comparte, aunque falte, la voz que dice "aquí estoy" cuando parecía que ya no quedaba nadie. Este libro termina ahí, en ese refugio silencioso donde lo humano todavía tiene fuerza para levantarse.

Si alguna vez sientes que el mundo vuelve a estrecharse, que las fronteras se cierran y que la esperanza se te escapa como agua entre los dedos, vuelve a este ronroneo. No es magia ni consuelo vacío: es el sonido antiguo de quienes aprendieron a sobrevivir con dignidad. Es la música de un barrio que resistió, de madres que no soltaron, de niños que crecieron sin olvidar, de un país que, a pesar de sus fallas, sigue intentando latir. Tal vez ese sea el verdadero legado:

entender que no se trata de cruzar una línea en un mapa, sino de cruzar el miedo. Y hacerlo juntos. Porque mientras exista alguien que abra una puerta, que encienda una luz, que se niegue a vivir escondido, el sueño no solo sigue vivo: aprende a ronronear.

Acerca del Autor

Aly Valdez nació en Punta Brava, un pequeño pueblo a las afueras de La Habana, Cuba. Hija de un expreso político, desde muy joven creció escuchando historias de resistencia y lucha por la libertad, lo que forjó en ella un fuerte compromiso con la justicia social.

En 1994, en medio de la grave crisis económica y política que azotaba a la isla, emigró a los Estados Unidos como parte del éxodo masivo conocido como la "Crisis de los Balseros". Viajó en una precaria balsa improvisada con dos cámaras de camión, envuelta en sacos de yute y con apenas dos remos para impulsarse, en un trayecto peligroso que la llevó finalmente a la base naval de Guantánamo.

Ya en Estados Unidos, Valdez transformó esa experiencia de riesgo y esperanza en una vocación por el servicio y la defensa de los más vulnerables. Ha sido una firme defensora de los derechos de las mujeres, alzando su voz en favor de la equidad de género y la protección de las víctimas de violencia doméstica.

Además, ha abogado consistentemente por políticas y leyes que amparen al inmigrante que llega al país en busca de oportunidades y libertad, ofreciendo apoyo y orientación a quienes enfrentan barreras culturales, lingüísticas y legales en su nuevo hogar.

Su trayectoria académica también refleja su pasión por el bienestar humano. Valdez se graduó de la Universidad Internacional de Florida (FIU) con un título en Psicología, formación que le ha permitido trabajar de cerca con comunidades necesitadas y comprender más profundamente las raíces emocionales y sociales de la violencia y la desigualdad. Hoy es reconocida por su liderazgo comunitario, su empatía y su dedicación incansable para construir un futuro más justo y compasivo para todos.

Made in the USA
Middletown, DE
13 December 2025

23229713R00278